KB151254

왜 아이에게 마음공부를 가르치지 않는가

김복현 지음

이 책은 마음공부의 중요성에서부터 공부를 해 나가는 방법까지 아주 쉽고 친절하게 우리를 안내합니다. **이 책은 아이들 마음의 행복을 바라는 모든 선생님, 부모의 길잡이로 필독서입니다.** 학교 현장에서 아이들, 교사들과 마음공부를 하면서 한 그루 나무를 심어 숲을 준비하시는 저자에게 진정한 감사의 마음을 드립니다.

▎심우정(尋牛亭) 마음여행연구소 대표

콩나물에 물을 주면 물이 다 흘러가 버리고 콩나물이 크지 않을 것처럼 보이지만, 그 물이 다 빠진 것처럼 보여도 끊임없이 물을 주게 되면 콩나물이 무럭무럭 자랍니다. **아이를 기르는 것은 '콩나물에 물 주듯이 하는 것이다.'라는 생각을 합니다. 콩나물에 물 주듯이 마음으로 아이들을 가르치는 것입니다.** 이 책이 아이들을 어떻게 마음으로 가르쳐야 하는지 어려워하는 부모나 교사를 위한 훌륭한 지침서가 될 것으로 확신합니다.

▎박주정 광주광역시서부교육지원청 교육장

아이들을 마음으로 가르치면 더 좋은 교육이 이루어지게 됩니다. **이 책은 저자가 아이들을 가르치고 연구해 온 경험을 통해 얻은 마음공부에 관한 귀한 방법과 지혜를 담고 있습니다.** 이 책이 더 좋은 교육을 바라는 선생님들과 학부모님들을 새롭게 일깨우는 계기가 되리라 믿습니다.

▎김철호 광주광역시동부교육지원청 교육장

교육의 기본은 무엇일까요? 다른 사람에 대한 마음 씀씀이입니다. 나에 대한 마음, 타인에 대한 마음이 어떠해야 하는가는 지식, 기술 교육보다 먼저 해야 하고, 끊임없이 해야 합니다. 이 책은 어린아이 때부터 마음공부를 가르쳐야 한다는 주장을 이 사회의 여러 문제, 여러 각도에서 설득력 있게 조명하고 있습니다. 저자는 오랜 교육 경험을 통해 우리가, 우리 교육이, 우리 사회가 바르게 나아가야 할 길을 제시하고 있습니다. 자녀 교육에 노심초사하고 있는 학부모, 교사 모두에게 일독을 권하는 바입니다.

┃이완기 전 서울교대 부총장, 서울교육대학교 명예교수

코로나 시기가 지속되면서 청소년들의 무기력증과 우울증이 증가하고 있습니다. 청소년들에게 자기 마음을 가꾸어 가는 마음공부 필요성이 더욱 커지고 있습니다. 이 책은 교사들에게 마음공부의 중요성을 일깨워주고 마음공부 방법을 가르쳐줍니다. 마음이라는 텃밭이 비옥해야 아이들이 바르게 성장할 수 있습니다. 청소년이 직면한 문제를 해결하고, 행복한 개인으로 성장할 수 있도록 돕기 위한 마음공부에 관심 있는 교사, 부모, 그리고 청소년들에게 이 책은 '마음 사용 설명서'와 같은 역할을 할 것입니다.

┃박남기 전 광주교대 총장, 광주교육대학교 교수

이 책을 통해 자녀를 둔 학부모들은 자녀의 성장과 발달에 대한 이해와 더불어, 자녀교육에 대한 특별한 메시지를 얻을 수 있을 것입니다. 유치원부터 초·중등 교육기관의 교사들은 마음공부와 관련된 다양한 현장 사례와 이론을 통해 학생 지도에 대한 새로운 영감을 얻을 것입니다. 또한 예비교사들인 교·사대 학생들에게도 교육자로서 소양을 기르는 데 도움이 되는 지침서가 되기를 기대합니다.

┃심규남 청주교육대학교 교수

공부! 흔하고 익숙한 말입니다. 학생들은 공부와 함께 지내고, 부모는 자녀의 공부를 위해 마음을 다합니다. 그런데 행복하지 않습니다. 그러면 참된 공부는 무엇일까요? 그 질문의 답을 찾아갑니다. 이 책은 어떤 방법으로 하면 좋을지 친절하게 보여줍니다. 5년 후에도, 20년 후에도 행복하려면 지금 행복해야 합니다. 이 책으로 지금 행복하려면 어떻게 해야 하는지 알게 됩니다. 진동하는 만물과 소통하고 우주와 공명하는 방법을 안내하는 이 책이 참된 공부의 좋은 길잡이가 되어줄 것입니다.

┃권택환 맨발학교 교장, 대구교육대학교 교수

급속도로 변하는 교육 환경과 가치관의 혼란 속에서 아이들 교육의 변하지 않는 본질을 찾는 학부모와 선생님들께 이 책을 권합니다. 왜 하필 이 시대에 아이들의 마음공부가 절실한지, 이 책을 통해 이 땅에서 우리 아이 교육과 미래에 대한 새로운 시각과 희망을 가지게 될 것입니다.

┃우길주 부산교육대학교 교수 [오직 한 아이를 위한 영어책 읽기] 저자

어른이 되어 마음을 돌보아야만 하는 순간이 오기 전까지 마음을 키우고 단련시키는 법을 미처 알지 못했습니다. 그런데 결국 모든 일의 결과는 마음에서 비롯된다는 것을 깨달았습니다. 마음의 힘이 남아있을 때 한 선택과 결정은 후회하는 법이 없었습니다. 마음의 여력이 남아있지 않을 때는 상황을 판단하고 상대방을 대할 때마다 종종 돌이키고 싶은 순간들이 남았습니다. **처음부터 마음을 들여다보고, 돌아보고, 힘이 떨어지기 전에 채워 넣는 법을 알았다면 더 좋았을 거라 생각합니다.** 이 책을 읽고 우리 모두가 마음의 힘을 키워내는 순간을 맞이하기 바랍니다.

┃한성은 전 C Program 프로젝트 팀장

생각은 정상이나 정서가 망가져 공감을 못하고 감정 표현도 폭력적으로 할 수밖에 없는 불행한 아이를 줄일 수 있는 최선의 방법은 아이의 마음을 알아주고 이해해주는 것임을 다시 한번 깨닫게 합니다. **아이들의 감정을 이해하고 공감하여 아이들을 바르게 가르치고자 하는 모든 분들에게 이 책이 많은 도움이 될 것이라 생각합니다.**

┃나옥주 월곡초등학교 교장

이 책을 읽으면서 우리 선생님들이나 부모들이 크게 놓치고 있는 교육의 본질을 꼬집어서 속도 시원했고, 읽는 동안 마음의 치유도 일어났습니다. 우리가 해야 할 공부, 가르쳐야 할 공부가 바로 미음공부임이 확실해졌습니다. 마음공부를 통해 나를 바꾸고, 더 나아가 세상을 긍정의 에너지로 바꿀 수 있음을 알게 됩니다. 예전에 비해 학교에는 마음이 아픈 아이들이 참 많습니다. 우리 선생님들, 부모님들께 이 책을 강추합니다. 내아이, 우리 아이들이 행복한 세상을 위해서~

┃황덕자 전 광주서부교육지원청 교육국장, 광주동초등학교 교장

교사가 학생들을 마음으로 가르치면 학생들이 자기통제력과 회복 탄력성을 기르게 됩니다. 또한 가정에서 부모가 아이들을 마음으로 가르치면 자신이 해야 할 일을 스스로 하는 아이로 자라게 됩니다. **아이를 마음으로 보면 서로 이해가 되고, 아이들이 상처를 받는 일이 없게 되므로 이 책을 많은 부모들과 교사들에게 적극 추천합니다.**

┃권은희 전남장흥초등학교 교장

교실에서 잦은 감정 소모로 학생은 학생대로 교사는 교사대로 몸과 마음이 지쳐가는 요즘, 저자가 제시하는 **마음공부는 누구나 해볼 수 있고, 언제든 실천 가능하며, 어려운 일도 아니라는 점에서 매력적입니다.** 이 책을 통해 교사, 학생, 학부모들이 쉽게 오랫동안 행복하고 지혜로운 삶을 꾸릴 수 있기를 바랍니다.

┃이미경 부산수성초등학교 교감

마음공부는 우리가 배우는 모든 지식이 여물어지고 발아되는 최고의 지점에 있습니다. 마음공부는 교육의 본질을 추구하는 교육입니다. **코로나 19 이후 교육의 본질을 회복하기 위해 어떻게 교육을 해야 하는지에 대한 시사점을 얻고자 하는 사람들에게 이 책을 추천합니다.**

┃송미나 전 전국초등수석교사회장, 대반초 수석교사

이 책은 아이들이 자신의 마음을 들여다보고 자신의 태도를 바꿈으로써 미래의 인생까지 바꿀 수 있다는 생각을 현실로 창조해 낸 책입니다. **무기력하고 지친 아이들이 내면의 힘을 활용해 생각을 긍정적으로 바꾸게 하고 싶을 때, 이 책이 큰 힘이 될 거라고 믿습니다.**

┃허승환 꿀잼교육연구소 대표, 서울강일초 교사

진로 교사로서 진로를 탐색한다는 것은 '자기다움'을 찾아 나가는 것이라고 아이들에게 강조합니다. 누군가의 기대와 시선, 평가로부터 조금씩 벗어나 오롯이 자기 자신과 마주하면서 자신이 언제 환희하고 기대감에 부풀어 오르는지, 언제 두려움을 느끼고 불안감에 휩싸이는지 등에 대해 점점 더 잘 이해하게 되는 것이야말로 진로 탐색에 있어서 절대 놓치지 말아야 할 부분이라고 말이죠. 이 책은 아이들이 진로 탐색 과정에서 겪게되는 혼란을 줄여주면서 자신에 대한 탐구의 여정을 시작하기에 아주 좋은 출발점이 되어줄 것이라고 기대합니다. 아이들이 '자기다움'을 찾아가도록 지도하는 모든 선생님들과 부모님들에게 적극 추천드립니다.

┃김주현 이우고등학교 진로진학상담교사

하루 종일 교실에서 학생들과 몸부림치며 심신이 지친 교사들에게 마음공부가 도움이 될 것이라 생각합니다. 교사가 마음공부를 하게 되면, 스스로 자신의 감정을 조절하고 스트레스를 관리하게 됩니다. 그리고 아이들에게 마음공부를 가르치면 생활지도와 학습 지도에 혁신이 일어나게 됩니다. 이 책을 통하여 뉴노멀 사회에 필요한 새로운 교육이 학교 현장에 뿌리내릴 것으로 믿습니다.

┃정성국 부산해강초등학교 교사

마음공부는 나의 가능성을 발견하고 자신의 꿈을 이루게 하는 행복한 선물입니다. 마음공부를 통해 百人百色(백인백색)의 아이들이 저마다의 인간됨을 발견하고 자신의 꿈을 이루며 살 수 있도록 우리 부모님들과 아이들에게 '행복한 선물'로서 이 책을 추천하고 싶습니다. 행복은 이미 내 안에 있다는 것을 일깨워주신 저자에게 감사의 인사를 드립니다.

┃김재덕 전남청계남초등학교 교사

한 아이의 엄마이자 21년차 교사인 내게 이 책은 아이를 왜 긴 호흡으로 바라봐야 하는지, 어떻게 긴 안목으로 길러낼 수 있는지 알게 해 줍니다. 이 책은 질문, 습관, 사고, 명상 등의 가치와 방법을 소개해 주고, 아이

내면의 힘을 기르는 것을 넘어 학습, 리더쉽, 창의성, 진로, 아이의 행복까지 만들어 가는 힘을 길러 줍니다. 그리고 아이에게는 세상의 전부인 '엄마'로서, 그리고 엄마 이전에 '나'를 먼저 행복하게 만들어 줍니다. 이 책을 통해 아이의 내면과 마음 읽기의 첫걸음을 떼시길 바랍니다.

┃이혜성 월곡초등학교 교사

모든 것은 마음에서 비롯됩니다. 똑같은 상황에서도 어떤 마음 상태인지에 따라 행복할 수도 있고, 불행할 수도 있습니다. 아이들이 행복한 삶을 살길 바라면서도 왜 아이에게 마음공부를 가르치지 않았는지 반성하게 됩니다. 이 책과 함께 모든 사람들이 행복으로 가는 지름길을 찾아 가길 진심으로 바랍니다.

┃남소망 진주금호초등학교 교사

교육 현장과 인생에서 느껴온 경험과 사례를 중심으로 '마음으로 가르치자'는 저자의 메시지에 나도 모르게 감정이입을 하며 단숨에 읽었습니다. 마치 저자의 마음공부에 대한 멘토링을 받으며 공감하고, 또 공감하게 된 자녀 양육 및 지도 방법을 과외로 지도받은 기분입니다. 멋진 삶을 살고 싶고, 그런 삶의 방법을 자녀와 아이들에게 알려주고 싶은 부모와 교육자, 그리고 '어떤 마음으로 인생을 살아갈 것인가?'를 고민하는 모든 사람들에게 이 책은 단비같은 존재가 되리라 단언합니다.

┃김지연 서울잠일초등학교 교사

몸이 아픈 아이가 병원에서 희망을 찾듯, 마음이 아픈 아이가 학교나 가정에서 희망의 실마리를 찾을 수 있는 마음공부가 필요함을 절실히 느끼는 때입니다. 마음 알약으로 마음의 근육을 키워 스스로를 돌보고 나아가 가정, 교실, 사회에서 의미 있는 나로 성장해가는 우리 아이들을 지켜보고 싶습니다. 마음공부가 어떤 힘을 발휘하게 될지, 왜 필요한지를 깨닫게 해준 이 책으로 나의 마음도 다스리고, 우리 교실, 우리 집 아이들의 마음 근육도 키워 주는 소중한 시간을 갖게 되어 책을 읽는 내내 행복했습니다.

┃임정임 목련초등학교 교사

대한민국의 모든 엄마들은 아이들이 행복하게 잘 자라기를 바랍니다. 이 책은 풍부한 사례와 이론적 뒷받침에 근거한 구체적인 방법들을 제시해주어 아이들이 행복한 교육을 실천하고자 하는 학부모와 선생님들에게 실제적으로 많은 도움을 줄 것이라 생각합니다. 아이들이 학교 생활에 잘 적응하기를 바라는 학부모와 학생들을 변화시킬 무언가를 원하시는 선생님들께 이 책을 추천하고 싶습니다.

┃강수화 어룡초등학교 학부모

목 차

4장 마음으로 가르치면 깨달음이 일어난다

들어가며

왜 아이에게 마음공부를 가르치지 않을까요

"만물은 그 본체가 진동이다."라고 고대 그리스 철학자 피타고라스 Pythagoras는 말하였습니다. 우주의 모든 물질은 원자로 구성되어 있습니다. 우리의 몸도 원자로 구성되어 있습니다. 그래서 우리 몸을 소우주라고 하고, 우주를 대우주라고 합니다. 우리의 몸에는 10의 28승개의 원자가 있다고 합니다. 우주에 있는 별의 수는 10의 22승개라고 합니다. 우리의 몸에는 우주의 별보다 백 만배나 더 복잡하게 되어 있습니다. 우리 몸은 약 60조 개의 세포가 있습니다. 이스라엘 와이즈만Weizmann 연구소 연구에 따르면, 하루에 평균 3300억 개의 세포를 갈아치우고 있습니다. 즉, 1초당 380만 개 정도 바뀌고 있습니다. 원자는 원자핵과 전자로 이루어져 있습니다. 미국 제퍼슨Thomas Jefferson 연구소 연구 결과에 의하면, 전자는 1,200km/sec로 18초에 지구를 한 바퀴 돌 정도로 빠른 속도로 움직입니다. 이렇게 원자는 진동을 하고 있습니다.

진동은 에너지입니다. 진동은 정보를 가지고 있습니다. 그래서 만물은 진동으로 의사소통을 합니다. 진동은 만물이 인식하는 우주 공통의 언어입니다. 우리의 몸도 진동을 합니다. 우리 몸 속에서는 심장이 진동을 하고, 소화 기관이 진동을 하고, 내장 기관이 진동을 하고, 세포가 진동을 합니다. 우리의 몸 밖에서도 다른 사람이 진동을 하고, 자연이 진동을 하고, 우주가 진동을 합니다. 나무도 진동을 하고, 식물도 진동을 하고, 동물도 진동을 합니다. 기러기는 진동으로 소통을 합니다. 물 속의 물고기들도 진동으로 소통을 합니다. 동물뿐만 아니라 돌도 진동을 하고, 모래도 진동을 하고, 흙도 진동을 합니다. 사람도 마찬가지입니다. 다른 사람과 진동으로 소통을 합니다. 나의 진동이 상대방에게 전해지고, 상대방의 진동이 나에게 전해집니다. 우리는 다른 사람, 생물, 무생물, 자연, 우주와 진동으로 연결되어 있습니다. 우리는 다른 사람과 연결되어 있고, 생물과 연결되어 있고, 무생물과 연결되어 있고, 자연과 연결되어 있고, 우주와 연결되어 있습니다. 그리고 우리는 다른 사람, 생물, 무생물, 자연, 우주와 진동으로 하나가 됩니다. 우리는 진동으로 다른 사람과 하나가 되고, 생물과 하나가 되고, 무생물과 하나가 되고, 자연과 하나가 되고, 우주와 하나가 됩니다.

아이들은 성장하는 과정에서 외부의 많은 영향을 받게 됩니다. 외부의 진동이 아이의 내부로 전해집니다. 이때 외부에서 부정적인 진동이 전해지면 부정적인 아이로 자랍니다. 외부에서 긍정적인 진동이 전해지면 긍정적인 아이로 자랍니다. 그리고 아이들은 외부의 진동을 무의식에 저장하게 됩니다. 외부에서 부정적인 진동이 전해지면 무의식에 부정적인 진동을 저장하게 됩니다. 어떤 상황이 벌어지게 되면 무의식에 저장된 부정적인 진동이 외부의 부정적인 진동과 공명이 일어납니다. 그래서 다른 사람과 갈등이 일어나고 문제가 발생하게 됩니다. 반면에 외부에서 긍정적인 진동이 전해지게 되면 무의식에 긍정적인 진동을 저장하게 됩니다. 어떤 상황이 벌어지게 되면 아이의 내면에 있는 긍정적인 진동이 외부의 긍정적인 진동과 공명이 일어납니다. 그래서 다른 사람을 존중하고 다른 사람과 소통을 하게 됩니다.

　따라서 중요한 점은 외부에서 어떤 진동이 아이의 내부로 전해지느냐 하는 것입니다. 아이가 내면에 가지고 있는 진동은 외부에서 전달된 진동의 결과입니다. 아이가 성장하는 과정에서 가장 많은 영향을 주는 사람은 부모입니다. 아이는 부모가 전해 주는 진동으로 평생을 살아가게 됩니다. 그래서 부모가 아이에게 많은 사랑을 주게 되면 아이는 내면에 긍정적인 자아를 갖게 됩니다. 학교에 다니는 아이들은 하루 대부분의 시간을 학교에서 선생님과 시간을 보내게 됩니다. 그래서 학교에 다니게 되면 교사가 아이에게 가장 많은 영향을 주게 됩니다. 따라서 교사가 아이에게 어떤 진동을 주느냐 하는 것이 중요합니다. 또한 초등학교 고학년 이후부터는 아이들이 친구들로부터 가장 많은 영향을 받게 됩니다. 그래서 친구들이 어떤 진동을 가지고 있느냐 하는 것이 중요합니다. 이 시기에 부모나 교사는 아이들이 친구들로부터 부정적인 진동을 받지 않도록 세심한 관심을 기울어야 합니다.

　진동은 '느낌'을 통해서 알 수 있습니다. 부정적인 진동은 부정적인 느낌을 갖게 합니다. 긍정적인 진동은 긍정적인 느낌을 갖게 합니다. 이러한 진동을 바꾸는 비결이 있습니다. 그것은 생각을 바꾸는 것입니다. 부정적인 생각을 긍정적인 생각으로 바꾸는 것입니다. 그러면 부정적인 진동이 긍정적인 진동으로 바뀌게 됩니다. 부정적인 생각을 바꾸는 방법은 '감사하기'입니다. 자신의 모든 것에 대하여 감사하는 마음을 갖는 것입니다. 그러면 부정적인 생각이 긍정적인 생각으로 바뀌게 됩니다. 부정적인 진동이 긍정적인 진동으로 바뀌게 됩니다. 이렇게 아이가 생각을 바꾸는 방법은 내면의 힘을 활용하는 것입니다. 내면의 힘을 활용하여 자신의 생각을 바꾸는 것입니다. 이렇게 생각을 바꾸는 좋은 방법은 명상입니다. 명상을 통하여 내면의 에너지를 활용하여 생각을 바꾸게 됩니다. 이것이 아이에게 마음공부를 가르쳐야 하는 이유입니다.

아이에게 마음공부를 가르치면 어떤 점이 좋을까요

아이를 키우는 부모는 항상 걱정이 많습니다. 어떻게 하면 아이가 학교에서 공부를 열심히 잘하고 친구들과 사이좋게 지낼 수 있을까? 그리고 어떻게 하면 아이가 자기 통제력을 기르고 자기 삶의 주인으로 당당하게 살아갈 수 있을까? 또한 어떻게 하면 아이가 매일 행복하고 지혜롭게 살아갈 수 있을까? 그 해답은 마음공부에 있습니다. 부모가 아이에게 마음공부를 가르치는 것입니다.

▪ 마음공부를 하면 공부를 잘하게 됩니다.

농사를 잘 짓기 위해서는 밭을 잘 갈아야 합니다. 좋은 땅에서 풍성한 수확을 거둘 수 있습니다. 마찬가지로 아이가 공부를 잘 하기 위해서는 좋은 마음을 가지고 있어야 합니다. 마음공부를 하면 자연스럽게 좋은 마음을 갖게 됩니다. 또 공부를 잘하려면 좋은 생각을 가져야 됩니다. 마음공부를 하면 아이가 나쁜 생각을 버리고 좋은 생각을 갖게 됩니다. 아울러 공부를 잘하려면 집중력이 있어야 합니다. 명상을 하면 아이가 자신이 원하는 생각에 집중하는 능력을 갖게 됩니다.

▪ 마음공부를 하면 친구 관계가 원만해 집니다.

마음공부를 하면 자신의 감정을 조절하고 타인을 존중하는 마음을 갖게 됩니다. 감정을 조절하는 방법은 생각을 바꾸는 것입니다. 생각을 바꾸게 되면 감정을 조절할 수 있게 됩니다. 마음공부를 하면 어떻게 자신의 생각을 바꿀 수 있는지 알게 됩니다. 또 마음공부를 하게 되면 자신이 다른 사람들과 서로 연결되어 있다는 것을 알게 됩니다. 그래서 다른 사람이나 생물, 무생물까지 자신과 연결되어 있고 하나라는 것을 깨닫게 되어 다른 사람을 존중하는 마음을 갖게 됩니다.

▪ 마음공부를 하면 창의성을 발휘하게 됩니다.

스티브 잡스는 창의성을 발휘하여 이전까지 누구도 생각하지 못했던 스마트폰을 발명하였습니다. 그는 새로운 아이디어를 떠올리기 위하여 명상을 즐겨했다고 합니다. 실제로 구글이나 세계적인 첨단 기업에서는 명상 프로그램을 상시적으로 운영하고 있습니다. 명상은 마음공부를 하는 가장 좋은 방법입니다. 명상을 함으로써 내면의 힘을 발휘하고 이것을 우주의 에너지와 연결하게 됩니다. 그래서 자신이 원하는 것을 현실로 창조하게 됩니다.

▪ 마음공부를 하면 자기 통제력을 기르게 됩니다.

사람들은 누구나 인생을 성공적으로 살아가기를 원합니다. 하버드대학에서 성공한 사람들을 연구한 결과, 성공의 가장 중요한 요인은 자기 통제력이었습니다. 자기 통제력을 가진 사람은 성공을 할 수 있고, 자기 통제력을 가지지 못한 사람은 실패한 인생을 살아가게 됩니다.

코로나와 같은 상황이 지속되면서 스트레스와 심리적인 불안감을 가진 사람들이 늘어나고 있습니다. 어느 때보다 마음공부를 통한 자기 통제력이 필요한 시대입니다.

▪ 마음공부를 하면 자신의 잠재력을 발휘하게 됩니다.

자신의 잠재 능력을 최대한으로 발휘하기 위해서는 우주의 무한한 에너지를 활용할 수 있어야 합니다. 우주의 에너지를 활용하기 위해서는 절대계에서 본질로 살아가야 합니다. 따라서 마음공부를 통해 상대계가 아닌 절대계를 살아가고, 현상이 아닌 본질로 살아가게 됩니다. 그러면 자신의 잠재 능력을 최대한 발휘하여 행복하고 성공적인 인생을 살아가게 됩니다. 이것이 마음공부를 해야 하는 이유입니다.

▪ 마음공부를 하면 주인 의식을 발휘하게 됩니다.

마음공부를 하게 되면 자신이 이 세상의 주인이라는 것을 깨닫게 됩니다. 영화관에서 영화를 볼 때 우리는 영사기에서 보낸 것을 스크린을 통해 보게 됩니다. 영사기는 자신이고, 스크린은 이 세상입니다. 영사기에서 어떤 것을 보내느냐에 따라 화면에 비춰지는 영상들이 나타납니다. 이 세상의 모든 것은 자신의 의식이 만든 결과입니다. 따라서 내가 의식을 가지고 주인으로서 어떻게 살아가느냐에 따라 자신의 삶이 달라진다는 것을 알게 됩니다.

▪ 마음공부를 하면 매일 행복하게 됩니다.

사람이 행복하게 살아가기 위해서 가장 중요한 것은 다른 사람과 관계를 잘하는 것입니다. 다른 사람과 관계를 잘하게 되면 우리는 행복하게 살아갈 수 있습니다. 다른 사람과 관계를 잘하지 못하면 불행하게 됩니다. 또한 행복하게 살아가기 위해서는 자신의 감정을 조절할 수 있어야 합니다. 그러면 다른 사람을 이해하고 수용할 수 있게 됩니다. 그 결과 다른 사람과 열린 마음으로 소통할 수 있게 됩니다. 이렇게 마음공부를 하면 매일 행복하게 됩니다.

▪ 마음공부를 하면 지혜롭게 살아갑니다.

마음공부를 하게 되면 생겼다가 사라지는 것들보다 영원히 존재하는 것에 관심을 가지게 됩니다. 그래서 현재 순간적으로 지나가는 것에 현혹되지 않고 현명하게 판단할 수 있게 됩니다. 지혜롭게 살기 위해서는 세상이 움직이는 원리를 이해해야 합니다. 마음공부를 하게 되면 세상이 움직이는 원리를 이해하게 됩니다. 또한 눈에 보이는 '현상'이 아니라, 눈에 보이지 않는 '본질'로 세상을 보는 능력을 갖게 됩니다.

뉴노멀 사회에서 교육은 어떻게 변해야 할까요

21세는 영성의 시대라고 합니다. 『제3의 물결The Third Wave』 저자 앨빈 토플러Alvin Toffler는 "**미래 사회의 제 5물결은 영성의 시대다. 인간은 내면 세계에 대한 목마름을 추구할 것이다. 어떤 개인이나 조직이건 영적인 깨달음을 통해서만 진정한 풍요를 누리는 시대가 올 것이다.**" 라고 말했습니다. 코로나19 이후 급격하게 뉴노멀New nomal 사회가 되어 가고 있습니다. 뉴노멀 사회의 등장으로 사회적으로 큰 변화가 일어나고 있습니다. 이렇게 급격한 사회 변화에 따라 교육은 어떻게 변화되어야 할까요?

앞으로 교육은 '현상을 가르치는 교육'에서 '본질을 가르치는 교육'으로 바뀌어야 합니다. 현상을 가르치는 교육은 무엇일까요? 그것은 자녀가 좋은 직장에 가서 돈을 많이 벌고, 물질적으로 풍요로운 삶을 사는 것입니다. 그렇다면 **본질을 가르치는 교육은 무엇일까요? 그것은 물질적으로 풍요롭게 사는 것만이 아니라 영적인 깨달음을 통해 영적으로 성숙한 삶을 사는 것입니다.** 의식 수준을 높여 진정한 풍요를 추구하며 행복한 삶을 살게 하는 것입니다.

아이들을 잘 가르치기 위해서는 마음의 원리에 대하여 잘 알아야 합니다. 왜냐하면 교육은 마음의 일이기 때문입니다. 하지만 우리는 마음에 대하여 잘 알지 못한 채 아이들을 교육하고 있습니다. 이래서는 아이들을 제대로 가르치기 어렵습니다. 이것은 마치 우주의 물리법칙을 모르면서 우주선을 타고 달나라에 가겠다는 것과 같습니다. 오프라 윈프리는 **"명상을 죽을 때까지 지속하고 싶은 한 가지 이유는 제 자신이 명상을 하면 1,000% 나아지기 때문입니다. 작은 제 자신보다 큰 힘에 저를 맡기면 1,000% 나아집니다."**라고 말하였습니다. 마음의 원리를 알게 되면 아이들에게 지금보다 100% 더 좋은 교육을 하게 됩니다.

무엇보다도 이렇게 아이에게 마음공부를 가르치게 되면 가르치는 것이 즐거운 일이 되고, 아이들을 진정으로 가르치게 됩니다. 가장 중요한 것은 아이들을 마음으로 가르치는 것입니다. **이렇게 아이들을 마음으로 가르치는 것은 어떤 방법보다도 더 효과적이고, 강력하고, 영감을 주는 방법입니다.** 부모가 해야 할 가장 중요한 일은 아이들이 학습에 대한 내재적인 동기를 유발하고, 영감을 주고, 아이의 말을 경청하고, 공감하고, 질문을 하고, 진정으로 관심을 갖고 배려해 주는 것입니다.

　"이 시대의 가장 위대한 발견은 인간이 자신의 태도를 바꿈으로써 자신의 인생을 바꿀 수 있다는 것이다."라고 윌리엄 제임스William James 는 말하였습니다. 마음공부는 생각을 바꾸는 것입니다. **생각을 바꾸면 인생이 달라집니다.** 그래서 마음공부를 하면 자신이 원하는 인생을 살아가게 됩니다. 이 책이 아이들이 더 행복하고, 더 좋은 교육을 하고, 더 나은 세상을 만드는 작은 씨앗이 되기를 진심으로 바랍니다.

2022. 1.

1

왜 우리는 마음공부를
해야 하는가

왜 우리는 마음공부를 해야 하는가

왜 교사가 마음공부를 해야 하는가

1990년대 후반 대한민국을 떠들썩하게 만들었던 희대의 탈옥수 신창원. 그가 범죄자가 된 계기를 신창원 907일의 고백 중에서 다음과 같이 말하고 있습니다.

"지금 나를 잡으려고 군대까지 동원하고 엄청난 돈을 쓰는데 나 같은 놈이 태어나지 않는 방법이 있습니다. 내가 초등학교 때 선생님이 너는 착한 놈이다 하고 머리 한 번만 쓸어주었으면 여기까지 오지 않았을 것이다. 5학년 때 선생님이 '**새끼야, 돈 안 가져왔는데 뭐하러 학교 와. 빨리 꺼져.**'라고 소리쳤는데 그 때부터 마음속에 악마가 생겼다. 저 같은 범죄자가 다시는 없게, 사회와 가정에서 문제아들에게 사랑을 주십시오."[1]

신창원은 가정환경이 어려워 어머니가 암으로 일찍 돌아가시고, 계모와 함께 살면서 마음의 상처를 많이 받았습니다. 만일 아버지가 그를 사랑해 주었다면 이렇게까지 엇나가지 않았을 것입니다. 학교에서도 친구들에게 왕따를 당하였습니다. 유일한 희망이었던 학교 선생님

마저도 그를 무시하고 모욕감을 주었습니다. 어린 신창원으로서는 어디에도 마음으로 기댈 수 있는 곳이 없어 결국 범죄자의 길로 들어서게 되었습니다.

만일 같은 상황에서 선생님이 아이들을 마음으로 대했다면 어땠을까요? 선생님이 "새끼야, 돈 안 가져왔는데 뭐하러 학교와. 빨리 꺼져."라는 말 대신에 "창원아, 힘들지. 부모님에게 말씀드렸니? 그래 내일 다시 한번 말씀드려라."라고 말입니다. '아니 최소한 아이에게 욕이라도 안 했으면 어땠을까?'하는 생각이 듭니다. 또 선생님이 아이에게 마음의 상처를 주는 그런 말을 했다고 하더라도 '아이가 스스로 감정을 조절할 수 있는 힘을 가지고 있었다면 어땠을까?'하는 생각이 듭니다.

어떤 선생님이 들려주신 이야기입니다. 그 선생님은 너무나 가난해서 학교를 다닐 수가 없었습니다. 그리고 집에서 학교를 가기 위해서는 산을 넘어 몇 시간을 가야 했다고 합니다. 그런데 친구들이 학교를 다닐 때는 같이 학교를 못 다니다가 어떻게 해서 늦은 나이에 학교를 가게 되었습니다. 산을 넘어 어렵게 학교에 가서 공부를 하는데 도저히 따라가기 힘들었습니다.

그런데 어느 날 선생님이 그 학생에게 하교 후에 남으라고 해서 선생님이 보시는 전과책모든 과목을 다룬 참고서을 주셨습니다. 그리고 열심히 공부하라고 격려해 주셨습니다. 그래서 그 학생은 전과책을 거의 달달 외우다시피 열심히 공부를 해서 결국 선생님이 되었습니다.

선생님의 영향으로 어떤 아이는 세상을 떠들썩하게 하는 범죄자가 되고, 어떤 아이는 아이들을 가르치는 선생님이 되었습니다. 이 차이는 아이를 마음으로 가르치느냐 아니면 아이를 함부로 가르치느냐에 있습니다. 이렇게 선생님이 아이들을 마음으로 가르치면 아이의 운명이 달라집니다.

또 다른 선생님의 일화입니다. 그 선생님은 새로운 학기가 시작되어 5학년 담임이 되었습니다. 선생님은 아이들 앞에서 약속을 하였습니다. 아이들을 절대로 차별하지 않겠다고 말입니다. 그런데 아이들 중에 유독 눈에 띄는 아이가 있었습니다. 그 아이는 며칠 째 씻지 않았는지 지저분하고 더러운 옷을 입고 있었습니다. 당연히 얼굴 표정도 어둡고 말이 없었습니다.

그러던 어느 날, 선생님은 그 아이의 생활기록부를 보고 자신도 모르게 눈물을 흘렸습니다. 그 아이는 원래 매우 총명하고 바른 학생이었습니다. 1학년 담임 선생님은 이렇게 썼습니다. **"잘 웃고 밝은 아이임. 일을 깔끔하게 잘 마무리하고 예절이 바름. 함께 있으면 즐거운 아이임."** 2학년 담임 선생님은 **"반 친구들이 좋아하는 훌륭한 학생임. 어머니가 불치병을 앓고 있음. 가정생활이 어려울 것으로 보임."**이라고 썼습니다. 그런데 어머니가 병환으로 돌아가시고 가정 형편이 어려워졌습니다. 그리고 아버지는 아이에게 전혀 관심을 보이지 않았습니다. 3학년 담임 선생님은 **"어머니가 돌아가셔서 마음 고생을 많이함. 최선을 다하지만 아버지가 별로 관심이 없음. 어떤 조치가 없으면 곧 가정생활이 학교생활에 영향이 미칠 것임."**이라고 썼습니다. 그 후 아이는 학급에서 가장 지도하기 어려운 문제 학생이 되었습니다. 4학년 담임 선생님은 이렇게 썼습니다. **"내성적이고 학교에 관심이 없음. 친구와 싸우기도 하고 수업 시간에 잠을 자기도 함."** 학생의 상황을 알게 된 선생님은 마음 속으로 이 학생을 차별한 것에 대해서 후회를 하였습니다.

그 날 이후로 선생님은 학생을 마음으로 가르치기 시작했습니다. 선생님은 하교 후에 학생에게 개인지도를 해 주었습니다. 그러자 학생은 학기 말 시험에서 1등을 하게 되었습니다. 선생님은 차별하지 않겠다는 약속은 어겼지만 더 중요한 것을 가르쳤습니다. 그 학생은 나중에 의사가 되어 결혼식 때 선생님을 초대하였습니다. 그리고 그 선생님에게 **"선생님은 제가 훌륭한 일을 할 수 있는 사람이라는 것을 알게 해주셨습니다. 선생님 감사합니다."**라고 말하였습니다. 선생님도 그 학생에게 **"아니야, 너로 말미암아 내가 훌륭한 선생님이 될 수 있다는 것을 알게 해줘서 고맙다."**라고 말하였습니다.[2]

이렇게 선생님은 한 아이의 인생을 바꾸었습니다. 죽어가던 아이의 인생을 살린 것입니다. 이처럼 교사가 아이를 마음으로 가르치면 교실에서 기적이 일어납니다.

어느 실업계 고등학교 선생님 이야기입니다. 그 선생님은 우연한 기회로 8명의 아이들과 함께 10평 남짓한 작은 집에서 생활하게 되었습니다. 그 중 한 아이는 어머니가 집을 나가시고, 아버지는 알콜 중독자인 불우한 가정에서 자랐습니다. 어느 날은 잠을 자고 있는데, 목이 아파서 눈을 떠보니, 그 아이가 선생님을 죽이려고 목을 조르고 있었습니다. 선생님이 하지 말라고 하자 갑자기 아이가 울기 시작했습니다. 왜 그랬는지 물어보니 자신은 잘할 수가 없고 포기하려고 하는데, 선생님이 잘할 수 있다고 하니까 너무 힘들다는 것이었습니다. 차라리 선생님이 죽어버리면 좋겠다는 것이었습니다. 그 후 어느 날, 그 아이가 공부를 하겠다고 말하였습니다. 돈을 주면 책을 사서 대학입시 공부를 하겠다는 것이었습니다. 그때부터 아이는 잠을 자지 않고 공부를 하였습니다. 그런데 공부를 해도 잘 안 되니까 밤이 되면 아우성을 치고 몸부림을 치면서 공부를 하였습니다. 그러다 결국 전공과에서 1등을 하게 되었습니다. 공부를 계속해서 대학 입시를 보고 해군사관학교를 가게 되었습니다. 이렇게 아이들은 자신을 인정하고 기다려줄 때 기적을 일으킵니다.

초등학교에 1학년 여자아이가 있었습니다. 아이가 학교에 적응하지 못하고 너무 긴장하여 선생님에게 화장실에 간다는 말을 못했습니다. 그래서 교실에서 실례를 하였습니다. 그러자 아이들이 놀리기 시작했습니다. 초등학교에 다니는 6년 동안 '오줌싸개'라고 친구들에게 놀림을 당했습니다. 그래서 어른이 되어서도 트라우마가 생겨서 시험을 보거나 긴장을 하는 일이 있으면 기저귀를 차야 한다고 합니다.

그런데 똑같은 상황에 있던 다른 여자아이가 있었습니다. 이 아이도 역시 교실에서 실례를 하였습니다. 그 순간 선생님이 아이에게 물을 엎지르면서 "미안하다. 선생님이 실수를 했다."라고 말하였습니다. 그리고 아이를 화장실로 데리고 갔습니다. 그리고 선생님은 아이에게 "선생님은 3학년 때까지 교실에서 실례를 했어."라고 말하였습니다. 혹시라도 아이가 마음의 상처를 받을까봐 거짓말을 한 것입니다. 그 여자아이는 나중에 선생님이 되었습니다. 두 아이가 똑같은 실수를 했지만 한 명은 커서도 트라우마를 가지게 되었고, 다른 한 명은 선생님이 되었습니다. 이처럼 **아이들을 마음으로 가르치면 아이들의 인생이 달라집니다.**

초등학교 시절에 공부에 관심이 없고 내성적인 학생이 있었습니다. 어느 날 '자기 물건 소개하기Show and Tell' 수업 시간에 옆집 아저씨가 준 누에고치를 소개하였다고 합니다. 그런데 내심으로는 '혹시나 아이들이 싫어하면 어쩌지…'하고 무척 걱정을 했다고 합니다.

그런데 담임 선생님은 학생의 특별한 것 없는 취미에도 큰 관심을 보여주셨습니다. 그리고 선생님은 **"우리 친구들과 같이 교실에서 애벌레를 키워 볼까?"**라고 말씀하셨습니다. 그러자 친구들이 애벌레에 호기심을 가지고 그 학생에게 물어보면서 학급에서 인기많은 학생이 되었습니다. 그 수업을 계기로 그 학생은 큰 자신감과 용기를 갖게 되었습니다. 그래서 그는 공부를 열심히 하여 커서 유명한 국제 변호사가 되었습니다. 선생님의 학생에 대한 작은 관심이 학생의 꿈을 이루게 한 것입니다.[3]

어떤 미국인이 한국에 태어나서 자라다가 부모님의 나라인 미국에 가서 초등학교 생활을 하게 되었습니다. 첫날 수업은 선생님이 단어를 말하면 학생들이 스펠링을 말하는 활동을 하였습니다. 그 학생은 미국인이었지만 한국에 태어나서 영어를 거의 하지 못했습니다. 한 명씩 순서대로 단어를 말하고 드디어 그 학생의 순서가 되었습니다. 선생님은 그 학생과 눈이 마주쳤습니다. 그런데 선생님은 단어를 말하지 않고 그 학생을 칠판 앞으로 나오게 했습니다. 이 학생은 '아 이제 나는 끝장이다. 앞에까지 나가서 단어를 말하지 못하면 친구들이 더 놀리겠지?'라고 생각을 하였습니다.

학생이 칠판 앞으로 오자 선생님은 자기 이름을 말해주면서 한글로 이름을 써 달라고 하셨습니다. 그 학생은 한글에는 자신이 있어서 자신 있게 선생님의 이름을 한글로 칠판에 썼습니다. 그러자 선생님은 학생의 이름을 부르면서 이 학생은 한글을 잘한다고 칭찬을 해주셨습니다. 그 순간 아이들은 손을 들어 자신의 이름도 한글로 써달라고 부탁하였습니다. 아이들의 놀림 받을 것을 걱정했는데, 한 순간에 교실에서 가장 인기 있는 학생이 되었습니다. 이후 그 학생은 자신감을 가지

고 학교생활을 잘하게 되었습니다.[4]

선생님은 학생과 눈을 마주쳤을 때 학생의 마음을 읽었습니다. 그리고 학생이 두려워하고 있다는 것을 느꼈습니다. 그래서 그 순간에 영어 단어 스펠링을 말하게 하는 것이 아니라 한글로 이름을 쓰게 하셨던 것입니다. 만일 선생님이 아이에게 영어 스펠링을 말하게 하였다면 그 학생의 생각대로 다른 학생들의 놀림거리가 되어 학교생활에 적응하기 힘들었을 것입니다. 하지만 선생님의 학생에 대한 작은 관심과 배려로 그 일은 학생의 인생에서 결정적인 사건이 되었습니다.

누군가는 이렇게 말합니다. **"교실에서 소외된 한 명의 학생에게 관심을 주지 못한다면, 그 선생님은 교사로서 해야 할 가장 중요한 일을 소홀히 한 것입니다."** 이것은 선생님이 아이들을 마음으로 가르치는 것이 그 어떤 일보다도 중요한 것임을 나타낸 말입니다.

전라남도 신안의 작은 낙도에서 자란 나는 초등학교 때 내성적이고, 키도 작고, 운동도 못하는 소심한 학생이었습니다. 친구들은 대부분 도시에서 중학교를 다녔는데, 가정 형편이 어려웠던 나는 섬에서 다니게 되었습니다. 중학교 2학년 영어 선생님은 매 시간마다 단어 쪽지 시험을 보았습니다. 집에서 학교까지 걸어서 1시간도 넘게 걸렸는데, 나는 친구도 없고 할 일도 없어서 등하교 길에 아무 생각 없이 영어 단어를 그저 열심히 외웠습니다.

그 결과 쪽지 시험에서 매번 100점을 받았습니다. 100점을 받으면 선생님은 칠판 앞으로 나오게 하였습니다. 그리고 **"Very very 억 만번 하고 Good!"**이라고 칭찬을 하시고, 아이들이 박수를 치게 하였습니다.

기분이 좋았던 나는 매번 100점을 받았고, 그때마다 칭찬을 받았습니다. 그렇게 1년을 공부를 했더니 어느새 내 마음속에 '나는 영어에 자신있다.'라는 자신감을 갖게 되었습니다. 딱 1년 공부한 힘으로 계속해서 영어를 잘하고 좋아하게 되었습니다. 그리고 그 영어 선생님의 영향으로 공부에 대한 자신감을 갖게 되어 더 열심히 공부를 하였습니다. 그래서 지금은 아이들을 가르치는 선생님이 되었습니다. 만일 내가 그 선생님으로부터 칭찬을 받지 못했다면 내가 가지고 있는 능력을 발휘할 기회를 갖지 못했을 것이라고 생각합니다. 아이들에게 모든 선생님이 좋을 수는 없습니다. 하지만 자신을 인정해주는 선생님을 딱 한 번만 만나도 그 아이의 인생은 달라질 수 있습니다.

교사로 발령받아 근무한 첫 학교에서의 일이었습니다. 그 당시는 학교 회식 문화가 있었습니다. 선생님은 학교에서 친목 모임을 할 때 고기를 구워 먹었습니다. 지금도 기억나는 교장 선생님이 계십니다. 그 교장 선생님은 퇴근 후에 신규 교사인 나에게 가끔 삼겹살을 구워 주셨습니다. 그때 교장 선생님께서 해 주신 말씀 중에 지금도 기억나는 것이 있습니다. 그것은 **"학생을 전체로 보지 마라."**는 것이었습니다. 이후 교직 생활을 하면서도 나는 그 의미를 잘 이해하지 못했습니다. 그런데 20년 넘게 교직 생활을 하다 보니 그 의미가 조금씩 이해되기 시작했습니다. 그 말씀의 의미는 학생을 한 명, 한 명 개별로 보라는 뜻이었습니다. 학생을 전체로 본다는 것은 학생들을 하나의 기준으로 가르친다는 것입니다. 학생을 한 명, 한 명 개별로 본다는 것은 학생 한 명을 기준으로 가르친다는 것입니다. **즉 학생 한 명, 한 명에 관심을 가지고 마음으로 가르치라는 뜻이었습니다.**

아직도 기억에 남는 학생이 있습니다. 교담 선생님으로 국어를 지도

할 때였습니다. 국어 시간에 가장 중요한 활동은 학생들이 순서대로 교과서를 큰 소리로 읽는 것이었습니다. 이때 제일 먼저 하는 일은 어떤 기준으로 점수를 줄 것인지 정하는 것입니다. 소리 크기, 발음의 정확성, 쉬어 읽기 등이 기준입니다. 학생들이 한 명씩 책을 큰 소리로 읽고 나면 점수를 주었습니다. 그리고 어떤 기준에서 점수를 주었는지 알려주었습니다. 학생들의 부족한 부분보다는 장점을 찾아서 칭찬을 해 주었습니다. 그런데 이때 항상 100점을 받은 학생이 있었습니다. 남학생이었는데, 발음이 정확하고 목소리가 좋고 적당하게 쉬기도 하면서 다른 사람의 귀에 쏙쏙 들어오게 책을 잘 읽었습니다. 1년 동안 공부를 하고 난 뒤에 그 학생이 나를 찾아왔습니다. 그리고는 "선생님 저를 잘 지도해 주셔서 감사합니다."라고 말하는 것이었습니다. 그 학생은 자신이 많은 학생들 앞에서 칭찬을 받은 것이 좋았나 봅니다. 그렇게 공부를 잘하는 학생이 아니었는데, 그 수업을 계기로 공부에 관심을 가지고 열심히 하게 되었다고 합니다.

지금까지의 교직 생활을 되돌아보면 많은 후회가 생깁니다. **'아 내가 한 명의 아이도 제대로 가르치지 못했구나.'**하는 자책감이 듭니다. 왜 그랬을까 생각을 해보니, '내가 아이들에게 교사로서 지식을 가르치는 것에만 관심을 가진 나머지 아이들을 마음으로 가르치지 못했구나.'라는 생각이 듭니다. 다시 한번 내게 아이들을 가르칠 수 있는 기회가 주어진다면 아이들을 마음으로 가르쳐야겠다는 생각을 해 봅니다. **"뭣이 중헌디?"**라는 말처럼 정말 중요한 것은 아이들을 마음으로 가르치는 것입니다. 이것이 교사가 마음공부를 해야 하는 이유입니다.

왜 부모가 마음공부를 해야 하는가

'사도'는 아버지인 영조가 아들인 사도세자를 죽인 사건을 다룬 영화입니다. 뒤주에 갇힌 지 7일째, 사도세자가 죽기 전에 아버지와 아들은 마지막 대화를 나눕니다. 아들인 사도세자는 아버지인 영조에게 **"나는 임금도 싫고 권력도 싫소. 내가 바란 것은 아버지의 따뜻한 눈길 한 번, 다정한 말 한마디였소."**라고 말합니다. 그러자 영조는 "어찌하여 너와 나는 이승과 저승의 갈림길에 와서야 이런 이야기를 나눌 수밖에 없단 말이냐."라고 한탄합니다.

아버지 영조는 아들인 사도세자에게 사사건건 트집을 잡고 화를 내고 무시를 하였습니다. **'저리 한 일은 이리하지 않았다고 꾸중하고, 이리한 일은 저리하지 않았다고 꾸중하였다.'**라고 한중록에 기록되어 있습니다. 그리고 아버지 영조는 신하들 앞에서 공개적으로 사도세자의 잘못을 꾸짖고 비난하였습니다. **"너 같은 인간을 자식이랍시고 세자로 세운 내 잘못이야."**, **"너는 존재 자체가 역모야."**라고 말하기에 이릅니다. 결국 사도 세자는 심각한 마음의 병에 걸리게 되고, 아버지 영조는 자신의 손으로 아들을 뒤주에 갇혀 죽게 만듭니다.

아버지인 영조가 아들인 사도세자를 마음으로 가르쳤다면 어땠을까 하는 생각을 해봅니다. **아버지가 자신만의 생각으로 아들을 가르치는 것이 아니라 아버지가 마음으로 가르치는 것입니다.** 영조와 사도세자의 비극은 왜 부모가 아이를 마음으로 가르쳐야 하는지를 말해주는 역사의 교훈입니다.

2000년 5월, 명문대생이 부모를 살해해 온 나라를 떠들썩하게 한 사건이 있었습니다. 아버지는 사관학교를 나온 장교 출신이었고, 어머니는 명문대 출신인 엘리트 집안이었습니다. 그 학생은 **"친부모님이라는 생각이 안 들었어요. 제 인생을 해코지하고 저를 못살게 굴었죠. 저의 사회적 의지를 박탈하고 인격을 완전히 파멸시켰다고 생각해요."** 그 학생의 생활기록표에는 "온순하며 책임감이 강하고 항상 노력하는 성실한 학생임.", "조용하고 침착하며 예의바르고 노력하는 학생임.", "조용한 성품으로 매사에 의욕적임."이라고 씌여 있었습니다.5

학생이 부모를 살해한 **첫 번째 이유는 자신의 인격이 무시받았다고 생각했기 때문입니다.** 사람은 누구나 자신의 인격이 무시를 받았다고 생각하면 견디기 힘듭니다. 인격이라는 것은 마지막까지 지켜져야 할 최후의 보루입니다. 다른 것은 다 참을 수 있어도 내 인격을 무시하면 참지 못하게 됩니다. 아들의 인격을 무시한 부모는 자기들 생각만으로 살아온 사람들입니다. 아들의 마음을 조금이라도 헤아릴 줄 아는 부모였다면 어땠을까요?

명문대생이 부모를 살해한 동기는 "이렇게 대드는 것이 자식의 도리냐?"라는 어머니의 말 한마디였습니다. **"미안하다는 말 한마디가 그렇게 힘이 드는지."** 라고 학생은 말하였습니다. 어머니가 "미안하다."는 말 한마디만 했어도 그런 일은 일어나지 않았다는 것이었습니다. 어머니는 아버지와 심한 갈등을 겪고 있습니다. 어머니는 아버지를 '악의 세력', '양의 탈을 쓴 이리이며 사탄과 친한 자이다.', '파괴와 멸망으로 이끄는 원흉'이라는 메모를 남겼습니다.5

학생이 부모를 살해한 **두 번째 이유는 가정 불화입니다.** 학생들에게 마음의 상처를 주는 대부분의 경우는 가정 불화에 있습니다. 가정 불화의 가장 큰 피해자는 아이들입니다. 갈수록 마음의 상처를 갖고 살아가는 아이들이 늘고 있습니다. 급격한 사회 변화로 이혼 가정이 늘어나고 있기 때문입니다. 그런데 더 큰 문제는 이혼을 하지 않았지만 많은 아이들 또한 가정 불화에 노출되어 있다는 것입니다. 이때 가장 필요한 것이 마음공부입니다. 부모가 마음공부를 하게 되면 가정 불화가 생기기 전에 문제를 지혜롭게 해결할 수 있는 방법을 스스로 찾게 됩니다.

학생은 부모에게 어린 아이 때부터 지속적으로 학대를 받았습니다. 그 학생은 **"때리고 나서 그래도 나는 너를 사랑한다. 이 한 마디만 해 줬어도 나는 행복할 수 있었어요.",** "부모가 나를 잘못 키웠다. 내 인생이 망가진 것은 부모 때문이다."라고 말하였습니다. 어린 시절부터 쌓여있던 부모에 대한 분노가 폭발해 일어난 사건입니다.[5]

학생이 부모를 살해한 **세 번째 이유는 아동 학대입니다.** 뉴스에서 보도되고 있듯이 아동 학대는 갈수록 늘어나고 있는 상황입니다. 아동 학대는 부모가 자녀에게 가하는 인격 살해입니다. 아동 학대는 부모가 아이를 자신의 소유물이라 생각하고 함부로 해도 되는 대상이라고 생각하기 때문입니다. 이러한 아동 학대를 줄이기 위해서는 부모의 생각을 바꾸어야 합니다. 부모의 생각을 바꾸는 방법은 마음공부입니다. 마음공부를 통해 아이가 영혼을 가진 존재라는 것을 깨닫는 것입니다. **"그 동안 네가 정말 힘들었구나.", "엄마가 잘못했다. 미안하다."**라는 말 한마디만 했으면 어땠을까요? 만일 엄마가 아들의 마음을 조금만 인정해주었으면 어땠을까요?

2011년 3월 서울의 다세대 주택 안방에서 고3 남학생이 자신의 어머니를 살해하였습니다. "전국 1등을 해야 한다.", "꼭 서울대를 가야 한다."는 말을 반복하는 어머니가 성적이 마음에 안 들면 밥을 안 주거나 잠을 못 자게 했다고 합니다. 범행 전날에도 어머니는 아들에게 공부를 더 잘하라며 야구방망이와 골프채로 10시간 동안 때렸다고 합니다. 결국, 엄마의 폭력을 견디다 폭발한 아들의 흉기에 찔린 엄마는 "이렇게 하면 넌 정상적으로 살아갈 수 없을 거야. 왜 이러는 거야?"라고 말하자, 그 학생은 **"이대로 가면 엄마가 나를 죽일 것 같아서 그래.", "지금 엄마는 모르는 게 너무 많아, 엄마 미안해."**라고 말하였습니다.6

교육전문가들은 이 사건을 부모만의 잘못도 아니고 전반적인 교육 시스템의 문제라고 하였습니다. **"지식 암기나 입시 위주로 굳어진 학교 교육이 아이들을 황폐화시키고 있다."**라고 말하였습니다. 이런 안타까운 일들이 또 다시 일어나지 않기 위해 어떻게 해야 할까요?

어느 날 소아과 의사인 오은영 박사님이 진행하는 방송 프로그램을 보고 충격을 받았습니다. 한 여자 아이는 동네에서 유명한 깡패였습니다. 지나가는 아이들을 때리는 것은 기본이고, 동네 어른들에게도 욕을 하고, 때리고 도망갑니다. 유치원에 가서 어린 아이들을 때리고 도망가고, 마트에 가서 과자를 훔치고 도망가곤 합니다. 지하철 안에서는 뛰어다니고 어른들에게 협박을 합니다. 마치 늑대처럼 으르렁거리는 표정을 합니다. 식당에 가서는 식탁 위를 올라가고 뛰어다닙니다. 어른들이 말려도 소용이 없습니다.

그런데 그 아이가 집에 가면 정반대가 됩니다. 완전히 온순한 양이 됩니다. 그런데 왜 밖에 나가서는 그렇게 이상한 아이가 될까요? 집에서 아이는 아빠에게 혼나고 엄마는 딸을 차별합니다. 밥을 먹을 때도 아빠가 눈치를 주니까 밥을 잘못 먹습니다. 엄마 아빠는 수시로 아이가 말을 안 듣는다고 때리고 혼내는 것이 일상입니다. 아이는 집에서 부모에게 마음의 상처를 받고 밖에 나가서 다른 사람들에게 해코지를 하는 것입니다.

처음에 부모는 아이가 밖에서 어떤 행동을 하고 다니는지 잘 몰랐습니다. 그런데 촬영한 영상을 보고는 충격을 받았습니다. 결국 **부모는 아이에게 사과를 하고 아이에게 사랑을 표현하자 아이는 기적처럼 달라졌습니다.** 그리고 밖에 나가서도 이상한 행동을 하지 않게 되었습니다. 아이가 부적응 행동을 보이는 것은 반드시 원인이 있습니다. 대부분은 어릴 때부터 부모에게 마음의 상처를 받았기 때문입니다. 학교에서도 학교 부적응 학생들을 보면, 대부분 그 원인이 아이가 어릴 때 부모로부터 받은 마음의 상처 때문입니다.

어느 선생님 이야기입니다. 그 선생님은 아이들 교육에 관심이 많아 초등학교 다닐 때부터 지독하다 할 정도로 아이들에게 공부를 시켰습니다. 하루에 공부해야 할 양을 정해놓고 반드시 하도록 철저하게 관리를 하였습니다. 그런데 고등학교 1학년 때 아들이 학교 폭력을 당하게 되었습니다. 심지어 학교 친구들 여러 명으로부터 아들이 집단 폭력을 당하였습니다. 그러자 아들은 도저히 학교를 다닐 수가 없어 자퇴를 하였습니다. 자퇴를 한 후 아들은 게임방에서 매일 생활하면서 공부와 담을 쌓고 지냈습니다.

그러던 어느 날 아들이 선생님과 대화를 하였습니다. 아들은 화장실에 있고 선생님은 밖에서 이야기를 하였습니다. 지금 이렇게 된 것이 누구의 잘못인지 따지는 것이었습니다. 아들은 "모든 것이 엄마 때문이다."라고 하였습니다. 선생님은 "그게 왜 엄마 때문이냐, 너 때문이지."라고 말하였습니다. 그러면 아들은 "엄마가 90%, 내가 10% 잘못이다."라고 말하였습니다. 이렇게 몇 시간 동안 실랑이를 하다가 드디어 '50%는 아들 때문이고, 50%는 엄마 때문이다.'라고 서로 동의하였습니다. 그리고 **선생님이 아들에게 "엄마가 잘못했다. 미안하다."라고 진정 어린 사과를 하자 아들이 화장실에서 나오게 되었습니다.** 그때부터 아들은 재수 학원에서 열심히 공부하여 교대를 가서 선생님이 되었습니다. 이러한 일을 계기로 하여 선생님은 마음공부를 하게 되었습니다. 마음공부를 통하여 아이들과 관계에서 모든 문제를 해결할 수 있었습니다. 그리고 지금은 어느 누구보다도 아이들과 소통을 잘하는 엄마가 되었습니다.

이 이야기들을 통해서 부모가 왜 마음공부를 해야 하는지를 느끼게 됩니다. 그리고 **아이들 마음의 상처를 치유하기 위해서는 부모가 아이에게 사과를 하는 것이 중요하다는 것입니다.** 부모가 자녀에게 진정으로 사과를 하여 아이가 부모의 진심을 느끼게 되면, 아이는 기적적으로 변하게 됩니다. 그리고 아이 마음의 상처가 치유됩니다. 부모가 마음공부를 하면 모든 것들이 변하게 됩니다. 가장 먼저 아이와 관계가 좋아집니다. 부모가 아이를 키우면서 갖게 되는 스트레스를 자신이 조절하게 됩니다. 가장 중요한 것은 부모가 마음으로 흔들리지 않고 든든하게 항상 그 자리에 서 있는 나무가 될 때, 아이들은 심리적으로 안정을 되찾고 제 자리로 돌아오게 됩니다. 이것이 부모가 마음공부를 해야 하는 이유입니다.

심한 경우는 아이들이 부모로부터 마음의 상처를 받아 몇 년째 방에서 나오지 않는 경우도 있습니다. 그런데 이런 아이들이 방문을 열고 나오게 하는 비결이 있습니다. 방이 거의 쓰레기장처럼 되어 있고, 거지처럼 씻지도 않고 폐인으로 생활하는 아이를 밖으로 나오게 하는 것은 자신을 인정해주는 말 한마디였습니다. **"힘들지."라는 말 한 마디입니다.** 이런 아이들일수록 논리적으로 이치를 따지는 것은 아무 소용이 없고 오히려 더 마음의 상처를 주게 됩니다. 또 **부모의 "미안해."라는 말 한 마디면 아이가 바닥을 딛고 일어설 수 있는 힘을 주게 됩니다.**

개인적으로 딸과 힘든 시간을 보냈습니다. 딸이 고등학교에 들어가면서 짜증을 내고 고집을 피워서 갈등이 극에 달했습니다. 말을 할 때는 짜증스럽게 하고, 부모가 말을 하면 전혀 듣지 않고 반응을 하지 않았습니다. 세 번까지는 화를 내지 않고 말하다가 다섯 번이 넘어가면 화를 내며 말을 합니다. 그래도 반응이 없으면 결국에는 손으로 때리기도 했습니다. 이렇게 하고 나면 후회를 하고, 부모로서 자괴감이 들고, 딸도 마음의 상처를 받곤 했습니다. 그 후에 선생님으로부터 부모가 자녀에게 진정으로 사과를 하여 관계가 좋아졌다는 말을 들었습니다. 그래서 어느 날 딸과 대화를 하면서 "미안하다."고 딸에게 사과를 하였습니다. 그 이후에도 어떤 일이 있어서 갈등을 한 후 몇 번 사과를 하였습니다. 그러자 딸도 조금씩 변하기 시작했습니다. 짜증스런 말을 하지 않고 말이 부드러워졌습니다. 나도 딸에게 이야기를 할 때 최대한 감정 없이 딸의 마음을 생각하면서 말을 하게 되었습니다.

그 이후로 마음공부를 하게 되었습니다. 마음공부를 하고 보니 모든 것은 나에게 원인이 있다는 것을 알게 되었습니다. 내가 변하니까 딸도 변하고 세상도 변하였습니다. 지금은 딸과 전혀 갈등이 없고 어떤 문제가 생기더라도 예전처럼 내 자신이 화를 내지 않게 되었습니다. 그리고 항상 딸과 대화를 할 때 딸의 마음을 먼저 생각하게 되었습니다. 이것이 마음공부를 하면서 달라진 점입니다. 이전에는 내 생각으로 딸과 대화를 했다면, 마음공부를 한 이후에는 먼저 딸의 마음을 생각합니다. 그리고 이제는 어떤 상황에서도 내가 스스로 감정을 조절할 수 있다는 확신이 생겼습니다. 물론 그렇다고 항상 그런 것은 아니지만 외부의 자극에 잠시 흔들리더라도 다시 제자리로 바로 돌아올 수 있는 힘을 갖게 되었습니다. 이것이 마음공부를 한 후 달라진 점입니다.

부모가 아이를 키우면서 힘들 때는 감정적으로 흥분하는 경우가 있습니다. 이때 부모가 자신의 감정을 조절하는 방법입니다. 먼저 나의 감정이 흥분되어 있다는 것을 알아차립니다. 그리고 눈을 감고, 심호흡을 하고, 잠시 명상에 잠깁니다. 결코 시간이 오래 걸리지 않습니다. 잠시 3~5분이면 다시 마음의 평정을 찾게 됩니다. 그리고 모든 문제의 원인이 나의 에너지가 상대방에게 전달이 된 것이라고 생각을 합니다. 그러면 문제를 해결하는 것도 당연히 내가 해야 할 일이 됩니다. 그러면 이후에 어떤 어려운 상황에서도 자신의 감정을 조절할 수 있는 자신감을 갖게 됩니다. 이것이 마음공부의 효과입니다. 그런데 이러한 과정이 지리산에 들어가서 몇 년씩 오랫동안 수련을 해야 하는 것이 아닙니다. 마음공부를 하게 되면 바로 생각을 바꾸게 되고, 생각을 바꾸게 되면 누구나 쉽게 행동으로 실천할 수 있습니다.

학기 초에 어떤 학생의 아버지가 담임 선생님과 상담을 하였습니다. 그리고 선생님에게 한 가지 부탁이 있는데 꼭 들어주시라고 부탁을 하였습니다. 그래서 선생님은 그러겠다고 말했습니다. 아버지는 선생님에게 작은 쪽지를 드렸습니다. 그리고 선생님에게 이렇게 말하였습니다. "선생님, 아이가 수학 100점을 받으면 쪽지에 적은 대로 아이에게 칭찬을 해 주세요."라고 말하였습니다. 그래서 선생님은 그렇게 하겠다고 아버지와 약속을 하였습니다. 그 쪽지에는 세 가지 내용이 씌여 있었습니다.

어느 날, 아이가 정말로 수학 시험에서 100점을 받았습니다. 그래서 선생님은 학생들에게 이렇게 말씀하셨습니다. **"이번 수학 시험은 정말 어려운 시험이었는데, 100점을 받은 학생이 있는데, 우리반 철수입니다."** 그리고 그 학생을 교탁 앞으로 나오게 하였습니다. 그리고 학생들에게 **"여러분, 철수에게 박수를 쳐 주세요."**라고 말씀을 하셨습니다. 이어서 선생님은 **"앞으로 수학 문제 모르는 것이 있으면 철수에게 물어보아라. 철수는 수학 천재다."**라고 말씀하셨습니다. 사실 선생님께서 이렇게 말씀하신 것은 아이의 아버지가 쪽지에 써 준 것을 그대로 한 것이었습니다.

학교를 마치고 아이가 집으로 달려오면서 아버지에게 큰 소리로 자랑을 하였습니다.

"아빠, 오늘 선생님이 나한테 교탁 앞으로 나오게 하더니 아이들에게 박수를 치라고 하셨어요. 그리고 내가 수학 천재래요. 그리고 모르는 수학 문제가 있으면 나에게 물어보라고 하셨어요." 아버지는 그 말을 듣고 아들에게 말하였습니다. "선생님이 수학 천재라고 하면 너는 천재가 맞다."라고 말하였습니다. 그 이후 그 학생은 공부를 잘해서 서울대학교에 합격하였습니다. 동생도 같은 방법으로 해서 형과 함께 서울대학교에 합격하였습니다. 아이들이 이렇게 공부를 잘하게 된 것은 아버지가 아이들을 어떻게 가르쳐야 하는지 알고 실천하였기 때문이었습니다. 그 비결은 아이를 마음으로 가르치는 것이었습니다. 신기한 것은 아버지가 마음공부를 하지 않고 어떻게 그 비결을 알았을까요?

아이가 성장하는 과정에서 가장 중요한 것은 부모가 아이에게 주는 신뢰입니다. '나는 너를 항상 믿고 있다.'는 암시를 아이가 느끼게 될 때입니다. 아이는 살아가면서 만나는 역경을 그 힘으로 딛고 일어서게 됩니다. 나의 경우도 마찬가지였습니다. 시골 중학교를 졸업하고 고등학교를 가게 되었습니다. 그런데 담임 선생님께서 고등학교를 대도시로 가면 좋겠다고 말씀하시면서 부모님과 이야기를 해보라고 했습니다. 경제적인 형편이 어려워 중학교도 시골에서 다니던 상황에서 고등학교를 대도시로 간다는 것은 우리집 형편상 무리한 일이었습니다. 그래서 어렵게 당일 아침에 어머니에게 말씀을 드렸습니다. 그랬더니 어머니께서 "그래, 어렵지만 한 번 해보자."라고 말씀하셨습니다.

그래서 어려운 형편에 대도시로 고등학교를 가게 되었습니다. 그래서 사글세 방을 얻고 누나가 돈을 벌면서 같이 생활하였습니다. 고등학교를 다니면서 공부를 열심히 했습니다. 하지만 마음속으로는 '내가 돈이 없는데 어떻게 대학을 다니겠어?'라는 생각을 하면서 고 3때 공부를 포기하였습니다. 그런데 막상 고등학교를 졸업하자 할 수 있는 것이 아무것도 없었습니다. 그래서 어쩔 수 없이 재수를 하게 되었습니다. 재수를 하면서 정말 힘든 시간을 보냈습니다. 그때 **그 힘든 시간을 버틸 수 있었던 힘은 부모님이 나를 믿고 있다는 생각이었습니다.** 그래서 부모님을 실망시키지 않기 위해서 이를 악물고 최선을 다해 공부를 하였습니다. 이렇게 부모가 아이에게 주는 믿음으로 아이는 어려움을 이겨내고 자신의 꿈을 이루게 됩니다.

왜 외국은 학교에서 마음공부를 가르치는가

미국은 의료, 심리 분야 뿐만 아니라 구글Google, 애플Apple 등 실리콘밸리Silicon Valley기업, 학교, 가정으로 마음 챙김Mindfulness 명상 프로그램이 확대되어 가고 있습니다. 미국은 학교에서 매년 일어나는 총기 사고와 학교 폭력이 심각한 사회 문제가 되고 있습니다. 그런데 미국의 워싱턴DC 라파예트Washington DC, Lafayette 초등학교는 명상 프로그램을 운영하여 교실의 문화가 바뀌게 되었습니다. 마음챙김 명상 프로그램을 운영하고 있는 선생님은 **"명상 프로그램으로 아이들이 자신의 감정을 조절하게 되었습니다. 그리고 다른 사람에 대해 더 친절하고 동정심을 갖게 되었습니다."**라고 말하였습니다. 선생님은 명상 프로그램으로 이전보다 더 평화로운 교실이 되었다고 말하였습니다.

미국 뉴욕의 가난한 흑인 학생들이 다니는 학교에서 명상 프로그램을 운영하고 있습니다. 또한 학교 부적응으로 여러 가지 심각한 문제를 가지고 있는 학생들이 다니는 미국 뉴욕의 대안학교에서 명상 프로그램을 운영하고 있습니다. **학생들은 수업을 시작하기 전에 5분 명상을 하는 것이 중요한 일과입니다.** 명상으로 학생들은 호흡에 집중하고 자신의 생각과 감정을 다루는 마음공부를 합니다.

영국에서는 2007년 명상 프로그램이 처음 도입된 이후, 370개 학교에서 정규교육과정에 반영하여 명상 프로그램을 운영하고 있습니다. 학생들의 정신 건강을 위해 정규 수업 시간에 명상 전문가가 교실을 방문하여 호흡 방법이나 감정을 조절하는 법을 가르치고 있습니다. 명상 전문가들은 **"명상 프로그램으로 아이들은 정신 건강, 웰빙, 행복에**

관한 것을 배우게 됩니다."라고 말하였습니다.

　미국 하버드대 매스제너럴 병원Massachuetts General Hospital에서는 명상 프로그램의 효과에 관한 연구를 실시하였습니다. 연구 결과, 마음챙김 명상 프로그램은 대뇌 피질을 두껍게 만들어 주의력과 감각 분석력을 개선시켜주는 효과가 있다고 발표하였습니다. 연구에 따르면 **명상 프로그램은 심리 치료는 물론 공격과 주의 집중력 장애, 스트레스, 불안증과 같은 정신 건강에 문제가 있는 아이들에게 특히 효과가 있다**고 알려졌습니다.[7]

　미국 MIT 연구팀은 100명의 6학년 학생들을 대상으로 명상 수업에 대한 연구 결과, 마음 챙김이 아이들의 정신 건강에 기여하고 학업 성취도를 향상시킬 수 있음을 밝혔습니다. 연구자인 가브리엘리Gabrieli와 그로버 헤르만Grover M. Hermann 교수는 **"명상은 현재 순간에 주의를 집중하게 합니다. 이렇게 현재에 집중하는 것이 학습에 많은 도움을 줍니다."**라고 말하였습니다.[8]

　미국 UCLA는 이민자들을 대상으로 마음챙김 명상 프로그램 연구 결과를 발표하였습니다. 이민자들이 받는 스트레스 및 우울증에 마음챙김 명상이 효과적이고 저비용의 치료법이 된다고 밝혔습니다. 이 실험은 2016년에 스페인 이민자 76명의 성인을 대상으로 6주간 실시되었습니다. 연구 결과, 실험에 참가한 이민자들 모두 우울증과 스트레스 개선의 효과가 있었습니다. 연구 저자인 마이클 어윈Michael Irwin은 "미국은 물론 전 세계의 우울증 및 기타 정신 건강의 위험을 줄이기 위해서는 지역사회 차원의 적극적인 개입이 필요하다. **마음챙김 명상 프로그램은 상대적으로 비용이 적게 들고 누구나 어디서나 부담 없이 쉽게**

할 수 있어서 가치가 있다."라고 말하였습니다.[9]

TED 강연자인 앤 메리Anne Marie Rossi는 하버드 연구를 인용하며 1,000명을 대상으로 성공한 사람들의 특징에 대하여 말하였습니다. 그 결과 **성공 요인은 인종이나 부모의 경제력, 가정환경, IQ가 아니라 '자기 통제력'이라고 말하였습니다.** 성공의 가장 중요한 요인은 마음을 관리하는 것이었습니다. 이렇게 마음공부는 인생에서 가장 중요한 성공과 모든 사람들이 바라는 행복을 위한 가장 중요한 비결입니다.

강연자는 콜로라도 대학University of Colorado, Denver의 연구 결과로 저소득층 4학년 학생들에게 미치는 영향을 실험한 결과, 실험 집단이 비교 집단과 비교하여 **감정 조절 능력이 250%, 사회적 소통 능력이 600%, 학업 성취도가 550%로 긍정적인 영향을 주었다고 말하였습니다.** 실제로 마음공부를 한 학생들은 행복감이 향상되었고, 학습에 있어서 집중력도 많은 효과가 있었습니다. 마음공부는 뇌를 훈련하는 것이고 감정을 관리하는 것이기 때문입니다. 수많은 연구에서 **마음공부는 우울증, 불안, 스트레스를 감소시키고, 행복, 집중력, 웰빙, 성적을 향상시켰습니다.**[10]

😊 왜 세계적인 기업들은 명상 프로그램을 운영하는가

세계적으로 명상 프로그램을 적용하고 있는 기업들이 점점 늘어나고 있습니다. 구글, 애플 등 다양한 기업들에서 명상 프로그램을 운영하고 있습니다. 스티브 잡스는 대학 시절 불교에 심취해 인도 여행을 하였습니다. 잡스에게 명상은 '**내면을 일깨우는 알람시계**'였습니다.

스티브 잡스는 "**명상을 할 때 당신의 직관이 꽃을 피우기 시작하고 사물을 좀 더 명확하게 볼 수 있는 시간이다. 당신의 마음을 차분히 가라앉히면 그 순간 넓은 공간을 볼 수 있을 것이다. 당신은 그 전보다 더 많은 것을 보게 된다.**"라고 말하였습니다.

▶명상을 하고 있는 스티브 잡스

스티브 잡스는 "**명상은 인간의 모든 능력을 향상시키는 원천 기술이다.**"라고 말하였습니다. 그는 스탠포드대학교Stanford University 졸업식 연설에서 "**무엇보다 중요한 것은 여러분의 마음과 직관을 따르는 용기를 가지라는 것입니다. 마음과 직관은 여러분이 되고 싶어 하는 바를 이미 알고 있습니다. 그 외에 모든 것은 부차적인 것입니다.**"라고 말하였습니다.

구글 명상 프로그램에 참여한 직원들은 감정을 조절하는 능력이 향상되었고, 공감 능력이 향상되어 다른 사람들과 좋은 관계를 갖게 되었다고 하였습니다. 특히 명상 프로그램으로 인하여 스트레스를 대응하는 방식이 달라졌다고 하였습니다. 또한 창의력과 소통 능력이 향상되었다고 하였습니다.

미국 뉴욕의 '명상 버스'는 시시각각으로 변하는 조명 시설과 방음 시설을 적용해서 소음을 거의 완벽하게 차단하고, 명상 음악을 들을 수 있도록 오디오 시설을 갖추고 아로마테라피까지 가능하도록 제작되었습니다. '고용한 우주선'이라고 불리는 명상 버스는 바쁜 현대인들에게 깊은 호흡과 마음을 고요하게 해주는 휴식 공간이라고 명상 버스 대표인 칼라 해먼드는 말하였습니다.

"지금까지 삶의 모든 면을 한꺼번에 변화시킬 수 있는 방법은 거의 존재하지 않았습니다. 하지만 사람의 마음과 정서를 위한 명상은 모든 것을 변화시킵니다."라고 구글 내면 검색 개발자인 차드 멍 탄은 말하였습니다.

방송인 오프라 윈프리 회사에는 명상 시간이 따로 있을 정도로 명상을 중요하게 생각합니다. 아침 9시와 오후 4시 30분이 되면 하던 일을 멈추고 명상을 합니다. 오프라 윈프리는 "내가 명상을 시작한 것은 나의 삶에서 가장 행복한 일이다." 라고 말하였습니다. 그녀는 "명상을 죽을 때까지 지속하고 싶은 한 가지 이유는 제 자신이 명상을 하면 1,000% 나아지기 때문입니다. 작은 제 자신보다 큰 힘에 저를 맡기면 1,000% 나아집니다."라고 말하였습니다.

오프라 윈프리는 "명상은 정신을 위한 따뜻한 목욕이다."라고 말하였습니다. 그녀는 "처음에는 7명으로 시작했어요. 그 7명이 70명으로 늘어났고, 270명, 이젠 회사의 모든 직원들이 명상을 합니다. 그 효과는

▶ 명상을 하고 있는 오프라 윈프리

놀랍습니다. 두통과 불면증이 사라지고 소통이 살아나기 시작했습니다. 정말 놀라웠어요."라고 말하였습니다.

왜 우리는 학교에서 마음공부를 가르치지 않는가

1999년 4월 미국 콜럼바인 고등학교Columbine High School Massacre. 총을 들고 등교한 학생이 식당에서 학생들을 향해 무차별 총을 쏘았습니다. 무차별 총격 이후에 그 학생은 스스로 목숨을 끊었습니다. 그날 12명의 학생, 선생님 1명, 부상자가 24명이었습니다. 그 이후 가해자의 어머니는 '나는 가해자의 엄마입니다'라는 책을 출판하였습니다. 어떻게 제 아들의 변화를 모를 수 있었는지 반성하는 책이었습니다. 그녀의 책은 비극을 막을 수 있었던 순간을 더듬어가는 반성문입니다. 엄격하고 보수적이며 교육에 헌신적인 어머니와 아들들에게 힘이 되어주고 식사와 여가를 함께하는 가정적인 아버지였습니다. 그리고 엄마가 보기에 아들은 착하고 마음이 따뜻하며 순종적인 아들이었습니다. 아들 딜런은 예민하지만 섬세하고 사랑스러웠던 아들이었습니다.[11]

너무나 평범한 아들이었기에 부모는 아들의 깊은 우울증을 눈치챌수 없었습니다. 폭력적인 가정에서 자란 아이도 아니고 공격적인 사이코패스도 아니었습니다. 충격적인 것은 이렇게 지극히 평범한 가정에서 자란 평범한 아이도 살인마가 될 수 있다는 것이었습니다. 가해자의 엄마가 바라는 것은 부모가 아이들을 마음으로 가르침으로써 또 다시 이런 비극을 막는 것이었습니다. **이 사건이 주는 교훈은 부모가 생각하기에 너무나 잘 자라고 있는 아이들도 늘 아이들의 마음을 살피는 지혜가 필요하다는 것입니다.**

통계청에 의하면 매년 우리나라 청소년들의 자살율이 늘어나고 있습니다. 우리나라가 OECD 국가에서 청소년 자살율이 1위라고 합니다.

이러한 문제를 해결하기 위해서는 무엇보다 가장 중요한 것이 아이들에게 마음공부를 가르치는 것입니다. **마음공부를 통하여 자기통제력과 회복탄력성을 기르게 됩니다.** 이것은 학교에서 지식 공부를 통하여 가르칠 수 있는 것이 아닙니다.

2011년 12월 20일 대구 중학생 자살 사건이 일어났습니다. 학교 폭력에 시달려 온 중학생이 참다못해 스스로 세상을 등졌습니다. 그리고 피해 학생은 마지막으로 메모를 남겼습니다. **"제가 한 것도 아닌데 억울하게 꾸중 듣고…. 매일 맞던 것을 끝내는 대신 가족들을 볼 수가 없다는 생각에 눈물이 앞을 가리네요. 엄마 아빠 사랑해요!"** 이 일을 계기로 학교에 '학교폭력예방 및 대책에 관한 법률'이 제정되었습니다. 그러나 이 후에도 학교 현장에서 학교 폭력은 사라지지 않고 오히려 증가하고 있는 상황입니다. 참으로 안타까운 일입니다.[12]

어떻게 하면 이러한 학교 폭력이 학교 현장에서 사라지게 할 수 있을까요? 우리 마음은 사랑과 두려움으로 되어있습니다. 사랑이 크면 두려움이 적어집니다. 반면에 두려움이 커지면 사랑이 적어집니다. 결국 아이가 힘든 바닥 상태에서 일어설 수 있는 것은 사랑입니다. 그러면 아이가 어떻게 사랑을 느낄 수 있게 하느냐 하는 것이 관건입니다. 매슬로우 욕구 단계에서 안전의 욕구가 충족되지 못한 것입니다. 따라서 아이가 육체적, 심리적 안전을 느끼도록 해야 합니다. 가장 위험한 것이 아이가 자신을 포기한 경우입니다. 심한 경우 이것은 자살로 이어질 수 있습니다. 따라서 주위 사람들이 안전하다는 것을 느끼도록 해야 합니다.

또한 이러한 일이 일어난 경우 부모가 사전에 아이에게 어떤 일이 일어났는지 알아야 한다는 것입니다. 대부분의 경우 아이들이 부모가 걱정을 하실까봐 이야기를 하지 않게 됩니다. 이것은 정말 어려운 일입니다. 중요한 것은 부모가 아이의 마음 상태를 알 수 있도록 평소에 아이와 소통하는 것입니다. 그리고 **아이가 마음공부를 통하여 아무리 어려운 상황에서도 자신이 세상의 주인이라는 것을 알게 하는 것입니다. 그래서 자신이 스스로 운명을 선택할 수 있다는 것을 알게 하는 것입니다. 마음공부를 통하여 아이가 스스로 바르게 판단할 수 있는 자기 통제력과 회복 탄력성을 길러주어야 합니다.** 이것이 부모가 아이에게 마음공부를 가르쳐야 하는 이유입니다.

학교에서 ADHD 학생으로 매우 힘든 학생이 있었습니다. 그 학생은 매우 폭력적이고 난폭하여 학생들이 두려워하였습니다. 그 학생으로 인하여 학급의 학생들은 많은 피해를 보았습니다. 수업 시간에 방해를 하고 대소변을 잘 조절하지 못하여 수업 시간에 선생님이 뒤처리를 하느라 수업을 제대로 할 수 없었습니다. 그래서 학기말이 되면 학부모님들이 학교에 와서 민원을 제기하였습니다. 담임 선생님은 정말 헌신적으로 그 학생을 위해서 최선을 다하셨습니다. 그러다가 너무 힘들어 결국 휴직을 하게 되었습니다. 9월에 새로운 담임 선생님이 오시고, 그 학생을 위하여 다양한 방법을 시도하였습니다. 그 중에 아침 독서 시간에 강당에서 2~3명의 친구들과 함께 공놀이를 하게 하였습니다. 그러자 1교시 수업 시간에는 수업에 집중하여 수업 태도가 매우 좋아졌습니다.

이와 함께 학교의 모든 선생님들이 한 마음으로 이 아이를 지도하였습니다. 교장 선생님과 교감 선생님, 보건 선생님이 돌아가면서 학생과 학부모를 상담하였습니다. 그리고 무엇보다도 담임 선생님이 마음으로 아이를 지도하였습니다. 특히 선생님은 교실 공간에 학생들이 편하게 쉴 수 있는 공간을 마련하는 등 학생을 위한 다양한 시도를 하였습니다. 집에 있는 텐트를 가지고 와서 교실 공간에 배치를 하고, 놀이 교구를 배치하여 쉬는 시간에 놀이를 하게 하였습니다. 공부 시간에는 같이 하지 않은 아이들도 쉬는 시간에 놀이를 할 때는 그 아이와 함께 하여 점차적으로 교우 관계가 좋아지게 되었습니다. 이렇게 선생님이 아이를 마음으로 가르치자 많은 변화를 보이기 시작했습니다. 점차적으로 수업에 집중하는 시간이 길어지고, 학생이 심리적으로 안정하게 되어 폭력적인 행동이 줄어들게 되었습니다.

학교에는 심리적으로 어려운 아이들이 있게 마련입니다. 그 학교에서는 유독히 어려운 아이들이 많았습니다. 결손 가정 아이들이 많고, 할아버지, 할머니와 생활하는 아이들이 많았습니다. 그러다 보니 마음의 상처를 받은 학교 부적응 학생들이 많았습니다. 그런데 학교에서는 위클래스 상담실에 상담사 선생님이 계셨습니다. 아이들이 학교 생활을 하다가 수업 시간에도 아이가 마음이 힘들다고 생각을 하면 상담실로 가는 것이 일상이 되었습니다. 그러면 상담사 선생님은 아이들의 이야기를 끝까지 들어주셨습니다. 그렇게 한 시간을 보내고 나면 아이들은 마음이 안정이 되어 다시 교실에 가서 학교 생활을 하곤 하였습니다.

상담사 선생님은 특별한 상담 프로그램을 운영하고 계셨습니다. 'Tea day'라고 차를 활용하여 아이들과 상담을 하였습니다. 상담실에 들어오면 네모난 긴 탁자에 흰색 천이 덮여 있고, 탁자 위에는 차 세트가 놓여 있습니다. 친구들끼리 서로 싸움을 하고 상담실로 오면 선생님은 차를 마실 준비를 합니다. 그러면 아이들은 자리에 앉아서 친구들에게 서로 차를 따라주고 마시면서 마음의 안정을 찾아갑니다. 선생님이 아이들의 이야기를 들어주게 되면 그 동안 쌓인 스트레스가 사라지게 됩니다. 그리고 아이들은 멋지게 차려진 탁자 위에 앉아서 녹차를 마시면서 자신이 존중을 받는다는 느낌을 갖게 됩니다. 학교에 이런 장소가 있어서 아이들은 행복한 학교생활을 하게 되었습니다.

또 학생들에게 마음공부 프로그램을 운영하시는 교육복지사 선생님이 계셨습니다. 그 선생님은 특히 명상 프로그램을 운영하여 아이들의 마음을 치료해 주었습니다. 아이들이 교육복지실에 오면 조용한 명상 음악을 들려줍니다. 그리고 아이들이 좋아하는 아로마 오일을 한 방울씩 검지 손가락에 묻혀 줍니다. 그러면 아이들은 손가락을 코에 갖다 대고 심호흡을 합니다.

아로마 오일이 좋은 점은 아이들이 자연스럽게 심호흡을 하게 된다는 것입니다. 아무것도 없이 눈을 감고 심호흡을 하게 하면 아이들은 심리적으로 매우 부자연스럽고 어색하게 생각합니다. 하지만 아로마 오일을 손가락에 묻혀 주면 아이들은 향이 좋기 때문에 자연스럽게 심호흡을 합니다. 또한 아로마 오일은 그 자체로도 치료의 효과가 있어서 아이들의 심리 치료에 많은 도움을 줍니다.

그리고 선생님이 아이들에게 마음 여행을 떠나자고 제안을 합니다. 그러면 아이들은 "어떻게 가는데요?"하면서 궁금해 합니다. 그러면 선생님은 "마음으로 떠나는 여행을 가는 거야."라고 말합니다. 그리고 수면 명상을 준비합니다. 바닥에 요가 매트를 깔고, 아이들이 천장을 보고 눕게 합니다. 복지실의 전등을 끄고 잔잔한 명상 음악을 들려줍니다. 그리고 선생님이 마음 여행에 관한 이야기를 들려줍니다. 이때 아이들이 많은 경우에는 선생님의 질문에 마음 속으로 대답을 하게 합니다. 아이가 한 명이면 말을 하게 할 수도 있습니다.

"지금 어디로 가고 있는 거야?"
"지금 무엇이 보이나요?"
"지금 무엇을 하고 있어요?"
"지금 누가 있나요?"
"지금 무슨 이야기를 하고 있어요?"
...

이렇게 이야기를 들려주다 보면 아이들은 스스로 눈을 감고 잠을 자기도 합니다. 이렇게 단잠을 자는 것은 마음 치료에 많은 효과가 있습니다. 신체적으로도 편안하게 되고 마음도 안정이 됩니다.

또 어떤 날은 먹기 명상을 합니다. 아이들이 좋아하는 빼빼로나 가래떡을 준비합니다. 그리고 최대한 천천히 먹도록 합니다. 가장 늦게 먹은 친구에게 선물을 준다고 말합니다. 그러면 아이들은 정말 음식을 천천히 먹습니다. 그리고 음식이 씹는 소리와 목에 넘기는 것을 느끼게 됩니다. 그러면서 몸에서 음식이 지나가는 과정을 실감나게 느끼게 됩니다. 이러한 과정을 통하여 학생들은 심리적으로 안정이 됩니다.

또한 선생님의 맨발바닥 명상을 아이들이 좋아합니다. 유독히 마음의 상처가 심한 학교 부적응 학생과 함께 운동장을 맨발로 걷는 것입니다. 그러면 아이는 맨발로 걷기도 하고, 뛰기도 하고, 물장난을 하기도 하며 아주 좋아합니다. 이렇게 신체 놀이를 하게 되면 아이는 차분하게 됩니다. 그리고 복지실로 이동하여 아로마 오일을 활용한 명상이나 차를 활용한 명상을 합니다. 그러면 아이들은 마음이 차분해져서 교실로 들어가서 수업을 하게 됩니다.

그리고 모래 놀이를 활용하여 아이의 마음을 치료합니다. 모래놀이 치료 세트를 실내에 배치하여 아이들이 스스로 놀이를 하게 합니다. 모래놀이 치료 세트는 모래 상자가 있고, 동물이나 사물들의 작은 모형들이 있습니다. 아이들은 모래와 작은 모형들을 가지고 유치원생들이 하는 소꿉놀이와 같은 놀이를 합니다. 모래놀이 치료는 모래상자를 이용하여 자유롭게 자신의 감정을 발산하고, 내면 세계를 스스로 표현하여 자신을 통찰할 수 있는 기회를 갖게 합니다. 그리고 치료 과정에서 나쁜 감정을 표현하여 긍정적인 생각을 갖게 하고, 자존감을 높여주게 됩니다. 모래놀이 치료는 아이 혼자서 할 수도 있고, 선생님이 옆에서 아이의 심리 상태를 읽어주고 인정해 주는 말을 합니다. 이러한 모래놀이 치료는 저학년 학생들뿐만 아니라, 중·고등학생들도 좋아하여 심리 치료 효과가 좋습니다.

학교에서 마음의 상처가 심한 학교 부적응 학생들은 교실에 있지 못하고 학교를 돌아다닙니다. 그러면 담임선생님은 그 아이를 찾아다니고, 모든 선생님들이 그 학생을 찾아 다니곤 합니다. 이러한 학생들에게 좋은 것이 모래 치료입니다. 이 학생들이 학교를 돌아다니지 않고 모래 치료를 하면서 놀면 선생님도 학생을 찾으러 다닐 필요가 없습니다. 그리고 그 학생도 모래 치료를 하면서 시간을 낭비하는 것이 아니라 마음의 상처를 치유하게 됩니다.

아무리 심리적으로 어려운 아이들도 선생님이 아이들을 마음으로 가르치자 많은 변화를 보였습니다. 따라서 **학교에서 이렇게 심리적으로 어려운 학생들을 위한 체계적인 프로그램이 상시적으로 운영될 필요가**

있습니다. 아이들이 학교에서 힘들 때 언제든지 갈 수 있는 상담실, 복지실, 놀이치료실을 마련합니다. 그리고 프로그램을 운영할 수 있는 전문 상담가, 교육복지사, 놀이치료사가 관리를 합니다. 그래서 아로마 명상, 차 명상, 수면 명상, 먹기 명상, 모래 치료 등 다양한 프로그램을 학생들이 원하는 방법으로 마음공부를 하는 것입니다. 이렇게 안정적으로 심리치료 프로그램을 운영하게 되면 아무리 어려운 학교 부적응 학생들도 마음을 치유하게 됩니다. 이러한 프로그램 운영은 갈수록 힘들어지고 있는 선생님들의 학생 생활지도에 많은 도움을 주게 됩니다.

학급에서도 마음공부를 실천할 수 있습니다. 담임 선생님이 아침 독서 시간에 5분 명상을 하거나, 수업 시간에 5분 명상을 하고 수업을 시작하는 것입니다. 일정한 시간을 정하여 수업 시간에 명상을 집중적으로 할 수도 있습니다. 이때 마음의 원리와 관련된 이야기를 들려주고 아이들이 서로 자신의 느낌을 말하게 하는 것도 좋습니다. 이것을 시도할 때 교사가 일방적으로 하는 것이 아니라 아이들과 소통을 하여 마음공부를 하는 방법과 시기를 이야기하면 아이들이 더 적극적으로 참여하게 됩니다.

이렇게 마음공부를 학교에서 가르치면 어떤 점들이 좋을까요? 가장 먼저 아이들이 가고 싶은 학교가 됩니다. 아무리 심리적으로 힘들어하는 학교 부적응 학생일지라도 자신이 원하면 언제든지 갈 수 있는 편안한 학교 공간이 있습니다. 그래서 아이가 재미있는 활동을 하면서 심리적인 안정감을 갖게 됩니다. 이러한 학교 부적응 학생들은 학교에서 방치되거나, 교실에서 자신의 욕구를 참으면서 힘든 시간을 보내다가 한계가 오면 친구들에게 폭력을 행사하게 됩니다. 그래서 선생님도 지치고 다른 아이들도 힘들어하게 됩니다.

둘째, **다른 학생들에게 피해를 주지 않게 됩니다.** 학교 부적응 학생들은 같은 교실에서 생활하는 친구들에게 많은 피해를 주게 됩니다. 폭력을 행사하는 경우는 심리적으로 불안감을 조성하고, 아이들은 학교 폭력을 당하게 됩니다. 그리고 수업 시간에 돌아다니고 소란을 피우기 때문에 학생들이 학습에 집중할 수 없게 됩니다. 하지만 마음공부를 통해 이러한 행동이 줄어들어 학급이 평화롭게 유지될 수 있도록 해줍니다.

셋째, **담임 선생님의 학생 생활지도가 수월해집니다.** 담임 선생님의 가장 큰 고민은 학생 생활지도입니다. 생활지도가 제대로 이루어져야 학습도 제대로 이루어지고, 교실에서 발생하는 모든 문제들이 사라지게 됩니다. 생활지도가 안되면 선생님은 엄청난 에너지를 소모하게 됩니다. 그러면 정작 학습지도에 집중할 수 있는 의지가 사라지게 됩니다. 담임 교사에게 생활지도는 그 자체로서 의미가 있는 것이 아니라 교실에서 이루어지는 모든 것과 관련을 갖게 됩니다. 그야말로 생활지도가 잘 이루어지면 교사는 학생들과 함께 행복하고 즐거운 시간을 보내게 됩니다.

넷째, **학부모가 학교와 담임 선생님에 대한 신뢰를 갖게 됩니다.** 학부모가 학교와 담임 선생님에게 원하는 것은 학교에서 학생들에게 좋은 교육을 해 주기를 바라는 것입니다. 학교 생활도 재미있게 하고, 친구들과 사이좋게 지내고, 공부를 잘하는 것입니다. 학교 생활을 하면서 자신의 잠재 능력을 최대한 발휘하여 성장하는 것입니다. 이러한 좋은 교육을 하기 위한 방법이 마음공부입니다. 마음공부를 하면 즐거운 마음으로 학교 생활을 하게 하고, 친구들과 사이좋게 지내게 되고, 공부도 잘하게 됩니다. 그리고 자신이 가지고 있는 능력을 최대한 발휘하며 성장하는 학생으로 자라게 됩니다.

다섯째, **아이가 마음공부를 하게 되면 창의성을 발휘하게 됩니다.** 스티브 잡스처럼 창의성을 발휘한 사람들의 비결은 명상에 있었습니다. 창의성을 발휘하기 위해서는 생각을 멈추고 의식에 집중하는 것입니다. 그러면 의식은 무한한 에너지를 가지고 있어 원하는 것을 현실로 창조하게 됩니다.

세상의 모든 문제를 해결하는 것도 마찬가지입니다. 세상의 문제는 현상에서 일어납니다. 하지만 현상에서는 문제를 절대로 해결할 수 없습니다. 이러한 문제를 해결하기 위해서는 본질을 보아야 합니다. 본질은 절대계이고 순수 의식입니다. 나타났다 사라지는 현상을 벗어나 영원히 존재하고 무한한 에너지를 가지고 있는 본질로 보면 현상의 문제가 자연스럽게 해결됩니다. 창의성을 발휘하거나 해결하기 어려운 문제를 해결하고자 한다면 조용히 눈을 감고 일어나는 생각을 관찰합니다. 그러면 생각이 사라지고 의식이 발휘되어 새로운 아이디어로 문제를 해결하게 됩니다.

어느 선생님이 학교에서 아이들의 창의력을 기르는 방법입니다. 먼저 스프링 노트를 사게 합니다. 그리고 자신이 하고 싶은 것을 매일 1쪽씩 기록하게 합니다. 그리고 학생들이 서로 돌려가면서 보게 합니다. 한 달에 한 번이나 학기 말에 학생들이 기록한 내용을 발표하는 기회를 줍니다.

이러한 방법이 좋은 점은 다음과 같습니다. **첫 번째 학생들의 흥미를 자극합니다.** 학생들은 자신들이 좋아하는 것을 선택하게 합니다. 그래서 자신이 어떤 것에 흥미를 가지고 있는지 알게 됩니다. 또한 이러한 기회를 통하여 흥미를 스스로 찾게 됩니다. 이러한 활동으로 자신의 소질을 발견하여 진로를 찾아가는 계기가 됩니다.

두 번째는 학생들이 서로 긍정적인 피드백을 줍니다. 학생들은 친구들의 글을 보면서 서로 자극을 받게 됩니다. 그래서 더 열심히 해야겠다는 내적인 동기를 유발하게 됩니다. 학생들은 누구보다도 친구들로부터 인정을 받고 싶어하기 때문입니다.

세 번째는 한 학기 또는 일 년 동안 자신이 얼마나 성장했는지 눈으로 확인하게 됩니다. 학생은 공부에 흥미를 갖기 어렵습니다. 왜냐하면 자신이 변화하고 성장하는 것을 눈으로 확인하기 어렵기 때문입니다. 그런데 자신이 그동안 열심히 기록하여 모아온 것을 보게 되면, 이것을 통해서 학생은 성취감과 자신감을 갖게 됩니다.

왜 우리는 마음공부를 해야 하는가

사람들은 마음공부를 해야 할 필요성을 느끼지만 마음공부의 효과에 대하여 의구심을 갖습니다. 마음공부를 한다고 해서 뭐가 크게 달라지냐고 반문을 합니다. 하지만 마음공부를 하게 되면 이전과 완전히 다른 사람으로 변하게 됩니다.

일단 **어떤 상황에서도 항상 마음이 편안할 수 있다는 것입니다.** 잘되면 잘 되어 좋고 잘 안되면 금방 잊어버립니다. 어떤 상황에서도 크게 스트레스를 받지 않습니다. 스트레스를 받는다는 것은 계속해서 그것을 생각한다는 것입니다. 마음공부를 하게 되면 어떤 것에 계속해서 생각을 하지 않게 됩니다. 일단 생각을 하고 마음 정리를 신속하게 합니다. 그러면 더 이상 생각을 할 필요가 없어집니다. 그래서 스트레스를 받지 않습니다.

마음공부를 하면서 **가장 많이 달라진 점은 내가 삶의 주인으로 살아간다는 것입니다.** 그 전에는 생각에 이끌리고, 상황에 이끌리고, 다른 사람들에게 이끌려 살아왔습니다. 하지만 마음공부를 하게 되면 내가 주인으로 살아갑니다. 외부의 어떤 것들에 의해서 이끌려 살아가지 않습니다. 나는 어디에서나 주인으로 살아갑니다. 그래서 주인으로 내가 어떻게 해야 할지 먼저 생각합니다. 그리고 적극적인 태도로 스스로 할 일을 생각합니다. 남들이 하라고 해서 하는 것이 아니라, 내가 먼저 해야 할 일을 생각하게 됩니다.

그래서 **문제 상황에서 창의적인 아이디어를 발휘하게 됩니다.** 왜냐하면 마음공부가 생각을 바꾸는 것이기 때문입니다. 모든 일을 바꾸어서 생각을 해 봅니다. 반대의 경우를 생각해 보고, 상대방의 입장에서도 생각해 봅니다. 이렇게 마음공부를 하면 창의성을 발휘합니다. 창의성을 발휘하기 위해서는 의식이 깨어 있어야 합니다. 마음공부를 하면 항상 의식이 깨어서 살아갑니다. 이렇게 의식이 깨어 있으면 절대를 살아가게 됩니다. 절대는 신의 세상이고, 무한한 에너지가 있습니다. 그래서 절대를 살아가면 자신이 원하는 모든 것을 현실로 창조를 하게 됩니다.

현실을 창조하기 위해서는 생각을 집중해야 합니다. 생각을 집중하는 가장 좋은 방법은 명상입니다. 살다가 생각이 복잡해지면 눈을 감고 명상을 합니다. 그러면 순식간에 생각이 사라집니다. 생각이 다시 계속해서 떠오르면 호흡을 의식적으로 소리를 내서 합니다. 그러면 소리를 듣기 때문에 생각이 사라집니다. 이렇게 생각이 사라지면 의식이 깨어있게 됩니다. 내가 의식이 깨어있으면 생각은 자연스럽게 사라집니다. 깜깜한 동굴에 빛이 있으면 어둠이 사라집니다.

빛은 의식이고, 어둠은 생각입니다. 하늘은 의식이고, 구름은 생각입니다. 구름은 생겼다가 사라집니다. 하지만 하늘은 항상 존재합니다. 하늘은 본질이고, 구름은 현상입니다. 마음공부를 하지 않으면 구름으로 살아갑니다. 모든 것이 금방 생겼다 사라집니다. 그래서 항상 불안하고 초조합니다. 하지만 마음공부를 하면 하늘로 살아갑니다. 모든 것이 변함이 없고, 모든 것이 가능한 무한한 에너지로 충만합니다. 그리고 항상 평온하고 평화롭습니다.

마음공부를 하지 않으면 현상만을 보고 살아갑니다. 눈에 보이는 물질을 추구하며 살아갑니다. 하지만 **마음공부를 하면 눈에 보이지 않는 본질을 추구하며 살아갑니다.** 현상은 상대계를 말합니다. 상대계는 모든 것을 구분하고 분별합니다. 좋고 싫고, 네편 내편을 구분합니다. 하지만 절대계는 모든 것이 서로 연결되어 있고, 하나입니다. 그래서 분별이 사라집니다. 모든 것을 연결시킵니다. 나와 너를 연결시키고, 나와 자연을 연결시키고, 나와 우주를 연결시킵니다. 그리고 절대를 살아가면 모든 것이 하나가 됩니다. 너와 내가 하나입니다. 내가 자연과 하나입니다. 내가 우주와 하나입니다. 그래서 나는 더 이상 미약한 개별적인 존재가 아닙니다. 나는 무한한 의식의 존재가 됩니다. 그 의식 안에는 우주가 들어 있습니다. 내가 의식의 주인이 됩니다. 내가 무한한 절대계인 우주의 주인이 됩니다.

그러면 **내가 생각하는 것이 다른 사람들에게 연결이 되고, 우주로**

연결이 됩니다. 내가 원하는 생각이나 느낌을 우주로 보내면 우주는 무한한 에너지로 우리가 원하는 현실을 창조하게 됩니다. 이것이 끌어당김의 법칙입니다. 이것은 중력의 법칙과 같습니다. 이 세상 어디에나 생물이나 무생물이나 적용됩니다. 하지만 눈에 보이지 않습니다. 눈에 보이지 않기 때문에 사람들이 의식을 하지 않습니다. 하지만 우리의 삶을 지배하는 매우 강한 힘입니다.

라디오 방송이 있다고 생각해 보겠습니다. 내가 원하는 라디오 방송을 듣기 위해서는 내가 원하는 방송의 주파수에 내가 맞추어야 합니다. 그래야 내가 원하는 방송을 들을 수 있습니다. 어떤 사람이 상대방과 싸움이 일어났다고 가정해 보겠습니다. 그것은 상대방과 내가 같은 주파수를 가졌기 때문입니다. 또한 어떤 두 사람이 사랑을 하게 되었다고 생각해 보겠습니다. 그것은 두 사람의 주파수가 같기 때문에 서로 연결이 된 것입니다. 내 마음 속에는 내가 원하든 원하지 않든 주파수가 있습니다. 그래서 내가 가지고 있는 주파수와 같은 주파수를 가진 사람을 만나는 것입니다. 그래서 갈등을 하거나 사랑을 하게 됩니다. 결국 내가 어떤 주파수를 가지고 있느냐 하는 것이 매우 중요합니다. 모든 것은 내가 어떤 주파수를 가지고 있느냐에 의해서 결정이 됩니다. 내가 긍정의 주파수를 가지고 있으면 사랑을 하게 되고, 내가 부정의 주파수를 가지고 있으면 갈등을 하게 됩니다.

그런데 마음공부를 하지 않으면 모든 것을 다른 사람 탓을 합니다. 상대방이 시비를 걸어 싸움이 일어났다고 생각합니다. 만일 상대방이 시비를 걸었더라도 내가 내 안에 그와 같은 주파수가 없으면 절대로 싸움이 일어나지 않습니다. 왜냐하면 반응을 하지 않기 때문입니다. 그래서 **외부에서 어떤 자극을 주느냐 하는 것이 전혀 중요하지 않습니다.**

그것은 그냥 스쳐 지나가는 구름일 뿐입니다.

주파수는 에너지입니다. 에너지는 질량의 법칙에 따릅니다. 질량의 총합이 일정한 것처럼 에너지의 총합은 일정합니다. 어떤 사람이든지 무한한 에너지를 갖기는 어렵습니다. 그래서 내가 정말 원하는 것에 에너지를 사용해야 합니다. 내가 원하지 않는 일이나 중요하지 않은 일에 나의 에너지를 사용해버리면 정작 내가 하고 싶은 일을 할 때는 에너지가 없어 원하는 일을 할 수 없게 됩니다.

일정한 통 안에 배구공과 탁구공을 넣는다고 생각해 보겠습니다. 탁구공을 먼저 넣으면, 나중에 배구공은 넣을 수가 없습니다. 하지만 배구공을 먼저 넣으면, 나중에 탁구공을 넣을 수 있습니다. 그래서 항상 중요한 일을 먼저 해야 합니다. 중요한 일에 나의 에너지를 집중해서 사용해야 합니다. 그래야 내가 원하는 일을 하게 됩니다. 그리고 항상 의식을 깨어 있도록 해야 합니다. 생각은 한 길로만 갑니다. 좋은 생각을 하면 나쁜 생각이 사라집니다. 나쁜 생각을 하면 좋은 생각이 사라집니다. 좋은 생각과 나쁜 생각이 동시에 존재하지 않습니다.

나쁜 생각을 없애는 가장 좋은 방법은 좋은 생각을 하는 것입니다.
통 안에 흙탕물이 들어 있습니다. 통을 건드리지 않고 물을 깨끗하게 하는 방법이 있습니다. 그것은 깨끗한 물을 계속해서 흐르게 하는 것입니다. 계곡물이 깨끗한 이유는 깨끗한 물이 계속 흐르기 때문입니다. 나쁜 생각들이 사라지면 의식만 남게 됩니다. 의식은 본질이고, 절대입니다. 그래서 생겼다가 사라지는 것이 아니라 항상 존재하고 무한한 에너지를 가지고 있습니다. 의식의 힘은 무한합니다. 왜냐하면 의식은 우주로 연결되기 때문입니다.

마음공부를 하게 되면 우리 마음이 의식의 상태가 됩니다. **항상 의식이 깨어있게 됩니다. 그래서 항상 좋은 것만을 생각하며 살아가게 됩니다.** 항상 마음이 편안하고 고요합니다. 외부의 어떤 자극에도 흔들리지 않는 힘을 갖게 됩니다. 그래서 인생을 주인으로 살아가게 됩니다. 그래서 자신이 해야 할 일을 스스로 찾아서 하게 됩니다. 모든 사람들을 영혼의 존재로 보고 존중을 하게 됩니다. 그리고 자신을 진정으로 사랑하는 방법을 알게 됩니다. 항상 자신에게 최선의 방법이 무엇인지 찾게 됩니다. 그래서 자신이 원하는 것을 현실로 창조하게 됩니다.

마음공부를 하게 되면 다른 사람들이 보지 못하는 세계를 보며 살아갑니다. 그래서 다른 사람들이 보지 못하는 것을 볼 줄 아는 능력을 갖게 됩니다. 마음공부를 하게 되면 현재 의식을 뛰어 넘어 순수 의식에서 살아가게 됩니다. 순수 의식에서 살게 되면 보이지 않은 것을 보게 되고, 듣지 않는 것을 듣게 되고, 배우지 않은 것을 알게 됩니다. 이것이 인생의 성공 비결입니다.

마음공부를 하면 스스로 마음을 치유할 수 있게 됩니다. 마음공부를 하게 되면 자신의 감정을 조절하게 되어 자기 통제력과 회복 탄력성을 갖게 됩니다. 여러 가지 어려운 문제 상황에서 복잡한 생각을 단순하게 정리하여 신속하게 판단합니다. 그래서 외부에서 아무리 어려운 일이 있더라도 마음의 상처를 받지 않게 됩니다. 혹시 마음의 상처를 받더라도 바로 치유를 하게 됩니다.

마음공부를 하면 살아가면서 깨달음을 얻게 됩니다. 깨달음의 핵심은 생각을 바꾸는 것입니다. 현재 가지고 있는 생각을 바꾸면 깨달음을 얻게 됩니다. 지금 땅을 보는 사람은 하늘을 보는 것입니다. 나만 생각하는 사람은 상대방을 보는 것입니다. 하나만 생각하는 사람은 두 개를 함께 생각하는 것입니다. 그러면 깨달음을 얻게 됩니다. 그래서 절대계인 지극한 극락과 천국에서 살아가게 됩니다.

이것이 우리가 마음공부를 해야 하는 이유입니다.

낚시를 하는 사람들의 수준을 말해주는 단계가 있습니다. 초보 단계는 물고기를 잡는 것보다 낚시를 가기 위해 준비를 하는 것에 재미를 느끼는 사람입니다. 중간 단계가 되면 물고기를 많이 잡는 것에 재미를 느끼는 사람입니다. 최고 단계는 강태공의 낚시로, 고기를 잡는 것에 관심이 없고, 그저 물을 바라보는 것에 재미를 느끼는 사람입니다.

마찬가지로 마음공부도 단계가 있습니다. **1단계는 생각을 바꾸어 감정을 조절하고 문제를 해결하게 됩니다.** 마음공부를 하여 화난 감정을 조절하고 어려운 문제를 해결하는 것입니다. 마음공부를 하기 전에는 감정을 조절하지 못하고 많은 문제를 가지고 살았습니다. 하지만 마음공부를 통하여 자신이 스스로 감정을 조절하게 되고 문제를 해결할 수 있게 됩니다.

2단계는 항상 마음의 평정 상태를 유지하게 됩니다. 외부에서 어떤 자극이나 어려운 상황에서도 마음의 평정 상태를 유지하게 됩니다. 마음공부로 생각을 바꾸어 매일 행복하게 살아갑니다. 마음공부를 통하여 어떤 상황에서도 마음이 흔들리지 않고, 흔들리더라도 바로 제자리로 돌아오게 됩니다. 그리고 늘 흔들리지 않는 나무처럼 평화롭고 행복하게 살아가게 됩니다.

3단계는 의식을 집중하여 물질을 창조하게 됩니다. 자신이 원하는 것에 의식을 집중하여 자신이 원하는 것을 창조하게 됩니다. 물질적인 풍요로 부자가 되어 성공적인 인생을 살아갑니다. 마음공부를 통하여 순수 의식의 무한한 에너지를 활용하여 원하는 물질을 현실에서 만들게 됩니다. 또한 풍요롭고 넘치는 사랑으로 다른 사람들에게 나눔을 실천하게 됩니다.

4단계는 영혼의 존재로 본질을 추구하며 살아가게 됩니다. 물질을 창조하는 것보다 영혼과 의식에 집중하여 평화롭게 살아갑니다. 우주의 무한한 에너지로 절대 세계에서 인생을 지혜롭게 살아갑니다. 마음공부로 절대를 경험하고 절대를 실현하게 됩니다. 영원한 영혼의 존재로 순수 의식으로 살아가게 됩니다.

왜 부모가 아이에게 마음공부를 가르치지 않는가

황성현 전 구글 인사 담당자는 왜 아시아 사람들이 구글에서 성공하지 못하는지에 대한 연구 프로젝트를 수행한 결과를 말하였습니다. **첫 번째는 주인 의식이 없다는 것입니다.** 지금까지 부모님이 열심히 공부를 하라고 해서 공부를 잘했고, 회사에서 상사가 하라는 대로 열심히 해서 구글 본사에서 근무를 하게 되었습니다. 그래서 왜 그렇게 열심히 하였는지 물었더니, "좋은 아들이 되고 싶어서요.", "좋은 부모가 되고 싶어서요."라는 것이었습니다. 결국은 다른 사람을 위해서 지금까지 살아온 것입니다. 정작 자신은 없었다는 것입니다.

지금 이루어지고 있는 교육도 마찬가지입니다. 집에서는 부모님이 하라고 해서 아이들이 학원에 다닙니다. 학교에서는 선생님이 가르치는 것을 열심히 배웁니다. 하지만 정작 자신이 왜 공부를 해야 하는지에 대해서는 전혀 생각하지 않습니다. 흔히 학생을 땅을 파는 일꾼에 비유를 합니다. 땅을 파는 두 가지 종류의 사람이 있습니다. 한 사람은 땅을 열심히 파지만 왜 땅을 파는지 모르고 관심이 없습니다. 다른 사람은 예쁜 성당을 지을 것을 생각하며 땅을 열심히 팝니다. 그래서 성당을 짓기 위해서 땅을 어떻게 파야 되는지 생각을 하면서 땅을 파게 됩니다.

한 학생은 아무 생각 없이 부모님이 하라고 해서 또 선생님이 가르친 것을 열심히 배웁니다. 하지만 왜 배우는지 모릅니다. 그리고 자신이 미래에 되고 싶은 꿈이 없습니다. 어떤 학생은 자신이 어떤 사람이 되어야 하는지에 대한 확실한 꿈과 비전이 있습니다. 그래서 무엇을 해야 하는지 알고 있습니다. 그래서 왜 공부를 해야 하는지 알고 있기 때문에 열심히 공부를 하게 됩니다. 두 학생의 결과는 어떻게 될지 금방 예상할 수 있습니다. 그리고 모든 부모라면 자녀가 어떤 학생이 되기를 바랄까요?

만일 부모가 자녀를 두 번째 학생처럼 키우고 싶다면 다르게 가르쳐야 합니다. 바로 마음공부를 가르쳐야 합니다. 마음공부를 가르치면 생각을 바꾸게 됩니다. 생각을 바꾸면 행동이 달라집니다. 행동이 달라지면 아이의 인생이 달라집니다. 핵심은 주인 의식을 길러주는 것입니다. 주인 의식은 내가 세상의 주인이라는 생각을 갖게 하는 것입니다. 마음공부를 하면 내가 세상의 주인이라는 것을 깨닫게 됩니다.

모든 것은 내 안에 있었던 것이었습니다. 사람과의 관계도 마찬가지입니다. 다른 사람이 나에게 화를 내는 것은 내가 어떤 이유로든 상대방을 화가 나게 하였기 때문에 화가 난 것입니다. 다른 사람이 나를 좋아한다면 내가 상대방에게 무언가 좋아할 만한 것을 했기 때문에 나를 좋아하는 것입니다. 모든 것은 내 안에 있습니다. 그리고 모든 것은 내가 결정한 것입니다. 내가 착한 사람이 되어야겠다고 생각하면 다른 사람들도 착한 사람으로 나를 대합니다. 내가 살인자가 되어야겠다고 생각하면 다른 사람들은 나를 증오하게 됩니다. 모든 일은 나로부터 시작된 것입니다.

존 듀이John Dewey는 『민주주의와 교육Democracy and Education』에서 주인과 노예를 비교하여 말하고 있습니다. **노예는 사회적으로 유용한 일을 하고 있으면서 그 의미를 전혀 생각하지 않거나 관심이 없는 사람을 말합니다.** 플라톤은 **"노예는 그 행동을 통제하는 목적을 다른 사람으로부터 받아들이는 사람이다."**라고 말하였습니다. 이런 관점에서 본다면 우리 아이들은 주인이 아니라 노예로 살아가고 있습니다. 지금까지 교육이 아이를 노예와 같이 기르고 있습니다. 노예는 주인의 눈치를 보지만, 주인은 스스로 판단하고 결정합니다. 아이들을 주인으로 키우기 위해서는 자기 스스로 당당하게 살아가는 경험을 주어야 합니다. 그래야 사회에서 주인으로 살아가게 됩니다.

학교의 구성원은 학생, 교사, 학부모가 교육 공동체를 이루는 것입니다. 그런데 정말로 아이들이 학교의 주인입니까? 교사가 학교의 주인입니까? 학부모가 학교의 주인입니까? 모두 주인이 아니라고 생각합니다. 관리자만 학교의 주인이라고 생각을 합니다. 그래서 학생들은 선생님의 눈치를 보면서 선생님이 가르치는 것만 배웁니다. 교사는 관리자의 눈치를 보고 관리자가 지시하는 것만을 합니다. 학부모는 교사의 눈치를 보고 교사가 말하는 대로 합니다. 이것은 교육의 관점에서 심각한 문제입니다. 학교 구성원이 자신의 잠재력을 최대한 발휘할 수 없도록 한다는 것입니다. 만일 **학교 구성원이 자신을 주인으로 생각만 바꾸어도 교육의 질은 지금보다 100% 좋아지게 됩니다.**

교사들이 주인 의식을 가지고 당당히 아이들을 가르칠 때 학교에서 기적이 일어납니다. 선생님들이 확실한 교육 철학을 가지고 교육과정 운영에 대한 자율권을 갖게 됩니다. 주인 의식을 가지고 소신껏 학급을 운영하고, 책임감을 가지고 학생을 지도하게 됩니다. 교사가 스스로 판단하여 교육 활동에 임하므로 자신감과 성취감을 갖게 됩니다.

아이들이 주인 의식을 가지고 학습에 임할 때 교실에서 기적이 일어납니다. 아이들이 스스로 왜 공부를 해야 하는지, 어떻게 공부를 해야 하는지에 대한 고민을 하게 됩니다. 모든 활동에 주인 의식을 가지고 참여하고, 자기 학습에 대한 책임감을 갖게 됩니다. 학생이 스스로 주도적으로 학습에 임하므로 성장과 변화를 하게 됩니다.

학부모가 주인 의식을 가지고 아이들을 가르칠 때 가정에서 기적이 일어납니다. 아이들을 어떤 어른으로 키워야겠다는 분명한 교육관을 가지고 아이들을 키우게 됩니다. 다른 사람의 영향을 받지 않고 주관을 가지고 자녀를 교육하고 자녀에게 책임감을 길러줍니다. 모든 일을 아이가 스스로 할 수 있는 기회를 주고, 아이를 믿고 질문을 통해서 아이가 깨달아가도록 합니다.

두 번째 원인은 다른 사람과 관계입니다. 우리 나라 사람은 머리가 좋고 인성이 좋다고 합니다. 하지만 그것은 우리 생각입니다. 능력은 뛰어나지만 다른 사람과 관계를 잘하지 못한다는 것입니다. 그 이유는 기본적으로 자신만을 생각하고, 다른 사람에 대한 배려가 부족하다는 것입니다. 외국 사람들은 모르는 사람들에게도 매우 친절합니다. 그리고 항상 웃는 표정을 보입니다. 그리고 상대방의 의견에 대하여 편견이나 선입견이 없이 경청을 합니다. 그리고 다른 사람이 말한 것에 대하여 반응을 잘해 줍니다. 그래서 상대방이 항상 기분을 좋게 하고, 다른 사람이 불편하지 않도록 배려합니다.

그런데 우리는 기본적으로 다른 사람에 대하여 관심이 없습니다. 우선 자신이 할 일을 잘해야 한다는 생각이 강합니다. 우리나라 사람들은 학교에 다닐때부터 치열한 경쟁을 뚫고 살아남은 사람들입니다. 한 순간도 낭비하지 않고 치열하게 공부를 해서 여기까지 온 사람들입니다. 그래서 주위를 둘러볼 여유를 갖지 못했습니다. 한 순간도 그렇게 여유를 가지고 살아온 사람들이 아닙니다. 그래서 상대방에 대한 배려를 해야 한다는 생각이 부족합니다.

미래 사회에 반드시 길러야 할 역량은 소통 능력입니다. 그리고 우리가 불행한 가장 큰 이유는 다른 사람과 관계에 있습니다. 관계를 잘하는 사람은 늘 행복하고, 관계를 잘못하는 사람은 늘 불행합니다. 소통을 잘하는 사람은 어디서나 능력을 인정받고 관계를 잘하게 됩니다. 소통을 못하는 사람은 다른 사람들로부터 인정을 받지 못합니다. 앞으로 아이들이 살아갈 세상은 더 다양한 사람들과 함께 살아야 하는 사회입니다. 그래서 앞으로 이렇게 소통을 하고 관계를 하는 능력은 아이가 미래에 살아남느냐 그렇지 않느냐를 결정하는 중요한 능력입니다. 그래서 아이에게 반드시 관계를 잘할 수 있는 능력을 길러주어야 합니다.

마음공부를 하게 되면 다른 사람과 관계를 잘하게 됩니다. 마음공부를 하게 되면 모든 사람이 평등하다는 것을 깨닫게 됩니다. 우리는 육체와 영혼으로 되어 있습니다. 육체로 보면, 어른과 아이로 구분이 됩니다. 하지만 영혼으로 보면 어른과 아이는 차이가 없습니다. 그래서 아이를 미성숙한 존재로 통제와 지시의 대상으로 생각하지 않습니다. 아이를 존중과 소통의 대상으로 생각합니다. 그리고 아이를 부정적으로 바라보지 않고 긍정적인 시선으로 바라봅니다.

마음공부를 하면 모든 것들이 서로 연결되어 있고 하나입니다. 나와 상대방이 서로 연결되어 있고 하나입니다. 나는 모든 만물과 우주로 연결되어 하나입니다. 이 세상을 눈으로 보이는 현상과 상대계로 보면 모든 것들이 따로 구분되어 있습니다. 하지만 눈으로 보이지 않은 본질과 절대계로 보면 모든 것들이 서로 연결되어 있고 하나입니다. 이렇게 마음공부를 하게 되면, 지금 눈 앞에 보이는 것만이 있는 것이 아니라 보이지 않는 세계가 있다는 것을 깨닫게 됩니다. 그래서 상대방을 나와 똑같이 생각을 합니다. 같은 영혼을 지닌 존재로 상대방을 바라보게 됩니다. 한 사람을 하나의 우주와 같은 존재로 생각하게 됩니다. 이런 생각으로 상대방과 소통을 하면서 항상 상대방의 입장에서 생각을 합니다. 상대방을 놀람과 감탄의 시선으로 바라봅니다. 그리고 상대방이 좋아하는 일을 하게 됩니다. 상대방과 소통을 하여 상대방으로부터 새로운 것을 배우고자 합니다. 그러면 자연스럽게 상대방과 좋은 관계를 갖게 되고 소통을 잘하게 됩니다.

세 번째는 새로운 도전을 하고자 하는 의지입니다. 부모는 아이들에게 가장 원하는 것이 안정적인 직장을 갖는 것입니다. 그래서 공무원을 선호하고 대기업에서 일하고 싶어합니다. 하지만 미래 사회를 살아남기 위해서는 도전 의식을 가져야 합니다. 도전 의식이 강한 아이는 살아남고 도전 의식이 없는 아이는 도태된다는 것입니다. 그러면 아이들이 어떻게 해야 도전 의식을 길러줄 것인가 하는 점입니다.

마음공부를 하게 되면 도전 의식을 갖게 됩니다. 마음공부를 하게 되면 자신의 생각을 바꾸게 됩니다. 현재 가지고 있는 것은 현재까지 생각의 결과입니다. 현재를 바꾸고 새로운 것에 도전을 하고자 하면 자연스럽게 현재의 생각을 바꾸어야 합니다. 마음공부를 하면 생각을 바꾸게 됩니다. 우리는 살아가면서 하루에도 오만 가지 생각을 합니다. 그래서 여러 가지 생각에 이끌려 정신적으로 스트레스를 받게 됩니다. 스트레스를 받으면 여러 가지 병을 얻게 됩니다. 이것은 생각에 끌려서 살았기 때문입니다. 마음공부를 하게 되면 이러한 생각을 사라지게 하고, 자신이 원하는 생각을 하게 됩니다. 그래서 자신이 원하는 일에 집중을 할 수 있고, 새로운 도전을 할 수 있는 에너지를 갖게 됩니다.

새로운 도전을 하기 위해서는 현재의 상황을 넘어서는 새로운 세상에 대한 뚜렷한 비전이 있어야 합니다. 즉 현실에서 헤매는 것이 아니라 현실을 초월한 세계에 대한 확신이 있어야 됩니다. 마음공부에서 본질과 절대계를 추구하면 현실을 벗어난 또 다른 세상을 추구하며 살아가게 됩니다. 그러한 본질과 절대계는 무한한 에너지를 가지고 있습니다. 그래서 우리가 원하는 것을 현실로 만들게 됩니다. 이러한 에너지를 활용하여 새로운 도전을 하고자 하는 강한 의지를 갖게 됩니다.

그러나 이러한 도전의 과정에는 반드시 실패가 있습니다. 실패 과정에서 포기하는 사람은 절대로 성공할 수 없습니다. 그래서 그러한 실패를 딛고 일어설 수 있는 자기통제력과 회복탄력성이 있어야 합니다.

모든 성공한 사람들의 공통점은 이렇게 자기통제력과 회복탄력성을 갖고 있습니다. 마음공부를 통하여 이러한 자기통제력과 회복탄력성을 기르게 됩니다. 감정적으로 흥분하여 화가 났을 경우에 즉시 눈을 감고 호흡을 길게 합니다. 그러면 바로 자신의 감정을 통제할 수 있습니다. 그리고 마음공부의 과정에서 생각을 바꾸게 되면 자기 자신을 통제할 수 있는 힘을 갖게 됩니다. 또 명상을 하면 호흡을 통해서 몸에 전자기장이 흐르게 됩니다. 이러한 과정에서 에너지가 만들어집니다. 이렇게 내면의 힘을 기르게 되어 회복탄력성을 갖게 됩니다. 미래 사회에서 도전 의식은 아이가 반드시 가져야 할 핵심 역량입니다. 미래 사회는 도전이 없이는 생존이 불가능한 사회가 됩니다. 그런데 미래 사회는 아이가 이러한 새로운 도전을 할 수 있는 최적의 환경입니다. 왜냐하면 새로운 도전에 필요한 자본, 기술, 인력이 풍부해서 이러한 것들을 활용하기만 하면 되기 때문입니다.

마지막으로 그는 아이에게 반드시 길러주어야 하는 것이 상상력이라고 하였습니다. 학교에서 선생님이 가르쳐주신 것을 열심히 공부해서 서울대에 입학하는 것이 중요한 것이 아니라 아이들이 자신의 미래에 대하여 상상을 하게 하는 것입니다. 학교에서도 지식을 가르치는 것이 중요하지만 아이들이 상상력을 갖도록 가르쳐야 한다는 것입니다. 따라서 학교는 아이들이 마음껏 상상을 할 수 있는 공간이 되어야 합니다.

상상력이 풍부한 아이는 현실이 아무리 어렵고 힘들더라도 자신의 미래에 대하여 상상을 함으로써 현실을 딛고 일어설 수 있는 에너지를 갖게 됩니다. 하지만 이러한 상상력이 없는 아이는 어렵고 힘든 현실만이 존재합니다. 어떤 희망을 가질 수가 없고, 오직 자신과 세상에 대하여 불평과 불만을 하게 됩니다. 이런 아이는 인생이 불행할 수 밖에 없습니다. 미래 사회는 상상을 하는 세상이 됩니다. 상상을 하면 에너지가 생기고, 그래서 자신이 원하는 것들이 현실로 이루어집니다. 하지만 아이가 상상을 할 수 없다면 미래가 어두울 수밖에 없습니다.

2021년 동경 올림픽에서 특이한 선수가 있었습니다. 호주의 여자 높이뛰기 은메달리스트 맥더모트McDermott입니다. 그녀는 높이뛰기를 하고 나서 경기장에서 그 순간에 바로 일기를 썼습니다. 그래서 사람들은 "그녀가 경기 중에 일기장에 무엇을 쓰는 건가요?"라며 궁금해하였습니다. 그녀는 경기 후에 "매 시기마다 높이 뛰기를 분석하며 노트에 기록하였습니다. 이것은 지금까지 제가 계속해온 습관입니다. 저는 일기를 쓴 것이 제가 성장하는 데 있어서 정말로 도움이 되었다고 생각합니다."라고 말하였습니다. 그녀는 일기를 쓰면서 9살 때부터 올림픽 경기장에서 날아오르는 자신의 모습을 상상하였습니다. **'모두가 박수를 치고 있고 새처럼 하늘을 날아 올라 그 높이를 깨끗하게 넘는다. 올림픽으로 가는 것은 나의 가장 위대한 꿈이야!'**라고 일기를 썼습니다. 그 아이는 지금까지 한결같이 일기를 쓰고 상상하며 자신의 마음을 다스려왔습니다.

황성현 전 구글 인사담당자는 세계적인 기업인 구글에서 경험한 것을 바탕으로 아이를 어떻게 가르쳐야 할 것인가에 대한 조언을 하였습니다. **첫째, 주인으로 살아가도록 가르쳐라. 둘째, 다른 사람과 관계를 잘하도록 가르쳐라. 셋째, 새로운 도전을 하도록 가르쳐라. 넷째, 상상력을 길러 주어라.**라고 말하였습니다. 이것이 아이에게 마음공부를 가르쳐야 하는 이유입니다.

왜 마음공부는 종교가 아니라 과학인가

그런데 마음공부에 대한 한 가지 오해가 있습니다. 마음공부가 불교에서 시작해서 종교와 관련하여 생각하는 것입니다. 그래서 학교에서도 선생님들이 마음공부 프로그램을 적극적으로 가르치지 못하고 있습니다. 학부모가 종교 활동이라고 생각을 하여 민원을 제기할 수 있기 때문입니다.

하지만 미국 하버드대, MIT를 비롯해 영국 옥스퍼드대, 독일 막스플랑크연구소 등 세계적인 대학 및 연구소에서 명상에 관한 과학적인 연구를 활발하게 하고 있습니다. 현재까지 미국에서는 매년 1,200여 편의 명상 관련 논문이 학술지에 발표되고 있습니다. 미국이나 유럽에서 명상은 건강한 기업 이미지와 의식적인 성숙의 상징이 되어 가고 있습니다.

이렇게 **마음공부는 종교가 아니라 과학입니다. 마음공부는 마음을 다스리는 공부입니다. 마음공부는 마음을 과학적으로 연구하는 것입니다.** 그리고 마음공부의 핵심은 생각을 바꾸는 것입니다. 마음공부에서 어떤 종교적인 내용을 배우는 것이 아닙니다. 다만 호흡하는 법을 배우고 생각을 바꾸는 법을 배웁니다. 눈을 감고 생각을 멈추는 법을 배웁니다. 이렇게 생각하면 마음공부는 종교와 전혀 관련이 없습니다.

무엇보다도 마음공부가 우리가 살아가는 데 실제적인 도움을 준다는 것입니다. 마음공부를 통하여 자신의 감정을 다스리고, 다른 사람과 관계를 잘하고, 자신이 하는 일에 성취감과 자신감을 갖게 됩니다. 모든 것은 마음의 문제입니다. 이것을 '일체유심조'라고 합니다. 마음에 대하여 제대로 알게 되면 모든 문제가 해결된다는 것입니다. 그리고 마음공부는 깨달음을 통해 현재 교육의 질을 한 단계 끌어 올릴 수 있는 가장 확실한 방법입니다. 이것이 학교에서 마음공부를 가르쳐야 하는 이유입니다.

교육은 마음이다. 교육은 마음을 다루는 일이다. 교육을 통하여 마음을 잘 다루는 사람을 기르는 것이다. 그래서 교육을 하는 사람들은 마음에 대하여 잘 알고 있어야 한다. 자녀를 기르는 부모나 학생들을 가르치는 교사가 마음에 대하여 잘 알게 되면, 그만큼 좋은 교육을 할 수 있다. 그렇다면 마음이 가지고 있는 힘은 무엇인지 알아보자.

📖 **마음은 무한한 힘을 가지고 있다.**

'일체유심조'라 한다. 모든 것은 마음 먹기에 달려 있다. 아무리 어려운 상황에서도 행복할 수 있다. 마음을 어떻게 먹느냐가 중요하다. 아무리 몸이 아파도, 힘든 일이 생겨도 긍정적인 생각을 하면 행복하게 살아갈 수 있다. 그리고 마음을 먹으면 원하는 것을 얻을 수 있다. 마음을 더 키우고 강하게 하면 성공적인 삶을 살게 된다.

📖 **몸보다 마음이 중요하다.**

우리는 몸과 마음으로 이루어져 있다. 몸은 신체를 말하고, 마음은 생각을 말한다. 몸과 마음은 떨어질 수 없는 관계이다. 몸과 마음은 서로 영향을 주고받는다. 몸과 마음을 비교하면, 우리는 흔히 몸이 중요하다고 생각하지만 마음이 더 중요하다. 실제로 몸을 움직이는 것은 마음이다.

📖 **마음은 사랑과 두려움으로 구성되어 있다.**

마음은 두 가지로 구성되어 있다. 사랑과 두려움이 그것이다. 사랑은 긍정적인 생각을 말하고, 두려움은 부정적인 생각을 말한다.

사랑은 행복 바이러스를, 두려움은 불행 바이러스를 가져온다. 마치 우리 몸 속에 유익균이 있고, 유해균이 있는 것과 같다. 사랑은 유익균이고, 두려움은 유해균이다. 사랑은 우리를 건강하게 하고, 두려움은 우리를 병들게 한다. 사랑은 도전, 모험, 용기, 의욕을 갖게 하고, 두려움은 좌절, 실망, 불평불만, 절망을 갖게 한다.

📖 **마음을 구성하는 총합은 항상 일정하다.**

마음을 구성하는 사랑과 두려움, 긍정적인 생각과 부정적인 생각의 총합은 항상 일정하다. 긍정적인 생각이 많으면, 부정적인 생각이 적어진다. 부정적인 생각이 많으면, 긍정적인 생각이 적어진다. 그래서 두 마음의 총합은 언제나 일정하다. 마치 질량 불변의 법칙과 같다. 마음은 마치 일정한 통 안에 들어 있는 물과 같다. 통 안의 흙탕물은 깨끗한 물을 계속 부으면 깨끗한 물이 된다. 마음에 부정적인 생각이 많으면, 긍정적인 생각을 계속해서 하게 되면, 긍정적으로 바뀌게 된다.

📖 **마음은 한 길로만 간다.**

마음은 항상 어느 한 곳에 가게 되어 있다. 마음은 두 가지를 한꺼번에 할 수 없다. 나쁜 생각을 갖게 되면 좋은 생각을 갖기 어렵다. 좋은 생각을 갖게 되면 나쁜 생각을 갖기 어렵다. 나쁜 생각을 갖게 되면 좋은 생각을 떠올린다. 그러면 나쁜 생각은 자연히 사라진다. 왜냐하면 마음은 한 곳에만 가기 때문이다.

📖 **마음에는 길이 난다.**

어떤 생각을 계속해서 하게 되면 길이 난다. 그래서 자동적으로 같은 생각을 하게 된다. 나쁜 생각을 많이 하게 되면 자동적으로 나쁜 생각을 하게 되고, 좋은 생각을 많이 하게 되면 자연스럽게 좋은 생각을 하게 된다. 영어 단어를 암기할 때 처음에는 잘 외워지지 않지만, 계속하면 영어 단어를 잘 외우게 된다. 과학자는 과학적인 생각을 잘하고, 예술가는 예술에 대한 창의적인 생각을 잘한다. 왜냐하면 그 사람들은 항상 그 생각만 하기 때문에 익숙하게 되어 습관화, 자동화가 되기 때문이다.

📖 **마음은 주변의 영향을 받는다.**

마음은 주변의 영향을 직접적으로 받는다. 그래서 좋은 마음을 갖게 하려면 주변에 좋은 마음을 갖게 하는 환경을 만들어 주어야 한다. 공부를 많이 하는 환경에서 자란 아이는 공부를 잘하게 된다. 어렸을 때 불건전한 환경에서 자란 아이는 커서 불건전한 생각을 갖게 된다. '맹모삼천지교'라는 말이 있다. 그만큼 마음은 주변 환경의 영향을 많이 받는다.

생각의 힘

　2007년 하버드대학교 앨리어 크럼Alia Crum과 엘렌 랑거Ellen Langer 연구자들은 호텔 객실 청소직원과 그들의 운동 습관에 관한 연구 결과를 발표하였다. 실험은 호텔 청소직원들을 대상으로 80명을 두 그룹으로 나누었다. 첫 번째 그룹에게는 운동의 이점을 알려주고, 그들이 하루에 소비하는 칼로리의 양을 알려주었다. 15분 동안 침대 시트를 가는 일은 40칼로리, 진공 청소기를 돌리는 것은 50칼로리, 화장실을 청소하는 일은 60칼로리를 소비한다고 알려 주었다.

　두 번째 그룹에게는 운동의 이점에 관해 일반적인 정보는 알려 주었지만, 그들이 소비하는 칼로리에 대한 정보는 알려주지 않았다. 두 집단은 일 외에 따로 운동을 하지 않았고, 식습관이나 음주 및 흡연 습관도 변한 게 없었다. 그들의 생활 방식에는 실질적인 변화가 일어난 게 거의 없었기 때문에 한 집단이 다른 집단보다 더 건강해야 할 이유가 없었다. 그로부터 4주 후, 연구자들은 청소직원들의 변화를 확인하고 놀라운 사실을 발견했다. 운동의 이점과 하루에 소비하는 칼로리의 양에 대해 설명을 들은 집단은 몸무게가 평균 0.8킬로그램이 줄어들었다. 체질량 지수와 허리둘레가 줄었으며, 혈압도 낮아졌다. 하지만 두 번째 그룹은 몸무게가 전혀 줄지 않았다.13

　그렇다면 무엇이 이들의 건강을 이렇게 향상시켰을까? 연구자들은 플라시보 효과라고 믿었다. 종업원들은 자신들이 하루에 하는 운동량을 알게 되자 자신에 대한 생각을 바꾸었다. 그러자 몸도 그에 따라 반응해 그 생각이 현실로 바뀐 것이다. 이렇게 **자신의 생각을 바꾸는 것만으로도 우리가 원하는 모든 것을 할 수 있다.** 플라시

보 효과는 현대 의학에서 상당히 신뢰성을 인정받는 현상 가운데 하나이다. 진통제실제는 가짜약를 복용한 환자에게 의사가 "지금은 통증이 어떤가요?"라고 물어본다. 진짜 약이 아닌 가짜 약을 먹은 환자가 상태가 조금 나아졌다고 대답하였다. 환자가 진짜 약으로 생각하여 약이 효과를 본 것이다.

1968년 하버드대학교 사회심리학과 교수인 로버트 로젠탈Robert Rosenthal과 미국에서 20년 이상 초등학교 교장을 지낸 레노어 제이콥슨Lenore Jacobson은 미국 샌프란시스코의 한 초등학교에서 학생과 선생님을 대상으로 실험을 하였다. 먼저 교사를 대상으로 하여 시험을 치렀다. 그리고 선정된 선생님들에게 당신들은 매우 우수한 선생님만 선발되었다고 말하였다. 또한 가르치는 학생들은 특별히 능력이 뛰어난 학생들만 선발되었다고 말하였다. 학생들에게도 시험을 치르고 특별히 뛰어난 학생들만 선발되었다고 말하였다. 선생님들은 특별히 뛰어난 선생님만 선발되었다고 학생들에게 말하였다.

그러자 **특별히 선발된 학생들은 그렇지 않은 학생들에 비교하여 25% 이상의 높은 성적을 올렸다.** 하지만 사실은 선생님들이나 학생들은 특별히 선발된 것이 아니라 무작위로 선발된 것이었다. 결국 **이러한 차이는 능력보다는 생각의 차이에서 온 것이었다.** 학생들과 교사들은 자신에 대한 긍정적인 생각으로 더 높은 결과를 가져온 것이다. 그래서 특히 학생들이 자신에 대한 긍정적인 생각을 갖게 하는 것이 얼마나 중요한 일인지 알 수 있다. 이것을 '로젠탈 효과' 또는 '피그말리온 효과Pygmalion effect'라고 한다.[14]

그렇다면 긍정적인 생각과 부정적인 생각이 뇌에 미치는 영향은 어떤지 알아보자. KBS 생로병사의 비밀 프로그램에서 방송된 내용에 의하면, 감사할 때와 화낼 때 우리 뇌가 활성화되는 영역이 다르다고 한다.

"화를 내면 교감신경계가 자극되어 아드레날린과 같은 신경전달 물질이 분비된다. 그리고 이것이 다시 부신피질을 자극해 스트레스 호르몬인 코티졸을 분비하게 된다. 이로 인해 혈액이 근육쪽으로 몰리면서 혈압과 혈당이 올라가고, 심장박동이 빨라지게 된다. 반면에 감사함을 느끼게 되면, 측두엽 중 사회적 관계 형성에 관련된 부분과 즐거움과 관련된 혈압 중추가 작용해서 도파민, 세로토닌, 엔돌핀 등 이른바 행복 호르몬을 분비하도록 영향을 준다. 그리고 이들 행복 호르몬의 영향으로 우리 몸은 심장 박동과 혈압이 안정되고 근육이 이완되면서 기분 좋은 행복감을 느끼게 된다."[15]

이제부터 마음의 정원을 꾸며보자. 땅은 마인드이고, 씨앗은 생각이다. 물은 행동이고, 햇빛은 느낌이다. 잡초는 부정적인 생각이다. 우리가 마음의 정원을 잘 관리하면 아름다운 꽃과 향기가 가득하고, 풍성한 열매가 가득한 정원이 될 것이다. 그렇지 않으면 잡초만 무성한 황폐한 정원이 될 것이다. 어떤 선택을 할 것인지는 자신의 몫이다.

2

마음의 원리를 알면
세상이 달라진다

마음의 원리를 알면 세상이 달라진다

 제 1원리 반응이 운명을 결정한다 – 자극 반응 이론

아주 오래된 이야기입니다. 어느 날 선생님은 학생을 지도하다가 화가 나서 학생의 뒤통수를 손으로 때렸습니다. 그 때는 선생님이 학생을 때리는 것은 올바른 교육을 하기 위해서 사회적으로 인정해 주었습니다. 그러자 학생의 눈이 갑자기 '툭'하고 튀어나와서 덜렁거리는 것이었습니다. 그래서 선생님은 '아이고 이제 큰일났다.'라는 생각을 하면서 당황해서 어떻게 해야 할지 몰랐습니다. 그래서 학교 여기 저기를 뛰어다니고 학생을 데리고 병원에 가려고 했습니다. 그런데 그 때 그 학생은 자연스럽게 눈알을 손으로 '쑥'넣는 것이었습니다. 그 학생은 외부 충격을 받으면 습관적으로 눈이 튀어나오는 것이었습니다. 그래서 선생님은 안도의 한숨을 쉬고 학생에게 미안하다고 말을 했다고 합니다. 이 이야기를 통해서 알 수 있는 것은 교사가 학생에 대해서 잘 알아야 한다는 것입니다. 만일 그 선생님이 이 학생에 대해서 사전에 알고 있었다면 그렇게 크게 놀라지 않았을 것입니다. 이것이 자극과 반응의 한 사례입니다.

불교 초기 경전인 빠알리경에 나오는 이야기입니다. 브라만이 부처님을 보고 욕을 하였습니다. 그러자 부처님이 브라만에게 질문을 하였습니다.

"당신의 집에 친구들이 올 때가 있는가?"

"그렇소."

"만일, 손님들이 당신에게 선물을 주었을 때 당신이 그것을 받지 않았다면 선물은 누구의 것이 되는가?"

"내가 선물을 받지 않았다면 손님들이 도로 가져 가겠지."

"당신이 내게 준 욕을 내가 받지 않았으니 그 욕은 도로 당신의 것이니라."라고 말하였습니다.1

이처럼 마음의 제 1원리는 **반응이 운명을 결정한다는 것입니다.** 반응을 어떻게 하느냐에 따라 인생이 달라진다는 것입니다. 외부에서 어떤 자극이 오더라도 그것이 중요한 것이 아닙니다. 중요한 것은 내가 반응을 어떻게 할 것인가입니다. 여기에 사람들이 모르는 비결이 있습니다.

모든 자극에 대해 일단 멈추고 선택의 자유를 활용해서 반응한다.

▶ 자극과 반응

외부의 자극이 오면 사람들은 아무 생각 없이 바로 반응을 합니다. 하지만 자극이 오면 내가 선택을 할 수 있습니다. 내가 반응을 할 수도 있고, 내가 반응을 하지 않을 수도 있다는 것입니다. 외부의 자극이 문제가 아니라 내가 선택한 반응이 문제입니다. 하지만 사람들은 내가 반응을 선택할 수 있다는 것에 대하여 생각하지 않습니다. 외부의 어떤 자극에도 내가 반응을 선택할 수 있다는 생각을 갖게 되면, 외부의 어떤 자극도 자신이 통제할 수 있게 됩니다. 빅터 프랭클Viktor Frankl은 **"어떠한 상황 속에서도 인간은 자신의 반응을 선택할 수 있는 자유가 있다."**라고 말하였습니다.

예를 들어 아이가 엄마를 화나게 하였다고 생각해 봅시다. 이럴 때 최악의 시나리오는 감정적으로 화를 내는 것입니다. 그것은 부모나 아이 모두에게 나쁜 결과를 가져옵니다. 그 상황에서 여유를 가지고 아이를 지켜보는 것은 힘든 일입니다. 먼저 감정적으로 화를 내게 됩니다. 하지만 반응을 하기 전에 아이를 지켜보면서 생각을 하는 것입니다. 그리고 자신의 감정을 지켜보는 것입니다. '아 내가 화가 났구나. 왜 화가 났지. 어떻게 하지?'라고 생각을 하는 것입니다. 이것이 처음에는 잘되지 않아 화를 내고 나서 나중에 후회를 합니다. 하지만 계속해서 이런 마음의 원리를 생각하게 되면 점점 마음의 여유를 가지고 대응을 하게 됩니다.

반응의 반대는 자극입니다. 반응은 세상이 나에게 자극을 하는 것에 내가 반응을 하는 것이라고 한다면, 자극은 내가 세상에 대해 자극을 하는 것입니다. 아이가 세상에 대하여 도전을 하도록 격려하는 것입니다. 이렇게 되면 아이는 세상에 대한 두려움 없이 용기를 가지고 도전을 할 수 있는 자신감을 갖게 됩니다. 새로운 도전을 하는 과정에서 아이는 실패를 할 수 밖에 없습니다. 하지만 아이는 그 과정에서 더 많은 성장을 하게 됩니다. 이때 부모는 아이의 작은 성공에도 관심을 가지고 칭찬과 격려를 해 주는 것이 중요합니다.

김대중 대통령은 자신의 인생을 '도전과 응전의 연속'이라고 말하였습니다. 그는 도전과 응전의 관계를 "나의 사상과 역사관을 단련시킨 가장 중요한 요소였다."라고 말하였습니다. **'나의 대응에 따라서 행복과 불행이 결정된다.'**는 인생 철학으로 살았습니다. 수 차례의 납치와 고문, 그리고 사형 판결은 그에게 민주화의 당위성과 시급성을 각인시켰고, 수감 생활은 엄청난 독서로 안목과 논리를 확고하게 하였고, 가택 연금은 영어 능력을 키우면서 지도자로서 국제적인 소양을 숙성시켰습니다. 그는 '나를 키운 건 팔할이 바람이다.'라고 말하며, 자신이 겪은 고통을 표현하였습니다. 그는 외부의 자극을 수용하고 그것을 성장의 기회로 받아들였습니다. 이것이 우리가 김대중 대통령에게 배워야 할 교훈입니다.

제 2원리 뿌린대로 거둔다 – 자연 법칙

어린 시절 생각나는 일이 있습니다. 여름에 친구들과 수박 서리를 하기로 하였습니다. 해가 지기를 기다리고 달이 뜨자, 친구들과 같이 수박밭으로 갔습니다. 그런데 수박밭에 아무도 보이지 않았습니다. 그래서 모두 수박을 한참 따고 있었습니다. 그런데 저 쪽에서 "누구야?"라고 소리치는 것이었습니다. 그래서 우리는 양손에 수박을 2~3개씩 들고 달리기 시작했습니다. 한참을 달리고 있는데, 갑자기 몸이 '붕' 뜨는 것이었습니다. 그 이유는 밭 아래에 낭떠러지가 있고 논이었기 때문이었습니다. 그리고는 갑자기 논 바닥으로 '철퍼덕' 떨어졌습니다. 수박은 깨져서 먹지도 못하고 투덜대면서 집으로 갔습니다. 이렇게 몸이 붕 뜬 것은 관성의 법칙이 작용한 것입니다. 그러면 자연 법칙에 대하여 알아보겠습니다.

자연 법칙은 대표적으로 뉴턴의 법칙을 말합니다. **뉴턴의 제 1법칙은 관성의 법칙입니다.** 관성의 법칙은 모든 물체는 하던 대로 하는 성질이 있다는 것입니다. 아이뿐만 아니라 어른들도

▶ 관성의 법칙

습관대로 살아갑니다. 그리고 그러한 습관을 바꾸는 것은 너무 어려운 일입니다. 결국 인생도 습관에 의해서 결정이 됩니다. 좋은 습관으로 살아가는 사람은 성공적인 인생을 살아가지만, 나쁜 습관으로 살아가는 사람은 실패한 인생을 살아가게 됩니다.

이렇게 생각하면 아이에게 좋은 습관을 만들어 주는 것은 부모가 해야 할 가장 중요한 일입니다. 예를 들어 밖에서 오면 손을 씻게 하는 것입니다. 그리고 자신이 해야 할 일을 먼저 하도록 하는 것입니다. 또한 클래식 음악을 들려주는 것입니다. 어렸을 때 클래식 음악을 생활에서 접한 아이는 커서 어른이 되었을 때, 자연스럽게 클래식 음악을 듣는 좋은 습관을 갖게 됩니다.

뉴턴의 제 2법칙은 가속도의 법칙입니다. 운동하려는 물체의 가속도는 그 물체에 작용하는 힘의 크기에 비례하고, 물체의 질량에는 반비례한다는 것입니다. 즉 속도의 변화가

▶ 가속도의 법칙

힘이 작용하는 방향으로 일어나며, 그 힘의 크기에 비례한다는 것입니다. 가속도의 법칙을 마음과 관련하여 생각해 보겠습니다. 어떤 일을 하기 위해서는 에너지가 필요합니다. 새로운 도전을 하기 위해서는 강한 에너지가 있어야 합니다. 또한 지속적인 성장을 하기 위해서는 쉬

지 않는 열정이 있어야 합니다. 이러한 열정의 힘으로 어려움을 이겨
내고 문제를 해결하게 됩니다.

제3의 법칙은 작용 반작용 법칙입니다.
물체에 힘을 가한 만큼 반대의 힘을
받는다는 것입니다. 여기에서 받는 힘
의 크기는 같고 방향은 반대입니다.
'인과응보'라는 말이 있습니다. 그 어

▶작용 반작용 법칙

떤 결과도 반드시 그 원인과 이유가 있다는 말입니다. 행한 대로 거둔
다는 뜻입니다. 지은 죄가 있으면 반드시 벌을 받고, 착한 일을 하면
좋은 보답을 받게 된다는 것입니다. 좋은 일에는 좋은 결과가 따르고,
나쁜 일에는 나쁜 결과가 따릅니다. 예를 들면 내가 친구를 공격하게
되면 친구로부터 공격을 받게 됩니다. 내가 친구에게 친절을 베풀게
되면 친구는 언젠가 나에게 친절을 베풀게 됩니다. 아이들을 가르칠
때 그냥 "친구들과 싸우지 마라. 친구들과 사이좋게 지내라."라고 말하
는 것이 아니라, 이러한 작용 반작용의 원리로 설명을 하면 아이는 더
잘 이해를 하고 오랫동안 기억하게 됩니다.

무엇보다도 **가장 중요한 자연 법칙은 '뿌린대로 거둔다.'는 것입니다.**
원하는 것이 있으면 자신이 노력해야 얻을 수 있다는 것입니다. 노력
을 하지 않고 얻으려고 하는 것은 '욕심'이라는 것을 아이에게 알려주
는 것입니다. 가을에 풍성한 수확을 거두기 위해서는 겨울부터 어떤
농사를 지을 것인지 생각하고, 봄에 밭을 갈고 씨앗을 심어야 합니다.
여름에 풀을 뽑고 가뭄과 태풍을 이겨내야 합니다. 그래서 가을에 우
리가 원하는 수확을 얻을 수 있다는 것을 아이들이 알게 하는 것입니
다. 아이가 자신의 꿈을 이루기 위해서 지금 어떤 일을 해야 하는지에

대하여 생각을 하고 실천하게 하는 것입니다.

'인연 과보'라는 말이 있습니다. 자신이 지은 인연의 과보는 피할 수 없습니다. 즉 죄를 지었으면 벌을 받아야 하고, 복을 받으려면 복을 지어야 합니다. 돈을 빌렸으면 갚아야 하고, 돈을 갚기 싫으면 빌리지 말아야 합니다. 어떤 일에는 반드시 원인이 있으며, 원인은 반드시 결과가 따릅니다. 또 어떤 선택을 하느냐에 따라 결과가 다르게 나옵니다. 핵심은 내가 어떤 마음으로 대처하느냐에 따라서 결과가 달라집니다. 따라서 항상 겸손하고 순수한 마음으로 살아야 합니다. 또한 결과에 너무 연연하지 말고 자신이 바라는 결과를 위해서 올바른 선택을 해야 합니다.

제 3원리 상대방이 좋아하는 것을 하라 – 사회 법칙

초등학교 저학년 때 형과 함께 뒷산에 올라갔습니다. 그 이유는 불장난을 하기 위해서였습니다. 그런데 의도하지 않게 산불이 났습니다. 갑자기 나무가 타고 연기가 피워 올랐습니다. 산불이 나자, 나는 무서워서 도망을 갔습니다. 그런데 형은 혼자 남아서 불을 껐습니다. 다행히 마을 사람들이 올라와서 같이 불을 꺼서 큰 일은 일어나지 않았습니다. 지금 생각해 보면 '형하고 같이 불을 껐어야 했는데'라는 생각을 합니다. 혼자 살겠다고 이기적인 생각으로 도망을 간 것입니다. 지금 생각하면 부끄러운 생각이 듭니다.

이처럼 이기적인 생각은 결국은 자신에게 손해가 됩니다. 왜냐하면 모든 사람들은 이기적인 사람을 좋아하지 않습니다. 그래서 살아가면서 많은 문제가 생기게 됩니다. 당연히 살아가면서 자신도 행복하지 못합니다. 하지만 이타적인 생각은 결국 자신에게 많은 도움이 됩니다. 모든 사람들이 그 사람을 좋아합니다. 그래서 다른 사람과 관계를 잘하여 자신이 하고 싶은 일을 성취합니다. 왜냐하면 어떤 것을 성취하기 위해서는 다른 사람의 도움이 있어야 하기 때문입니다. 다른 사람들의 도움을 받기 위해서는 그 사람과 관계가 좋아야 합니다. 그 사람과 관계가 좋아지기 위해서는 그 사람에게 도움이 되는 사람이 되어야 합니다. 그러면 이러한 사회 법칙에 대하여 알아보겠습니다.

사회 법칙의 핵심 원리는 '상대방이 좋아하는 것을 하라'는 것입니다. 상대방이 싫어하는 것을 하지 말라는 것입니다. 사람들의 행복과 불행을 결정하는 가장 중요한 원인은 관계입니다. 관계가 좋으면 행복하고, 관계가 나쁘면 불행합니다. 아이들이 행복한 인생을 살아가기 원하면 관계를 잘하는 것을 가르쳐야 합니다. 하지만 이것은 결코 쉬운 일이 아닙니다. 왜냐하면 어른들도 가장 어려워하는 것이 관계이기 때문입니다. 그러나 알고 보면 의외로 방법은 간단합니다. 그것은 상대방이 좋아하는 것을 하고, 상대방이 싫어하는 것을 하지 않는 것입니다. 이것을 실천하기 위해서는 평소에 상대방에게 관심을 가지고 있어야 합니다. 그리고 항상 상대방의 입장에서 생각하는 것입니다. 상대방에게 말 한 마디를 할 때도 이런 말을 하면 상대방이 어떻게 생각할지 생각합니다. 여기에서 판단 기준은 내가 아니라 상대방입니다. 이렇게 말하면 어떤 사람은 현실적으로 불가능하다고 생각을 합니다. 왜냐하면 이렇게 하면 항상 내가 손해를 본다고 생각을 하기 때문입니다.

그래서 지혜로운 선택은 어떤 판단을 할 때 상대방의 이익도 생각을 하고 동시에 나의 이익도 생각하는 것입니다. 상대방에게 도움이 되면 당연히 상대방은 좋아하게 되어 좋은 관계를 가질 수 있습니다. 그리고 자신에게도 도움이 되므로 좋은 일입니다. 이렇게 아이가 자신에게도 도움이 되고, 상대방에게도 도움이 되는 방법을 생각을 하게 되면 창의성을 발휘하게 됩니다. 왜냐하면 다른 사람들이 생각을 하지 못하는 제 3의 안을 생각하기 때문입니다. 그리고 성공한 사람들의 공통점은 다른 사람에게 도움을 주기 위하여 노력한다는 것입니다.

우리가 생활에서 가장 많이 사용하는 종이컵을 발명한 사람은 휴 무어Hugh Moore라는 사람입니다. 그는 원래 발명과는 거리가 먼 사람이었습니다. 어느 날 그의 형이 생수 자동판매기 사업을 하였는데, 사용된 컵이 도자기 컵이어서 쉽게 깨지는 것이었습니다. 그래서 잘 팔리던 자판기는 인기가 시들해졌습니다. 무어는 형의 처지를 고민하고 '어떻게 하면 깨지지 않는 컵을 만들 수 있을까?'하고 연구를 하여 마침내 종이컵을 발명하게 되었습니다.

자신의 이익만을 생각했다면 절대로 발명을 할 수 없었을 것입니다. 다른 사람에게 어떻게 도움을 줄 수 있을까 고민하여 그는 크게 성공한 사람이 되었습니다. 우리가 아이들에게 가르쳐야 할 것은 자신의 이익만을 위해서 사는 사람이 아니라 다른 사람에게 도움을 주는 사람이 되도록 가르쳐야 합니다. 그 이유는 그렇게 다른 사람에게 도움을 주는 사람은 결국 자신이 행복하기 때문입니다.

칸 아카데미Khan Academy의 창시자인 살만 칸Salman Khan은 MIT에서 석사학위를 받았습니다. 그의 사촌 동생이 수학 공부에 어려움을 겪고 있다는 것을 알게 되어 사촌 동생의 과외 교사가 되기로 하였습니다.

그런데 서로 다른 지역에 살고 있어서 원격 과외를 하게 되었습니다. 원격 과외를 위해 유튜브에 올린 10분 강의 동영상이 폭발적인 인기를 끌어 2008년에 '칸 아카데미'를 창립하게 되었습니다. 그래서 전 세계 사람들에게 많은 도움을 주고 있습니다. 만일 그가 다른 사람들처럼 자신의 미래를 위해서 직장을 다니고 사촌 동생에게 도움을 주지 않았다면 지금의 칸 아카데미가 만들어졌을까요?

제 4원리 무의식의 힘을 활용하라 – 의식과 무의식

중학교 때 일입니다. 어느 날 주말에 할 일이 없어서 무척 심심했습니다. 그래서 이웃집에 놀러 갔습니다. 그런데 어른들이 밭에 일을 하러 가고 집에 아무도 없었습니다. 그 집의 부엌에 들어가서 우연히 솥뚜껑을 열어보았습니다. 그랬더니 그 솥에 고구마가 한 솥 가득이 있었습니다. 그 고구마는 물고구마로 한번 입에 '쪽'빨면 한 번에 먹는데, 단맛이 최고로 기가 막히게 맛있었습니다. 그래서 한 개, 두 개, 먹기 시작했습니다. 한번 먹기 시작하자 도저히 멈출 수가 없었습니다. 그래서 이제 그만 먹어야겠다고 생각하다가도 다시 먹기 시작했습니다. 이렇게 해서 처음에 거의 가득 들어 있던 고구마는 절반 밖에 남지 않게 되었습니다. 그래서 할 수 없이 더 먹고 싶지만 솥뚜껑을 덮어놓고 몰래 도망쳐 나왔습니다. 내가 의식으로는 먹지 말아야 한다고 생각을 하면서 무의식에서는 계속해서 먹으라고 한 것입니다. 이렇게 우리는 의식으로 사는 것이 아니라 무의식으로 살아갑니다.

초등학교 저학년 때 일입니다. 어느 날 아침 일찍 마을 어른이 우리

집에 오셔서 우리집이 몇 번지인지 물어보셨습니다. 나는 잠결에 "162번지요."라고 대답하였습니다. 그러자 그 어른이 무척 놀라는 표정이었습니다. 아이가 어떻게 그것을 아는지 궁금해 하였습니다. 그 분은 혹시 천재가 아닐까 생각하였을 것입니다. 그런데 비결이 있었습니다. 그것은 안방 벽에 그 숫자가 씌여진 것을 매번 보았기 때문에 바로 대답을 할 수 있었습니다. 이처럼 무의식에 저장된 것은 즉각적으로 반응을 하게 됩니다. 그런데 무의식에 저장이 되기 위해서는 무한한 반복이 있어야 합니다. 뉴톤이나 아인슈타인과 같은 천재도 평생 동안 그것만을 생각하기 때문에 위대한 업적을 남기게 되었습니다. 그러면 이러한 의식과 무의식에 대하여 알아보겠습니다.

우리의 마음은 의식과 무의식으로 되어 있습니다. 의식은 빙각의 일각에서 겉으로 들어난 일부분을 말하고, 무의식은 대부분을 차지하고 물속에 잠겨 있는 부분을 말합니다. 우리는 겉으로 보여서 의식이 중요하다고 생각하

▶의식과 무의식

지만 눈에 보이지 않지만 대부분을 차지하고 있는 무의식이 더 중요합니다. 또한 **의식과 무의식의 관계를 '코끼리를 탄 아이'로 표현하기도 합니다.** 아이는 의식에 해당하고, 코끼리는 무의식에 해당합니다. 아이는 스스로 한 발짝도 갈 수 없고, 오직 코끼리만 움직일 수 있습니다. 의식은 방향을 정하고, 무의식은 어떤 일을 하는데 필요한 무한한 에너지를 가지고 있습니다.

예를 들어 공부를 하고자 하는 생각은 있으나 실제 행동으로 하지 못하는 이유는 무의식 때문입니다. 이처럼 무의식의 힘을 빌리지 않고

서는 어떤 일도 할 수 없습니다. 그래서 어떤 일을 하고자 할 때는 무의식의 힘을 활용해야 합니다. 그러면 어떻게 무의식의 힘을 활용할 수 있을까요? 무의식을 활용하는 비결은 단위를 '최소화'하는 것입니다.

산만한 아이를 둔 어떤 엄마가 있었습니다. 그 엄마는 아이가 산만하기 때문에 차분하게 하기 위해서 새로운 시도를 하였습니다. 아이가 싫어하지 않을 정도로 수학 문제를 풀게 하였습니다. 처음에는 매일 수학 문제를 10분간 풀게 했습니다. 하루에 10분간 문제를 푸는 것은 산만한 아이도 할만하였습니다. 그리고 학생이 문제를 풀면 과하다 할 정도로 칭찬을 해주었습니다. 그러니까 아이도 문제 푸는 것을 좋아하였습니다. 다음 날도 계속해서 수학 문제를 풀고 일주일이 넘어가자, 이제는 수학 문제를 푸는 것이 일상이 되었습니다. 그리고 아이가 점점 공부하는 것에 흥미를 보이기 시작했습니다. 부모가 칭찬해 주고 맛있는 것도 주니 아이도 조금씩 좋아하게 되었습니다.

한 달 정도가 되니 완전히 수학 공부를 하는 것이 습관이 되었습니다. 그래서 엄마는 다른 것을 시도하였습니다. 영어 단어를 외우게 한 것입니다. 역시 아이가 충분히 할 수 있도록 5개 정도만 하였습니다. 이제는 영어와 수학 공부를 하는 것이 습관이 되었습니다. 이번에는 아이가 하고 싶어하는 것을 시도하게 하였습니다. 운동을 한다든가, 악기 연주를 한다든가 하는 것을 하게 하였습니다. TV나 게임을 하는 것은 아이가 평상시에 하고 있기 때문에 제외하였습니다. 역시 한 달이 지나자, 엄마는 새로운 5분 독서를 하게 하였습니다. 아이는 그 동안 재미있게 공부를 했고, 공부 습관이 형성되어서 한 개 더 공부를 하는 것이 부담이 되지 않았습니다. 그러자 이 아이는 하루에 2~3시간을 스스로 공부하는 습관을 갖게 되었습니다.

이렇게 해서 결국에는 산만한 아이가 스스로 공부를 잘하는 아이가 되었습니다. 성공 비결은 단위를 최소화하는 것이었습니다. 처음에 새로운 것을 시도하면 무의식은 반항을 합니다. 그러면 무의식에게 대화를 합니다. '한 번만 하자.'고 그러면 무의식이 '그래 그러지.'라고 말합니다. 그러면 한 번이 열 번이 되고, 스무번이 됩니다. 이렇게 무의식에 대화를 하게 되면 무의식이 친구가 됩니다. 그러면 모든 일은 자연스럽게 이루어집니다. 그리고 무의식을 활용하기 위해서는 중요한 점이 반복하는 것입니다. 어떤 행동을 반복하게 되면 습관이 됩니다. 그러면 자동화가 이루어지고 자연스럽게 무의식의 힘을 활용하게 됩니다.

무의식의 힘을 효과적으로 활용하는 방법이 있습니다. 첫 번째는 '한 번만 하자'는 것입니다. 어떤 것을 시도할 때 무의식은 저항을 합니다. 그때 무의식에 '한 번만 하자.'고 말을 겁니다. 그러면 신기하게도 쉽게 할 수 있습니다. **둘째는 '5초의 법칙'이 있습니다.** 어떤 것을 하고자 할 때 마음속으로 '1,2,3,4,5'까지 세는 것입니다. 그리고 바로 행동으로 실천하는 것입니다. **셋째는 '5분 후에 하자.'는 것입니다.** 하지 말아야 할 일이 있을 때, 마음속으로 '5분 후에 하자.'고 말을 합니다. 그러면 신기하게도 5분 후에는 하고 싶은 생각이 사라지게 됩니다. 이렇게 세 가지 방법을 활용하면 무의식의 힘을 효과적으로 활용하여 자신이 원하는 현실을 창조하게 됩니다.

제 5원리 존재의 본질인 순수 의식을 추구하라
– 현재 의식, 잠재의식, 순수의식

초등학교 저학년 때 일이었습니다. 친구와 같이 동네 우물로 놀러 갔습니다. 그때 우물은 장마로 흙탕물이 가득차 있었습니다. 심심해서 친구와 빨대를 가지고 물장난을 하였습니다. 그런데 갑자기 체중이 앞으로 쏠리면서 물에 빠졌습니다. 흙탕물 속에 한참을 허우적대고 있었습니다. 마침 그 곳을 지나가던 어른이 구해주셔서 살아날 수 있었습니다. 그 때 물속에 있으면서 순간적으로 죽을 수도 있겠다는 공포심을 느꼈습니다. 이렇게 생생하게 기억을 할 수 있다는 것은 나의 잠재의식에 있기 때문입니다. 그러면 이러한 의식에 대하여 알아보겠습니다.

의식을 현재 의식과 잠재의식, 순수 의식으로 구분할 수 있습니다. 현재 의식은 우리가 감각적으로 느끼는 것입니다. 잠재의식은 무의식입니다. 현재 의식과 잠재의식의 관계를 남편과 아내로 비유할 수 있습니다. 남편이 낮에 직장에 가서 일을 해서 돈을 벌어오면 아내는 집에서 살림을 꾸려 갑니다. 감각 기관을 활용하여 보고 듣고 느낀 것, 생각한 것들이 현재 의식을 통해서 일어납니다. 잠재의식은 현재 의식이 얻어 온 정보를 분별하는 작업을 합니다. 버릴 것은 버리고 저장할 것은 저장을 합니다.

뛰어난 교사는 수업을 통하여 아이들이 잠재의식을 발휘하게 합니다. 교사 연수 프로그램으로 미국 초등학교 선생님의 공개 수업을 참관하였습니다. 그 선생님의 수업은 너무 인상적이어서 지금도 기억이 납니다. 그 수업은 미술 수업으로 인디언의 문양을 그리는 수업이었습니다. 우리가 수업을 하면 보통 인디언 문양을 몇 개 보여주고 아이들이 그려보게 합니다. 그리고 그림이 완성이 되면 친구들에게 발표를 하고 수업을 마칩니다. 그런데 그 선생님은 수업 시간의 절반을 이야기를 들려주었습니다. 인디언 생활에 관한 이야기를 들려주었습니다. 우리는 인디언 생활을 잘 모르기 때문에 그 시간 동안 상상의 나래로 여행을 갔습니다. 그리고 이야기를 마치고 이야기와 관련된 문양에 대하여 설명을 해 주었습니다. 그래서 그 인디언 문양에 대해 이해할 수 있었습니다. 그리고 인디언 문양을 그렸습니다. 이 수업의 목적은 문양을 그리는 것이 아니었습니다. 그 미술 수업 시간을 통해서 아이들이 상상의 나래는 펼치는 것이었습니다. 그래서 아이들의 잠재의식을 깨우도록 하였습니다.

학교는 아이들이 마음껏 미래를 꿈꾸고 상상하는 곳이어야 합니다. 하지만 지금의 학교는 이러한 상상을 할 수 있는 기회를 주지 못하고 있습니다. 가끔 교실에서 아이들과 멋진 상상의 나래를 마음껏 펼칠 수 있는 시간을 가져보면 어떨까요? 그리고 수업 시간에도 도입 부분에 아이들이 마음껏 상상하게 하는 시간을 주는 것입니다. 학교는 마음껏 실패를 해도 되는 공간이어야 합니다. 그 속에서 아이들의 꿈도 미래도 자랍니다. 아이들이 꿈을 갖게 되면 스스로 모든 것을 할 수 있는 힘을 갖게 됩니다. 그것이 의식의 힘입니다. 그러면 순수 의식에 대하여 알아보겠습니다.

순수 의식은 '찬도기야 우파니샤드찬양의 우파니샤드'에 나오는 이야기를 통해서 알 수 있습니다. 성인인 아버지가 아들을 영적 스승에게 보내 공부를 하게 하였습니다. 다음은 공부를 마치고 돌아온 아들과 아버지의 대화 내용입니다.

아버지가 아들에게 **"들을 수 없는 것을 듣고, 생각할 수 없는 것을 생각하고, 알 수 없는 것을 아는 지혜를 물어본 일이 있느냐?"**라고 물었습니다. 아들은 "그런 지혜는 들어본 적이 없습니다."라고 말하였습니다. 그러자 아버지가 "태초에는 오직 순수 의식만 있었다. 다른 것은 아무것도 없었다. 이 순수 의식에서 우주가 태어났다. 그리고 순수 의식은 창조를 하기 위해서 자신으로부터 태어난 모든 것 속으로 분화되어 침투해 들어 갔다. 마치 햇살이 물에 비치듯이 그렇게 들어갔다. **순수 의식에서 비롯되지 않은 것은 아무것도 없다. 순수 의식은 모든 존재의 본질이다. 그것은 진리이며 만물의 참 자아이다.**"라고 말하였습니다.

이어서 아버지는 "동쪽으로 흐르는 강물과 서쪽으로 흐르는 강물은 바다에 이르면 하나가 된다. 그러면 그들은 나는 이 강이고, 너는 저 강이라는 식의 개체 의식이 사라진다. 마찬가지로 모든 존재가 순수 의식 속으로 흡수되면 그들의 개체 의식이 사라진다."라고 말하였습니다. 그리고 **"네가 씨 속에서 아무것도 볼 수 없었지만 눈에 보이지 않는 그 미묘한 것이 저 커다란 망고 나무의 본질이다. 눈에 보이지 않는 그 미묘한 본질 속에 망고 나무가 들어 있다. 그 미묘한 본질이 바로 순수 의식이다.**"라고 말하였습니다. 또한 "소금이 물에 녹았다고 해서 없어진 것이 아닌 것처럼 네 속에 있는 순수 의식도 마찬가지다. 네 모습이 어떻게 변하든, 네가 알지 못할 뿐이지 참 자아는 늘 그대로 존재한다. 늘 그대로 존재하는 참 자아가 순수 의식이다."라고 말하였습니다.[2]

이렇게 순수 의식은 보이지 않지만 존재의 본질이고 만물의 근본입니다. 순수 의식은 완전하고 포괄적이며 풍요가 넘칩니다. 또 허공이고, 비어 있고, 생각이나 감정의 일상적 흐름이 없습니다. 그것은 무한한 힘, 평화, 부드러움, 사랑의 상태입니다. 이해하기 어렵지만 현재 의식을 초월한 순수 의식이 있다는 것을 아는 것만으로도 엄청난 축복입니다. 특히 아버지가 "들을 수 없는 것을 듣고, 생각할 수 없는 것을 생각하고, 알 수 없는 것을 아는 지혜를 물어본 일이 있느냐?"라고 아들에게 묻는 질문에서 지혜의 의미를 알 수 있습니다.

아이가 지혜로운 삶을 살도록 하기 위해서 순수 의식을 깨닫게 합니다. 지혜는 사물의 본질을 아는 것입니다. 바다가 본질이고, 작은 씨앗이 본질입니다. 하지만 사람들은 보이는 현상에만 관심이 많습니다. 사람들이 보지 못하는 본질을 볼 수 있도록 가르치는 것이 마음공부의 핵심입니다.

이렇게 **순수 의식으로 아이를 바라보게 되면 이제와는 다른 시선으로 바라보게 됩니다.** 아이가 미성숙한 존재가 아니라 영혼을 가진 존재로 하나의 인격체로서 존중하게 됩니다. 우리가 지금까지 아이가 미성숙한 존재로 보았기 때문에 아이를 존중하지 않습니다. 순수 의식을 가지고 본질을 보게 되면, 아이들은 어른과 같이 평등한 존재로 인정하게 됩니다. 이렇게 가정에서 부모가 아이를 바라보는 시선이 달라지고, 교실에서 교사가 학생들을 보는 시선이 달라지게 되면 무엇보다도 아이들이 먼저 느끼게 됩니다. 자신이 존중을 받고 있다는 것을 느끼게 되면 아이는 자신의 성장을 위해서 어떻게 해야 할지 스스로 찾아가게 됩니다. 이것이 마음공부가 가져오는 기적의 순간입니다.

🧑 제 6원리 우리가 믿는 대로 현실이 된다
－ 끌어당김의 법칙

나는 어릴 때 물엿을 무척 좋아하였습니다. 그때 물엿을 팔러다니는 사람이 오면 자주 물엿을 사서 먹었습니다. 그런데 어느 날 집에서 키우던 개가 먹으려고 둔 물엿 조각을 먹어 버렸습니다. 개는 물엿을 떼기 위해서 혓바닥을 내밀고 난리를 쳤습니다. 그런데 그 모습이 정말 웃겼습니다. 개가 혓바닥에 있는 물엿을 떼려고 뛰어다니고 난리를 쳤지만, 결국 물엿이 녹을 때까지 시간이 지나서야 소동이 끝났습니다. 이 이야기를 통해 알 수 있는 것은 지금까지 결과는 내가 끌어당긴 결과입니다. 그것을 떼어내고 싶지만 절대로 떼어낼 수 없습니다. 방법은 시간이 지나기만을 기다리는 것입니다. 시간이 모든 문제를 해결합니다. 개가 혓바닥의 물엿을 떼어내기 위해 한 것처럼, 지금의 것을 부정하고 불평하는 것이 아니라 지금의 것을 감사함으로 받아들인다면 바로 행복하게 됩니다.

이와 같이 끌어당김이라는 법칙The Law of Attraction이 있습니다. 그것의 핵심은 서로 비슷한 것은 끌어당긴다는 것입니다. 우리말에 '끼리끼리'라는 말이 있습니다. '유유상종'이라고도 합니다. 이 말은 끌어당기기 위해서는 비슷해야 한다는 것입니다. 다르면 끌어당길 수 없다는 것입니다. 자석은 못처럼 철 성분이 있는 것을 끌어당깁니다. 하지만 나무나 천처럼 철 성분이 아닌 것은 끌어당기지 않습니다. 여기에서 끌어당긴다는 것은 자신이 원하는 것을 얻는다는 것입니다. 따라서 자신이 원하는 것을 얻기 위해서는 내가 원하는 것에 에너지를 집중해야 합니다. 그래야 내가 원하는 것이 끌어 당겨지게 됩니다.

라디오 방송을 예로 들어보겠습니다. 세상에는 다양한 방송국이 있습니다. 자신이 원하는 방송을 듣기 위해서는 원하는 방송의 주파수를 맞추어야 합니다. 주파수가 다르면 다른 방송을 듣게 됩니다. 그래서 먼저 내가 어떤 방송을 듣고 싶은지 생각합니다. 그리고 그 방송국의 주파수를 찾습니다. 다음에 내가 듣고 싶은 방송국의 주파수에 맞춥니다. 그래야 내가 원하는 방송을 들을 수 있습니다. 인생도 마찬가지입니다. 내가 원하는 것을 먼저 확실하게 선택합니다. 세상에는 무수히 많은 종류의 것들이 있습니다. 부와 명예, 건강 등이 그것입니다. 그리고 내가 원하는 것에 의식을 맞추어 살아갑니다. 그러면 내가 원하는 것을 얻을 수 있습니다. 이러한 끌어당김의 법칙은 진리입니다. 마치 우리가 느끼지 못하지만 중력의 원리가 어디서나 작용하는 진리인 것처럼 말입니다.

　그러면 이러한 끌어당김의 법칙으로 원하는 것을 얻기 위해서는 어떻게 해야 할까요? 먼저 내가 원하는 것을 확실하게 해야 합니다. 그리고 내가 원하는 것을 위해서 최선을 다해야 합니다. 그러면 우리가 원하는 것을 얻을 수 있습니다. 여기에서 중요한 것은 '믿는 만큼 현실이 된다.'는 것입니다. 우리가 한 치의 의심도 없이 믿는다면 반드시 이루어집니다. 성경에 **"믿음은 바라는 것들의 실상이요, 보이지 않는 것들의 증거다.**히 11:1"라고 기록되어 있습니다. 하지만 우리가 의심을 하면 절대로 이루어지지 않습니다. 이렇게 확실하게 의심을 하지 않고 믿는다는 것은 쉽지 않은 일입니다. 특히 아이들은 이러한 확실한 믿음을 갖기 어렵습니다. 그래서 부모가 항상 자신을 믿고 있다는 것을 아이들이 평상시에 느끼게 합니다. 그러면 나를 믿어 준 부모가 원하는 것을 하기 위해서 아이는 최선을 다하게 됩니다. 이것이 아이가 어려운 상황에서 어려움을 이겨내고 자신의 길을 찾아가는 유일한 방법입니다.

옛날에는 시골에서 아이들이 지네를 팔아 용돈을 벌었습니다. 지네를 잡는 방법은 간단합니다. 산에 가서 구덩이를 팝니다. 그리고 닭뼈를 넣습니다. 그런 다음 뚜껑을 살짝 덮어 놓습니다. 다음 날에 가보면 구덩이에 지네가 엄청 많이 있습니다. 또 바닷가에서 게를 잡는 쉬운 방법이 있습니다. 개구리를 잡아서 몸통을 자릅니다. 두 다리의 껍질을 벗깁니다. 그리고 개구리 다리를 줄에 묶습니다. 그런 다음 바닷가 물에 잠긴 돌 속에다 개구리 다리를 넣습니다. 조금만 있으면 개구리 다리에 게들이 엄청 많이 붙어 있습니다. 이렇게 자신이 원하는 것을 얻으려면 상대방이 원하는 것을 주어야 합니다. 이것이 성공 비결입니다. 내가 상대방이 원하는 것을 줄 수 있다면, 그 사람은 절대로 성공을 하지 않을 수 없습니다. 이것이 세상의 진리입니다.

끌어당김을 하기 위해서는 두 가지가 필요합니다. **첫 번째는 내가 원하는 것에 에너지를 집중하는 것입니다.** 그러면 이러한 감정과 느낌이 우주에 전달이 됩니다. 그래서 우주의 무한한 에너지를 활용하여 원하는 현실을 만듭니다. 핵심은 어떤 생각을 갖느냐 하는 것입니다. 또 그것을 의심 없이 믿는 것입니다. 그리고 모든 에너지를 집중합니다. 그러면 자신이 원하는 것이 이루어집니다. 예를 들어 부자가 되고 싶다고 생각합니다. 그러면 매일 부자에 대하여 생각합니다. 자신이 부자가 되었다고 상상을 합니다. 부자처럼 생각하고 행동합니다. 어디를 가더라도 돈을 벌 수 있는 것을 생각합니다. 부자가 된 사람들을 만나고, 부자들이 쓴 책을 읽습니다. 그리고 부자처럼 돈을 모으고, 투자를 합니다. 그래서 결국 부자가 됩니다.

두 번째는 상대방이 원하는 것을 주는 것입니다. 상대방이 무엇을 원하는지 파악하고 상대방에게 주는 것입니다. 그러면 내가 원하는 것을 끌어올 수 있습니다. 예를 들어 물건을 파는 회사에서는 고객이 원하는 상품을 개발하는 것입니다. 그러면 그 회사는 성장할 수 밖에 없습니다. 반대로 고객의 필요와 요구를 반영하지 못하는 회사는 살아남지 못합니다. 우리가 식당을 갈 때 맛집을 가면 왜 그 집이 맛집인지 바로 알 수 있습니다. 맛집은 손님들이 밥을 먹고나서 가장 맛있는 음식을 먹었다는 '느낌'을 줍니다. 이렇게 내가 상대방이 원하는 것을 주면 상대방이 끌려오게 됩니다.

아이와 함께 끌어당김의 법칙으로 원하는 것을 얻을 수 있는 방법이 있습니다. **첫째는 '감사하기'를 하는 것입니다.** 감사하기는 부정적인 생각을 긍정적인 생각으로 바꾸어 주는 마법과 같은 것입니다. 아이가 감사하는 마음을 갖게 되면, 긍정적이고 적극적인 태도를 갖게 됩니다. 감사하는 일기 쓰기를 하는 것이 좋은 방법입니다.

둘째는 '상상하기'를 하는 것입니다. 자신이 원하는 것이 이미 이루어졌다고 상상을 하는 것입니다. 그러면 아이는 그때의 느낌을 실감하게 됩니다. 이러한 좋은 느낌은 우주로 전달이 되어 우리에게 무한한 에너지를 주어 원하는 것을 얻게 합니다.

셋째는 '비전 보드'를 만드는 것입니다. 비전 보드는 자신이 원하는 것을 사진이나 그림으로 이미지를 표현하는 것입니다. 그리고 매일 자신이 원하는 것을 상상하는 것입니다. 이렇게 되면 아이는 자신이 원하는 것을 무의식에 저장하게 되어 무의식의 힘으로 원하는 것을 현실로 만들게 됩니다.

제 7원리 본질을 의식하면 모든 문제가 사라진다
– 현상과 본질

어린 시절 생각나는 일이 있습니다. 시골집은 동네에서 한참 떨어진 곳에 있었습니다. 그래서 동네에서 밤에 놀다가 집에 가려면 언덕 고개를 넘어야 합니다. 그런데 그 고개에는 조그만한 산이 있고, 산에는 무덤들이 많이 있었습니다. 언덕 고개는 겨울이 되면 세찬 바람이 불어 엄청 추웠습니다. 그 곳을 지나려면 무덤이 있기 때문에 무서워서 소름이 끼친 일이 한 두 번이 아니었습니다. 어느 날 깜깜한 밤중에 혼자 마을에서 집으로 가는 중이었습니다. 그런데 언덕 고개에 올라서자 다른 사람 발자국 소리가 들리는 것이었습니다. 그리고 하얀 소복을 입은 여자 귀신이 저 멀리 하늘에 떠 있는 것이 보였습니다. 그래서 "걸음아 나 살려라!"라고 소리를 치면서 달려갔습니다. 그때 얼마나 소름이 끼쳤는지 모릅니다. 그런데 아침에 그곳에 가보니, 소나무에 비닐이 걸려서 날리고 있었습니다. 깜깜한 밤에 착시 현상을 일으켜 흰 옷 입은 귀신으로 보였던 것입니다. 귀신은 허상현상이고 실재본질는 흰 비닐이었습니다. 이렇게 우리는 사물의 현상을 보고 살아갑니다. 하지만 마음공부를 하면 사물의 본질을 보는 눈을 갖게 됩니다.

이렇게 우리가 사는 세상을 현상과 본질의 두 가지 면에서 바라볼 수 있습니다. **우리가 쉽게 눈으로 보는 것은 현상입니다. 하지만 눈으로 볼 수 없는 것은 본질입니다.** 현상은 주로 감각 기관을 사용하여 얻은 것입니다. 본질은 영혼을 말하는 것입니다. 부모로서 아이들에게 "공부를 잘해서 좋은 대학을 가야 한다. 좋은 대학을 가면 좋은 직장에서 많은 돈을 벌 수 있다. 많은 돈을 벌어 부자가 되면 행복하게 살 수 있다."라고 합니다. 이 말은 사실입니다. 다만 현상이라는 관점에서 바라보았을 때입니다. 우리가 살아가는 세상은 현상만 있는 것이 아닙니다. 본질이 있습니다. 본질은 현상에서 추구하는 것과는 수준이 다른 것입니다. 현상이 물질에 관한 것이라고 하면, 본질은 정신에 관한 것입니다.

부모가 아이들에게 마음공부를 통해서 가르쳐야 할 것은 현상만이 있는 것이 아니라 본질이 있다는 것을 알려주는 것입니다. 그러면 부모가 아이에게 이렇게 말할 수 있습니다. "공부를 잘해서 좋은 대학을 가고, 좋은 직장을 얻어서 돈을 많이 버는 것도 네가 행복하게 살아가는 방법이다. 네가 물질적으로 풍요한 삶을 사는 것도 중요하지만, 더 중요한 것은 의식을 가진 영혼의 존재로서 사는 것이다."라고 가르치는 것입니다.

부모가 아이들에게 본질을 가르쳐 주기 위해서는 본질에 대해서 잘 알아야 합니다. 현상과 본질에 대해서 예를 들어 설명해 보겠습니다. 바다와 파도가 있습니다. **바다는 본질이고, 파도는 현상입니다.** 바다는 무한한 에너지를 가지고 있습니다. 파도는 바다 에너지를 활용하여 현실로 만든 것입니다. 사람들은 파도를 보면서 감탄을 합니다. 하지만 파도는 생겼다가 사라지는 것입니다. 무한한 에너지를 가지고 영원히 존재하는 것은 바다입니다. 파도는 다시 바다와 하나로 됩니다. 이렇게 **현상과 본질은 하나입니다.**

또 하늘과 구름이 있습니다. **하늘은 본질이고, 구름은 현상입니다.** 구름은 생겼다가 사라지지만 하늘은 늘 그곳에 존재합니다. 하늘은 텅 비어 있는 것처럼 눈에 보이지만 무한한 에너지를 가지고 영원히 존재합니다. **무대는 본질이고, 배우는 현상입니다.** 무대는 배우가 올라오기 전에 있습니다. 배우는 무대가 있어야 연기를 할 수 있습니다. 무대는 항상 존재하지만, 배우는 나타났다가 사라집니다. **영사기는 본질이고, 스크린은 현상입니다.** 영화관의 영사기에서 스크린에 화면이 보입니다. 영사기의 불빛은 의식입니다. 의식은 영원히 존재하고, 스크린의 화면은 생겼다가 사라집니다. **자신의 의식은 본질이고, 이 세상은 현상입니다.** 자신의 의식은 사라지지 않고 영원히 존재하며, 자신을 제외한 이 세상은 생겼다가 사라지는 것을 반복합니다.

　지금의 교육은 현상을 가르치고 있습니다. 열심히 공부해서 부와 명예, 성공, 즉 많은 물질을 소유하라고 합니다. 하지만 현상만을 추구하는 사람은 불행하게 살아갑니다. 왜냐하면 현상은 생겼다가 사라지기 때문입니다. 진정한 행복은 현상에 있는 것이 아니라 본질에 있습니다. 본질로 살아가는 사람은 행복합니다. 본질로 살아가는 사람은 자신이 원하는 것을 현실로 만들 수 있는 무한한 에너지와 가능성을 가지고 있습니다. **현재의 교육을 본질을 가르치는 교육으로 바꾸어야 합니다. 그리고 아이가 자신을 생겼다가 사라지는 현상이 아니라, 영원히 사라지지 않고 무한한 에너지를 가진 영혼의 존재라는 것을 가르쳐야 합니다.** 본질로 살아가는 아이는 창의적이고, 자기 주도적으로 살아가게 됩니다. 그리고 아무리 어려운 일이 있더라도 흔들리지 않고 나아갈 수 있는 용기와 자신감을 가지고 살아갑니다. 또한 자신뿐만 아니라 상대방을 존중하고, 서로 협력하고, 자신이 가진 것을 다른 사람들에게 나누어 줄 수 있는 마음을 갖고 살아가게 됩니다.

제 8원리 인생은 절대를 경험하고 실현하는 것이다
— 상대계와 절대계

어린 시절 이야기입니다. 어릴 때 형과 나는 항상 같이 다녔습니다. 그래서 어른들이 쌍둥이라고 말하였습니다. 하지만 지금 생각해 보면 싸우기도 하였습니다. 어느 날 점심 때 토방에서 고구마를 먹었습니다. 토방은 시골집에서 방에 들어가기 전에 앉아서 쉴 수 있는 곳을 말합니다. 그런데 갑자기 말싸움을 하다가, 형이 먼저 나의 얼굴에 고구마를 던졌습니다. 그래서 나도 형의 얼굴에 고구마를 던졌습니다. 그래서 '고구마 투성'이 싸움이 되었습니다. 이렇게 상대방과 싸우게 되는 것은 상대계에 살기 때문입니다. 상대계는 너와 나, 좋고 나쁨, 선과 악으로 구분을 하고, 분별을 합니다. 나를 제외한 모든 것들이 나의 적이 됩니다. 그래서 외부의 것들은 내가 싸워서 이겨야 할 상대가 됩니다. 그래서 갈등을 하고, 문제가 일어납니다. 이러한 문제를 해결하는 방법은 절대를 살아가는 것입니다. '모든 세상은 서로 연결되어 있고 하나이다. 내가 주인이다.'라는 생각을 합니다. 그러면 더 이상 상대방과 갈등을 하지 않고 모든 문제는 사라지게 됩니다. 그러면 상대계와 절대계에 대하여 알아보겠습니다.

상대계는 구분하는 것입니다. 선과 악, 나쁜 것과 좋은 것은 이분법으로 세상을 보는 것입니다. 절대계는 상대가 끊어지는 것입니다. 상대가 없고 둘을 구분하는 경계가 사라지는 것입니다. 상대계는 현상이고, 절대계는 본질입니다. 상대계는 물질을 추구하고 유한한 세계입니다. 절대계는 정신을 추구하고 무한한 에너지를 가지고 있는 세계입니다. **상대계는 인간이 사는 세계이고, 절대계는 신이 사는 천국이나 극락의**

세계입니다. 우리는 천국이나 극락이 사후에 있다고 생각합니다. 사람들이 눈을 감고 암흑 세계라고 합니다. 하지만 눈을 뜨면 밝은 세상입니다. 이렇게 밝은 세상을 보기 위해서는 심안마음의 눈을 뜨는 것입니다. 절대계는 마음의 눈으로만 볼 수 있습니다.

그러면 상대계에 살면서 절대계로 살아가는 방법은 무엇일까요? 그것은 생각을 바꾸는 것입니다. 생각을 바꾸면 상대계가 절대계로 순간 이동을 합니다. 이 세상이 절대계라고 생각을 하는 것입니다. 절대계는 신의 세계입니다. 그래서 절대에서 우리는 영혼을 가진 순수한 존재가 됩니다. 그러면 이렇게 절대계를 살아가면 어떤 점이 좋을까요? 절대계는 영혼의 세계이므로 모든 만물이 평등한 세계입니다. 또한 바다와 하늘과 같은 본질의 세계입니다. 나와 남의 구분이 없고, 영원히 존재하고, 무한한 에너지를 가지고 있습니다. 절대계는 결핍과 고통의 세계가 아니라 풍요와 평화의 세계입니다.

이렇게 절대계를 살아가게 되면 모든 만물이 신적인 존재가 됩니다. 어른도 신이고, 어린아이도 신이고, 사물도 신이고, 자연도 신입니다. 무엇보다도 부모가 이런 절대계를 깨닫게 되면 아이를 바라보는 시선이 달라집니다. 절대계에서는 아이가 더 이상 미성숙한 존재가 아닙니다. 아이는 무한한 능력을 가진 영혼의 존재가 됩니다.

그러면 이렇게 상대계에서 절대계로 살아가는 방법은 무엇일까요? 그것은 명상을 하는 것입니다. 명상을 하게 되면 상대계에서 절대계로 순간 이동을 하게 됩니다. 눈을 감고 천국과 극락의 세계를 상상하는 것입니다. 이러한 절대계를 통하여 진정한 의미의 행복과 평화를 느끼게 됩니다. 우리가 아이들에게 가르쳐야 할 것은 이러한 절대계가 있다는 것을 알려주는 것입니다. 그리고 어떤 힘든 상황에서도 흔들리지 않는 절대를 살아가는 아이로 기르는 것입니다.

"인생이란 절대를 경험하고 절대를 실현하는 것이다."라고 아르헨티나의 작가 보르헤스Jorge Luis Borges는 말하였습니다. 상대계를 살 것인가, 절대계를 살 것인가, 어떤 인생을 살아갈 것인가 하는 선택은 온전히 자신에게 달려 있습니다.

 ## 제 9원리 모든 것은 하나이고 연결되어 있다
－ 일원론과 이원론

3월이 되면 매일 아침마다 학교 정문에서 전쟁이 일어납니다. 1학년 학생들이 학교 등교를 거부하는 등교 전쟁입니다. 1학년 여학생이 있었습니다. 그 아이는 태어나자마자 엄마가 심한 우울증으로 아이가 생명의 위협을 받았다고 합니다. 그래서 그 아이는 엄마가 키우지 못하고 결국에 할머니가 키우게 되었습니다. 그런데 그 때 충격으로 학교에 다니면서 말을 전혀 하지 못하고, 다른 사람과 전혀 관계를 하지 못하였습니다. 마음의 상처가 크므로 자신이 살기 위해서 마음의 문을 닫은 것입니다. 그 아이의 에고는 자신을 제외한 모든 사람들이 자신의 생명을 위협하는 적이라고 생각하였습니다. 그런데 학교의 모든 선생님들이 함께 지도하여 학생이 점점 나아지게 되었습니다. 마음의 문은 손잡이가 마음의 안 쪽에 달려 있습니다. 오직 자신만이 문을 열고 세상 밖으로 나올 수 있습니다. 아이가 굳게 닫힌 마음의 문을 열고 세상으로 나올 수 있도록 따뜻한 사랑의 훈풍을 주어야 합니다. 이 세상이 이원론이 되느냐 일원론이 되느냐는 순전히 자신의 마음에 달려 있습니다. 마음의 문을 닫으면 이원론이 됩니다. 마음의 문을 열면 일원론이 됩니다. 그러면 우리 마음의 원리인 일원론과 이원론에 대하여 알아보겠습니다.

마음의 대표적인 학자인 17세기 철학자 데카르트는 몸과 마음이 서로 다른 물질로 구성되어 있다고 생각하였습니다. 몸은 물질적인 것으로 구성되어 있고, 마음은 비물질적인 것으로 구성되어 있다는 것입니다. 물질적인 것은 철이나 구리와 같은 성분으로 만들어져 있고, 비물질적인 것은 과학적으로 증명할 수 없다고 하였습니다. 이와 같이 몸과 마음이 서로 다른 것으로 구성되어 있다고 하는 것을 이원론이라고 합니다. 반면에 몸과 마음이 하나라고 생각하는 것을 일원론이라고 합니다. 몸과 마음은 하나로 연결되어 있습니다. 예를 들어 몸이 아프면 우울해집니다. 그리고 마음이 스트레스를 받게 되면 몸에 병이 생깁니다. 이렇게 몸과 마음은 서로 연결되어 있습니다. 우리 자신은 우주와 서로 연결되어 있습니다. 현재 의식과 순수 의식도 서로 연결되어 있습니다. 현재 의식은 감각 기관으로 우리가 느끼는 의식이고, 순수 의식은 신의 세계로 절대계를 말합니다. 우리 의식의 수준을 현재 의식에서 순수 의식으로 끌어올리는 것입니다. 결국 현재 의식은 순수 의식과 하나입니다.

또한 내면의 세계와 외부 세계가 서로 연결되어 있습니다. 외부에서 누가 자극을 하면 바로 감정적으로 반응을 보이게 됩니다. 또한 내면의 에너지를 활용하여 외부 세계에 우리가 원하는 현실을 창조하게 됩니다. 예를 들면 열심히 공부해서 좋은 성적을 올리는 것이나 건축가가 집을 짓고 예술가가 작품을 만드는 것입니다. 이렇게 우리가 서로 연결되어 있고 하나라는 것을 아이들에게 가르치는 것입니다. 내가 화가 난다고 다른 사람을 다치게 하면 결국 나에게 화가 돌아옵니다. 내가 다른 사람들에게 친절을 베풀고 도와주면 결국 나에게 복으로 돌아옵니다. 인간의 과학 문명이 자연 환경을 파괴하면 결국에 환경 재앙이 오게 됩니다. 왜냐하면 우리는 서로 연결되어 있고, 하나이기 때문입니다. 아이들이 이러한 것을 깨닫게 되면 함부로 말을 하거나 행동을 하지 않게 됩니다. 쓰레기를 함부로 버리지 않고 물건을 함부로 사용하지 않게 됩니다. 유럽에서는 '플라이트 쉐임Flight Shame' 운동이 확산되고 있습니다. 지구 온난화를 우려하는 사람들이 비행기 타는 것을 거부하는 운동입니다.

여기에서 아이들에게 반드시 가르쳐야 할 것이 있습니다. 그것은 어떤 상황에서든 마음의 문을 닫으면 안 된다는 것입니다. 내가 마음의 문을 닫으면 세상과 분리가 됩니다. 세상과 분리가 되면 에너지가 흐르지 않게 되어 스트레스와 우울증이 생기게 됩니다. 이것이 심각해지면 자살로 이어질 수도 있습니다. 그래서 아이가 어떤 일이 있어도 마음의 문을 열고 세상과 연결을 하도록 가르쳐야 합니다.

🙂 제 10원리 생각이 현실을 창조한다 – 양자 물리학

지금 생각해보면 나는 성장하는 과정에서 부정적인 생각을 많이 했습니다. '왜 우리집은 이렇게 가난할까?', '나는 왜 되는 일이 없지?', '나는 무엇을 해야 하지?' 이렇게 생각하며 조상 탓, 부모 탓, 남 탓, 세상 탓을 하였습니다. 하지만 이렇게 생각한다고 해서 나아질 것은 없었습니다. 내가 할 수 있는 것을 찾아야 했습니다. 그래서 결국 공부 외에는 내가 할 수 있는 것이 없다는 생각을 하게 되었습니다. 그래서 절실한 마음으로 공부를 하게 되었습니다. 마음공부를 하기 전에는 '생각이 현실을 창조한다.'는 사실을 몰랐습니다. 그런데 지금까지 살아온 과정을 생각해 보니 내가 어떤 생각을 하느냐에 따라 인생이 달라졌습니다. 지금 마음공부를 하고 보니 마음의 원리가 작용하고 있었습니다. '정신을 똑바로 차려라.', '정신 상태가 중요하다.' '호랑이한테 물려가도 정신을 차리면 산다.'라고 어른들은 항상 말씀 하셨습니다. 이렇게 생각은 강한 에너지를 가지고 있습니다. 생각이 가지고 있는 강한 에너지로 현실을 만드는 것입니다. 그래서 자신이 원하는 것을 위해서 생각을 집중해야 합니다. 렌즈로 햇빛을 모아야 종이를 태우는 것처럼 나의 에너지를 하나에 집중해야 자신이 원하는 현실이 만들어집니다. 이것이 마음의 원리입니다. 그러면 양자 물리학을 통하여 마음의 원리에 대하여 알아보겠습니다.

1944년 양자 물리학의 아버지라고 불리는 독일의 막스 플랑크Max Karl Ernst Ludwig Planck는 "우주 만물은 에너지를 통해 모든 것이 연결되어 있다."라고 말하였습니다. 마음의 관점에서 우주 만물이 서로 연결되어 있다는 것을 과학적으로 설명한 것입니다. 양자 물리학의 핵심은 '이중 슬릿Double Slit 실험'입니다. 1927년 닐스보어Niels Bohr는 '코펜하겐 해석Copenhagen Interpretation'에서 양자는 사람이 관찰을 하기 전까지는 확률로 존재하지만, 관찰자가 관찰을 하는 순간 입자 혹은 파동으로 상태가 정해진다고 하였습니다.

그러면 이중 슬릿 실험에 대하여 알아보겠습니다. 먼저 이중 슬릿 실험을 하기 위해서 물체를 발사하는 기계가 있고, 반대편의 스크린까

지 가는 중간에 두 개의 슬
릿이 뚫려 있는 장치가 있습
니다. 이 때 만약에 작은 공
을 발사하면 막혀있는 부분
에 공이 튕겨 나가게 되고
결국 슬릿이 뚫려 있는 부분

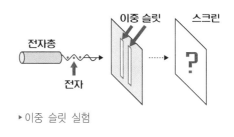
▸이중 슬릿 실험

에만 두 줄의 무늬가 반대편 스크린에 나타납니다. 여기에서 슬릿이란
두 장의 날을 나란히 마주 보게 하여 만든 좁은 틈을 말합니다.

이러한 이중 슬릿에 이번
에는 전자를 통과시킵니다.
전자도 물질이므로 작은 공
과 같이 두 줄로 스크린에
나타나야 합니다. 그런데 전
자를 통과시켰더니 파동과 같
이 간섭무늬가 나타났습니다.
간섭 무늬는 두 갈래의 파장
이 만났을 때 일으키는 상쇄

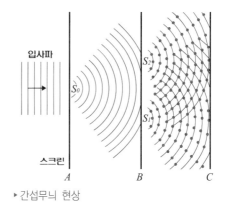
▸간섭무늬 현상

나 보강에 의해 형성되는 무늬를 말합니다. 두 줄의 무늬가 아니라 여
러 줄의 무늬가 스크린에 나타났습니다. 이것은 전자가 파동이라는 것
을 증명하는 것입니다. 그런데 이중 슬릿에 전자를 통과시키고, 이번에
는 사람이 관찰을 하였습니다. 그러자 반대편 스크린에 두 줄만 나타
났습니다. 사람이 관찰을 하자 간섭무늬가 나타나지 않았습니다. 즉 이
중 슬릿에 전자를 통과시키고 사람이 관찰을 하지 않으면 파동이 되
고, 사람이 관찰을 하면 입자가 되었습니다.

이때 파동은 에너지를 말하고, 입자는 물질을 말합니다. 파동에서 입자로 변한다는 것은 에너지 상태에서 물질로 되었다는 것을 말합니다. 이중 슬릿 실험에서 관찰을 하자 파동이 입자로 변하였습니다. 관찰한다는 것은 의식을 하고 집중을 한다는 것입니다. 그것은 자신이 원하는 것에 의식을 하고 집중을 했을 때 원하는 것이 현실로 만들어진다는 것입니다. 이것을 통해서 우리가 알 수 있는 것은 양자들은 인간의 생각에 반응해서 물리적인 실제를 만든다는 것입니다. 양자는 물질의 최소 단위를 말합니다. 예를 들어 나무를 조각으로 만들고 계속해서 쪼개면 더 이상 눈으로 볼 수 없게 됩니다. 이렇게 계속해서 쪼개다 보면 물질을 구성하는 분자가 됩니다. 분자를 쪼개면 원자가 되고, 원자를 쪼개면 소립자가 됩니다. 이러한 이중슬릿의 실험은 '생각이 현실을 창조한다.'는 마음의 원리를 증명하는 실험입니다.

'생각이 현실을 창조한다.'는 것은 마음공부의 핵심입니다. 마음공부를 통해서 우리가 원하는 것을 현실로 만들기 위한 에너지는 생각이라는 것입니다. 생각을 하지 않으면 우리가 원하는 현실을 창조할 수 없습니다. 어떤 현실을 만들것인가는 어떤 생각을 하느냐에 달려 있습니다. 위대한 일을 한 사람들은 위대한 생각을 한 사람들입니다.

그러면 창조는 어떠한 과정으로 이루어지는 것일까요? 창조를 하는 과정을 몇 단계로 구분하여 말할 수 있습니다. **먼저 원하는 것을 이미지로 생각합니다.** 가장 중요한 것은 자신이 원하는 것을 분명하게 갖는 것입니다. **둘째 구체적인 내용을 글로 쓰는 것입니다.** 자신이 원하는 것을 자세하게 글로 표현을 합니다. **셋째 생생하게 상상하는 것입니다.** 상상하기 과정을 통하여 마치 자신이 원하는 것이 현실로 이루어진 것으로 머릿속으로 떠올립니다. **넷째 실제처럼 느끼는 것입니다.**

자신이 원하는 것이 실제로 이루어졌다고 느끼는 것입니다. **다섯째는 행동으로 실천하는 것입니다.** 자신이 원하는 것이 이루어졌다고 행동으로 표현하는 것입니다.

양자 물리학에 대한 이론은 닐스 보어의 코펜하겐 해석으로 양자 도약, 양자 얽힘, 동시성의 원리, 불확정성의 원리, 상보성의 원리 등이 있습니다.

제 11원리 인생에도 양자 도약 현상이 일어난다
— 양자도약

개인적으로 영어에 관심이 많아서 영어 공부를 하기 위해서 학원을 다니고 영어 테이프를 들으면서 열심히 공부를 하였습니다. 하지만 영어 실력이 늘지는 않았습니다. 그런데 어떤 계기가 있어서 학원을 끊고, 영어 원서로 된 소설책을 구입해서 읽기 시작했습니다. 처음에는 영어책을 10% 정도 이해를 했지만, 같은 책을 반복하여 읽자 점점 이해할 수 있었습니다. 그런데 어느 순간 영어 실력이 '확' 늘었다는 느낌을 가지게 되었습니다. 그래서 영어에 대한 자신감을 갖게 되었습니다. 주변에서 영어를 잘한다는 말을 들은 것도 그때부터입니다. 왜냐하면 원어민과 대화를 할 때 말의 속도가 빠르고, 영어로 문장을 구성하는 데 자신감이 생겼기 때문입니다.

또 다른 경험은 클래식 음악을 듣는 것이었습니다. 처음에는 클래식 음악을 듣는 것이 거부감이 들어 5분 이상 듣지 못했습니다. 그런데 내가 클래식 음악을 들어야겠다는 생각을 하고 의도적으로 계속해서 들었습니다. 하루 종일 클래식이 나오는 라디오를 틀어놓고 계속해서 음악을 들었습니다. 클래식 음악이 심리적으로 거부감이 생겨 불편하고 지루하고 싫증이 났습니다. 그런데 어느 순간 갑자기 클래식 음악이 편안하게 느껴졌습니다. 어느 한계점을 지나니 모든 것이 순간 도약한다는 느낌을 갖게 되었습니다. 이것을 양자 도약이라고 합니다. 그러면 양자 도약에 대하여 좀 더 자세히 알아보겠습니다.

양자 도약Quantum Leap은 전자가 원자 내부에서 불연속적으로 궤도를 '도약'하는 현상을 말합니다. 즉 전자의 이동이 연속상으로 되는 것이 아니라 불연속적으로 순식간에 생기고 사라지는 것을 말합니다. 한 마디로 **전자가 있던 자리에서 사라져 다른 자리에서 나타나는 현상입니다. 전자가 한 궤도에서 사라졌다가 다른 궤도에서 나타나는 것입니다.** 이 때 전자는 바깥 궤도에서 안쪽 궤도로 이동할 때는 빛을 방출하고 안쪽 궤도에서 바깥 궤도로 이동할 때는 빛을 흡수합니다.

예를 들면 물이 끓는 것을 들 수 있습니다. 100도가 되면 물이라는 액체가 수증기라는 기체로 순간적으로 변하게 됩니다. 계절의 변화도 마찬가지다. 겨울이었는데, 순간적으로 따뜻한 봄이 되고 어느 순간 무더운 여름이 되는 것입니다. 양자 도약이라는 것은

▶ 양자 도약

순간적으로 변하는 것을 말합니다. 하지만 양자 도약이 일어나기 위해서는 먼저 뜨거워져야 합니다. 그것은 양자 도약이 일어나기 위해서 그 전에 지속적인 과정이 있었다는 것을 말합니다. 100도에서 물이 끓기

위해서는 그 전에 계속해서 뜨거워지는 과정을 거쳐서 100도가 되면 순간적으로 물이 끓기 시작합니다. 예를 들어 운동 선수가 올림픽 대회에서 금메달을 따기까지는 피나는 노력이 있어야 한다는 것입니다.

아이들도 공부를 하는 데 성장하고 변화하는 것을 느끼기 어렵습니다. 그래서 공부가 재미가 없고 지속적으로 하기 어렵습니다. 이렇게 생각하는 학생들에게 양자 도약의 원리를 설명해 주는 것이 효과적입니다. 특히 물이 끓는 원리를 설명하는 것이 좋습니다. 그리고 공부에도 양자 도약의 원리가 있다는 것을 알려줍니다. 공부를 잘하는 아이들은 공통점으로 양자 도약의 경험을 가지고 있습니다. 어느 순간에 성적이 향상되는 것을 경험하였습니다. 그래서 그러한 경험을 놓치지 않기 위해서 계속해서 열심히 공부를 하게 됩니다. 공부를 잘하지 못하는 아이들은 이런 양자 도약의 경험이 없기 때문에 공부에 재미를 느낄 수 없게 됩니다.

따라서 이러한 아이들에게 양자 도약의 경험을 하게 하는 것입니다. 그러면 어떻게 아이들에게 양자 도약의 경험을 줄 수 있을까요? 아이가 자신이 좋은 하는 것을 선택하게 합니다. 운동, 독서, 만들기, 그리기 중에서 자신이 하고 싶은 것을 선택하게 합니다. 그래서 꾸준하게 해서 아이가 양자 도약의 경험을 하게 합니다. 이렇게 한 가지 분야에서 양자 도약의 경험을 하게 되면 자연스럽게 공부를 하면서 같은 경험을 하고 싶어합니다. 왜냐하면 아이들은 무엇보다 부모님이나 선생님들로부터 인정 받기를 원하니까요.

제 12원리 우주는 양자 얽힘으로 연결되어 있다
– 양자 얽힘

　인생을 새옹지마라고 합니다. 이 말은 희노애락이 있다는 것입니다. 오르막길이 있으면 내리막길이 있고, 좋은 일이 있으면 안 좋은 일이 생기기도 합니다. 복이 변하여 화가 되기도 하고, 화가 변하여 복이 되기도 합니다. 기쁜 일이 있다고 너무 기뻐하지 말고, 슬픈 일이 있다고 너무 슬퍼하지 말아야 합니다. 인생이 겨울이라고 생각하면 어느 순간에 봄이 옵니다. 길게 보면 이 또한 지나가는 하나의 과정입니다. 좋은 일도 나쁜 일도 모두 지나갑니다. 그래서 좋은 일이라고 해서 너무 좋아할 필요도 없고, 슬픈 일이라고 해서 너무 슬퍼할 일도 아닙니다. 이것이 양자 얽힘이 주는 인생의 지혜입니다. 그러면 양자 얽힘에 대하여 알아보겠습니다.

　양자 얽힘 Quantum Entanglement**이란 두 입자가 양자 상태에서 서로 정보를 주고받는 일이 일어나는 것을 말합니다.** 입자는 측정하기 전까지는 두 입자의 상태를 알 수 없습니다. 하지만 측정을 하면, 그 순간 한 계의 상태가 결정되어 그 즉시 그 계와 얽혀 있는 다른 계의 상태까지 결정하게 됩니다. 마치 이것은 정보가 순식간에 한 계에서 다른 계로 이동한 것처럼 보입니다. 놀라운 것은 두 입자 사이의 '거리'는 정보 전달에 아무런 영향을 끼치지 않는다는 것입니다. 마치 은하계 너비만큼 기다린 끈이 두 입자 사이에 이어져 있는 것처럼 생각됩니다. 예를 들면 A와 B는 수천 km 떨어져 있다고 가정해 보겠습니다. A에서 1이라는 정보를 입력하면, B에서는 0이 결정됩니다. A에서 0으로 정보를 입력하면, B에서는 1이 결정됩니다.

양자 얽힘으로 알 수 있는 것은 우주는 하나이고, 서로 연결되어 있다는 것입니다. 입자가 분리되어 보이나 서로 연결되어 언제든지 영향을 미칠 수 있다는 것입니다. 우주는 수 많은 원자들로 구성되어 있습니다.

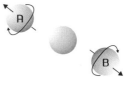

▶ 양자 얽힘

원자는 원자핵과 전자들로 구성되어 있으나 대부분 우주 공간처럼 비어 있습니다. 하지만 비어있는 공간에는 양자가 존재합니다. 그리고 이 양자들은 서로 얽혀 있어서 의도를 가지고 영향을 미치게 됩니다. 이 것은 우주 만물이 서로 연결되어 있고, 양자들에 의해 서로 영향을 미칠 수 있다는 것을 증명하는 것입니다. 예를 들어 자석을 생각해 보겠습니다. 자석은 N극과 S극이 있습니다. 그런데 자석을 자르면 다시 N극과 S극이 생깁니다. 이것은 N극이 있으면, 반드시 S극이 생긴다는 것입니다. 그리고 항상 플러스와 마이너스가 함께 존재한다는 것입니다. 플러스가 있으면 마이너스가 있고, 마이너스가 있으면 플러스가 항상 있다는 것입니다. 이것은 음양의 원리를 말합니다. 태극 무늬를 보면 음과 양이 함께 섞여 있습니다. 동양의 음양 사상은 음과 양이 함께 있어야 완전한 전체가 됩니다. 음이 있으면 반드시 양이 있고, 양이 있으면 반드시 음이 있다는 것입니다.

아이들에게 양자 얽힘을 어떻게 가르쳐야 할까요? 어떤 상황에서도 나의 행동은 다른 사람에게 영향을 준다는 것을 알려줍니다. 나의 생각이나 말과 행동은 다른 사람에게 직접적인 영향을 준다는 것입니다. 그래서 생각이나 말과 행동을 늘 조심해야 한다는 것입니다. 심지어는 나의 감정이나 느낌도 그대로 다른 사람에게 영향을 줍니다. 그리고 지금 나와 가까이 있는 사람들뿐만 아니라 내가 모르는 멀리 떨어진 사람들에게까지 직접적인 영향을 준다는 것입니다. 이뿐만이 아닙니다. 나의 생각이나 말과 행동은 사람뿐만 아니라 자연과 우주의 만물에 영향을 준다는 것입니다. 왜냐하면 나 자신은 우주의 만물과 서로 연결되어 있기 때문입니다. 아이들이 이러한 사실을 알게 되면 어떤 생각을 하고 어떻게 행동을 하게 될까요? 지금 이해하는 것이 쉽지는 않겠지만, 언젠가는 성장하는 과정에서 이러한 양자 얽힘의 원리를 떠올리며 지혜롭게 살아갈 것입니다.

또한 음양의 원리를 가르치는 것입니다. 좋은 일이 있으면 슬픈 일이 있는 것이 자연스러운 일이라는 것을 알려주는 것입니다. 그래서 좋은 일이 있다고 너무 자만하지 않고, 슬픈 일이 있다고 해서 너무 실망하지 않아야 한다는 것을 가르쳐 주는 것입니다. 왜냐하면 원래 세상은 음과 양이 함께 존재하기 때문입니다. 음과 양이 함께 있어야 전체를 이루기 때문입니다.

제 13원리 세상은 상보성의 원리에 의해 움직인다
- 상보성의 원리

어릴 때 옆집에 할머니가 살고 계셨습니다. 그 할머니는 힘도 무척 세시고 건강하신 분이었습니다. 어느 날 겨울이었습니다. 그 할머니가 산에 가서 큰 나무 밑을 파는 것이었습니다. 그래서 호기심을 가지고 지켜보았습니다. 그런데 땅을 한참 파 들어가자, 뱀들이 보이기 시작했습니다. 엄청 많은 뱀들이 서로 엉켜서 겨울잠을 자고 있었습니다. 그 할머니는 뱀을 잡아서 술에 담갔습니다. 지금 생각해 보면 뱀술은 최고의 보약이었습니다. 보약을 먹는 이유는 떨어진 기력을 보충하기 위해서입니다. 상보성의 원리에 의하면, 하나는 다른 하나를 보완하는 역할을 한다는 것입니다.

또한 최소율의 법칙이라는 것이 있습니다. 리비히Liebig의 최소율의 법칙The Law of Minimum에 따르면, 식물의 성장을 좌우하는 것은 가장 부족한 요인 때문입니다. 식물이 자라는데 필요한 여러 가지 영양분에서 다른 것이 아무리 많아도 한 가지가 부족하면 그것 때문에 식물은 자라지 못합니다. 그래서 식물을 잘 자라게 하기 위해서는 부족한 영양분을 반드시 보충해 주어야 합니다. 그래야 식물이 잘 자랄 수 있습니다. 이처럼 세상이 서로 보완하여 이루어진다는 상보성의 원리에 대하여 알아보겠습니다.

상보성이란 미시적 세계의 현상을 설명하는 데 있어서 파동과 입자가 같이 서로 반대되는 개념의 짝을 함께 사용한다는 원리를 말합니다. 양자는 파동과 입자와 같이 두 개의 물리량이 상호 보완하여 하나의 사물이나 세계를 형성한다는 것입니다. 원래 우주가 서로 대립하면서 보완하는 불가분의 구성요소에 의해서 이루어진다는 것입니다.

물리학자 닐스 보어는 **"입자와 파동 현상들이 너무나 대조적으로 보이지만 원자 세계를 일상적 언어로 애매 모호함이 없이 정확하게 파악하려면 둘 다 모두 상보적으로 사용할 수밖에 없음을 인식해야 한다."** 고 말했습니다. 닐스 보어는 입자와 파동이라는 두 개념이 서로 상반되지만, 이 둘을 다 써야만 원자 세계의 진실을 정확하게 파악할 수 있다고 생각하였습니다. 즉 입자성과 파동성은 상호배타적이 아니라 오히려 상호 보완적이란 것입니다.

물리학자 닐스 보어의 상보성의 원리Complementarity Principle에 대해 영국의 물리학자 디랙Paul Adrien Maurice Dirac은 "물리학자의 세계관에 대한 사상 최대의 변화를 몰고 왔다."라고 평가했으며, 오펜하이머Oppenheimer는 "인류의 사상에 있어서 새로운 시대의 시작"이라고 평가하였습니다. 예를 들어 인간의 몸 신경계는 교감신경과 부교감 신경이 상호대립적으로 작용합니

▸상보성의 원리

다. 둘이 다 있어야만 완전해지는 상보적인 관계에 있습니다. 그리고 동물들은 눈과 귀를 상보적으로 작용을 합니다. 빛에 의존하는 눈은 사물을 주로 입자적 형태로 파악하고, 귀가 의존하는 소리는 파동의 형태로 정보를 전달해줍니다. 그래서 눈과 귀는 물리학의 입자와 파동을 이용하고 있습니다. 사실 상보성의 원리는 음양 사상의 물리학적 적용이라고 할 수 있습니다. 음양 사상은 상보성 원리를 일반화하여 모든 자연 현상에 적용한 것입니다. 음과 양은 분리될 수 없습니다. 손바닥과 손등을 분리될 수 없고, 동전 앞면과 뒷면을 분리할 수 없는 것과 같습니다.

순환 관계에서도 상보성의 원리가 적용됩니다. 물의 순환을 예로 들어보겠습니다. 물은 뜨거운 햇빛을 받으면 가벼워져서 수증기로 하늘로 올라갑니다. 하늘로 올라간 수증기는 차가운 공기를 만나 무거워져서 비나 눈으로 결국 땅으로 내려옵니다. 그래서 물은 땅에 스며들고 바다로 들어갑니다. 바다로 들어간 물은 다시 햇빛을 받아 수증기로 증발하여 하늘로 올라갑니다. 이렇게 서로 보완하고 순환하는 것입니다. 동물과 식물의 관계도 마찬가지입니다. 동물이 식물을 먹지만 동물이 죽으면 결국 식물의 영양분이 됩니다.

상보성의 원리로 보면 우리는 몸과 마음으로 구성되어 있습니다. 몸과 마음이 함께 해야 건강하게 살아갑니다. 몸과 마음에서 부족한 것이 있으면 건강하지 못하게 살아갑니다. 그런데 둘은 서로 보완하는 역할을 합니다. 몸은 마음을 보완하고, 마음은 몸을 보완합니다. 행복하게 살아가기 위해서는 몸과 마음을 항상 함께 생각하고, 자신이 부족한 것이 무엇인지 깨닫고 보완하도록 해야 합니다. 몸이 아프면 병원에 가서 치료를 하고, 마음이 아프면 마음을 치유하는 것입니다. 그런데 사람들이 몸이 아프면 병원에서 치료를 받습니다. 하지만 마음이 상처를 받으면 마음 치유를 받아야 한다는 생각을 하지 못합니다. 그래서 마음의 상처가 깊어지고 그래서 몸의 병도 생기게 됩니다. 마음이 아프면 마음을 치유해야 합니다. 그것이 마음공부입니다.

그렇다면 우리가 아이들에게 상보성의 원리를 어떻게 가르칠 수 있을까요? 먼저 아이들이 전체적인 사고를 하도록 하는 것입니다. 어떤 한 부분으로 문제 상황을 이해하기 어렵습니다. 항상 전체를 두 부분으로 보았을 때, 두 부분을 동시에 생각하게 하는 것입니다. 친구 관계에서도 내성적인 사람은 외향적인 사람을 좋아합니다. 반대로 외향적인 사람은 내성적인 사람을 좋아합니다. 왜냐하면 자신이 가지지 못한 성향을 상대방이 가지고 있어서 호감을 갖게 되기 때문입니다. 에너지의 관점에서 나보다 에너지가 약한 사람에게 도움을 주고, 나보다 에너지가 강한 사람으로부터 배우면서 성장하는 것입니다.

제 14원리 모든 일은 불확정성의 원리가 작용한다
– 불확정성의 원리

우리는 살아가면서 하루에도 오만가지 생각을 하면서 살아갑니다. 오만가지란 말은 그만큼 많은 생각을 한다는 것입니다. 생각을 할 때 내가 원하는 것을 생각하는 것이 아닙니다. 그냥 떠오르는 생각들입니다. 그리고 어떤 생각이 떠오를지 예측할 수 없습니다. 그리고 떠오른 생각들은 어떤 논리적인 순서가 있는 것도 아닙니다. 꿈은 어떠한가요. 꿈은 더 불확실합니다. 어떤 상황이나 이야기가 엉뚱하게 연결이 되고 논리적으로 맞지 않습니다. 어떤 꿈을 꾸게 될지 예측은 전혀 불가능합니다. 이렇게 우리가 사는 세상에서 일어나는 모든 일들은 예측하지 못한 상황에서 일어납니다. 그래서 사람들은 힘들어하고 고통스러워합니다. 그러면 이러한 양자 물리학의 이론인 불확정성의 원리가 무엇인지 알아보겠습니다.

양자 물리학 실험을 하게 되면 관찰하는 순간 위치값이 변화되어 예측이 불가능합니다. 즉 측정하는 행위가 측정 대상에 영향을 주기 때문에 위치나 운동량 같은 기본 물리량을 아는 것이 원칙적으로 불가능하게 됩니다. 고전 역학은 결정론으로 미래가 결정되어 있기 때문에 예측이 가능합니다. 하지만 양자 물리학은 비결정론으로 미래를 결정할 수 없기 때문에 예측 자체가 불가능합니다. 우리가 일상생활에서 물체의 운동량을 알고자 할 때 물체의 현재 위치와 그 위치에서의 속도를 알면 시간이 조금 지난 후에 물체의 위치를 계산할 수 있습니다. 즉 모든 위치에서 물체의 위치와 그 위치에서의 속도를 알면 우리는 그 물체의 운동을 정확히 알 수 있고, 일정한 시간에 물체가 어디에 있을지 정확히 예측할 수 있습니다.

하지만 미시 세계에서는 이러한 일이
불가능합니다. 즉 물체 또는 입자의 위
치와 속도를 동시에 정확히 측정할 수
없습니다. 파장이 짧을수록 빛과 충돌한
입자의 속도는 많이 바뀌게 됩니다. 즉
물체의 위치를 정확히 재려면 그만큼 물
체의 속도에 불확실성이 개입됩니다. 그
래서 **결국 물체의 위치와 속도를 동시에**

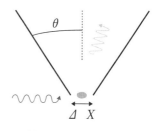

▸불확정성의 원리
(빛(분홍색 선)이 전자(회색 점)와
충돌하여 전자가 원래의 위치에
서 약간(△X) 움직이게 된다.)

정확히 재는 데는 한계가 있을 수 밖에 없습니다. 이것을 하이젠베르크
Werner Karl Heisenberg**의 '불확정성 원리**Uncertainty Principle**'라고 부릅니다.**

하지만 양자의 속성인 불확정성의 원리를 이해하면 세상이 원래 그
렇다는 것을 이해할 수 있습니다. 원래 세상은 불확실한 것입니다. 확
실하고 예측 가능한 것은 거의 없습니다. 그래서 만일 예상하지 못한
일이 일어나면 당연하게 받아들이고 대처를 하는 것입니다. 날씨를 예
로 들어 보겠습니다. 비가 온다고, 눈이 온다고 불평한 사람은 없습니
다. 자연스럽게 받아들이고 대처를 합니다. 세상의 일도 마찬가지입니
다. 우리가 살아가면서 수많은 문제가 생깁니다. 이러한 문제를 당연하
게 받아들이고 대처를 합니다. 그러면 문제 때문에 스트레스를 적게
받습니다. 실제로 대부분의 문제는 우리가 해결할 수 있는 문제들입니
다. 우리가 해결할 수 없는 문제는 내 능력을 벗어나는 것으로 생각합
니다. 내가 할 수 있는 것은 하고, 내가 할 수 없는 것은 그냥 받아들
입니다. 이런 자세로 살아가는 사람은 행복하게 살아갈 수 있습니다.

그러면 아이에게 불확정성의 원리를 어떻게 가르칠 수 있을까요? 세상의 모든 일이 자신이 생각하는 대로 되지 않는다는 것을 받아들이도록 하는 것입니다. 그리고 성장하면서 만나는 여러 가지 문제를 당연하게 받아들이도록 하는 것입니다. 하지만 중요한 점은 이러한 것으로 인하여 인생을 끌려다니며 살지 않도록 해야 한다는 것입니다. 우리에게는 자유 의지가 있습니다. 인생을 주인으로서 살아야 한다는 것입니다. 여러 가지 상황에서 문제에 끌려 살아가게 되면 불행하게 살아갑니다. 이런 사람은 항상 피해 의식을 가지고, 세상에 불평불만을 하게 됩니다. 하지만 주인 의식을 가지고 살아가는 사람은 문제 상황에서 자신이 판단을 하고 책임을 지는 태도를 갖습니다. 그리고 당당하게 문제를 해결하면서 살아가게 됩니다. 우리가 아이들이 살아갈 미래 사회는 갈수록 불확정성이 높아질 것으로 생각됩니다. 이런 사회에서 살아가기 위해서는 삶의 주인으로 살아가는 것이 중요합니다. 양자 물리학의 불확정성의 원리를 통하여 예측이 불가능한 사회에서 어떻게 살아갈 것인가에 대한 시사점을 얻을 수 있습니다.

 ## 제 15원리 내면의 에너지와 우주의 에너지를 연결하라 — 동시성의 원리

개인적으로 가끔씩 이상한 경험을 합니다. 어떤 순간에 현재 일어나고 있는 상황과 느낌이 이전에 있던 것과 정확하게 같다는 것을 느낍니다. 그래서 앞으로 어떤 일이 일어날 것이라는 것을 미리 알 수 있습니다. 그리고 내가 어떤 생각을 하고 있는데, 상대방이 그 말을 합니다. 그러면 속으로 깜짝 놀라곤 합니다. 또 내가 어떤 말을 하면, 상대방이 그 말을 해야겠다고 생각을 했다고 합니다. 그리고 우리가 누군가에 대해서 말을 하고 있는데, 그 사람이 나타나는 것은 흔히 일어나는 일입니다. 그때 우리는 "양반은 못 된다."라고 말을 하고, "호랑이도 제 말하면 온다."라고 합니다. 이것을 동시성의 원리라고 합니다.

1950년 일본 미야자키현 동해안의 고지마라는 무인도에서 일어난 일입니다. 그 곳에 천연기념물로 지정된 원숭이가 서식하고 있었습니다. 원숭이의 먹이는 진흙투성이의 고구마였습니

▶ 백마리째 원숭이 현상

다. 어느 날 한 마리의 젊은 암컷 원숭이가 강물에 고구마를 씻어 먹기 시작했습니다. 그러자 다른 젊은 원숭이들이 흉내내기 시작해서 무리의 반 이상이 고구마를 물로 씻어 먹었습니다. 신기한 일은 그 다음에 일어났습니다. 고구마를 씻어 먹기 시작한 원숭이가 어느 정도까지 늘어나자 고지마섬 이외 지역에 사는 원숭이들도 똑같은 행위가 동시다발적으로 나타났습니다. 물론 원숭이들은 서로 접촉이 없었고, 의사소통을 할 수 없어서 모방을 할 수 없는 상황이었습니다. 미국의 과학자 라이얼 왓슨Lyall Watson은 이것을 '백마리째 원숭이 현상The Hundredth Monkey'고 하였습니다. 어떤 행위를 하는 개체의 수가 일정량에 달하면, 그 행동은 그 집단에만 국한되지 않고 거리나 공간을 넘어 확산되어 간다는 것입니다. 이것이 동시성의 원리The Theory of Simultaneity를 잘 설명해 주고 있습니다.[3]

내가 생각했던 사람이 내 앞에 나타나고 내가 무언가 생각했던 일들이 내 눈 앞에서 실현된다면 어떨까요? 이것을 '동시성'이라고 합니다. 이와 같이 **동시성은 우연의 일치**Accidental Coincidence**를 가장한 기적입**

니다. **의식의 끌어당김이라고 할 수 있습니다.** 양자 물리학의 **동시성의 원리란 서로 연관이 없어서 보이는 사건이나 사물이 시간적, 공간적 또는 개념적으로 일치된 형태를 보이는 것을 말합니다. 다른 말로는 '비인과적인 연관, 의미깊은 우연의 일치'라고 말합니다.**

뉴턴의 고전 물리학은 철저하게 인과적인 연관을 가지고 있습니다. 원인이 있어야 결과가 있고, 모든 물리 현상은 수학 공식에 의해서 정확하게 설명할 수 있습니다. 하지만 양자 물리학은 인과적인 연관을 가지고 있지 않습니다. 서로 관련이 없는 것들이 영향을 주고받아서 우연한 결과를 가져옵니다. 그래서 동시성의 원리를 '우연의 일치'라고 합니다. 융은 이러한 의미 있는 우연의 일치가 사람들이 심리적으로나 현실적으로 어떤 변화가 생길 때 일어난다고 하였습니다. 오랜 친구의 만남, 주위 사람의 죽음 등 일상 생활에서 일어나는 급격한 변화가 개인의 의식과 무의식이 관련된 것으로 보았습니다.

우리가 인생을 지혜롭게 살아가기 위해서 동시성의 원리를 아이에게 어떻게 가르칠 수 있을까요? 동시성의 원리는 결국 무의식의 힘을 말해주고 있습니다. 자신은 모르지만 무의식의 에너지가 우주와 연결이 된 것입니다. 내가 하는 생각이나 말과 행동이 우주로 보내집니다. 그러면 우주는 다시 그것을 우리에게 보내줍니다. 이것은 나의 생각과 행동이 내가 모르는 사람들에게도 영향을 준다는 것입니다. 한 사람이 깨달음을 얻게 되면 그 사람은 이 세상의 많은 사람들에게 영향을 주게 됩니다. 예수님이나 부처님이 그런 분들입니다. 그런데 우리는 이러한 동시성의 원리를 깨닫지 못하는 경우가 많습니다. 그 이유는 우리의 의식과 무의식이 일치하지 않고, 우리 내면의 에너지와 우주의 에너지가 서로 연결되지 않기 때문입니다. 그러나 우리의 무의식과 우주의 무한한 에너지가 연결이 되면 창조성을 발휘하게 됩니다. 그래서 동시성의 원리에 의해 내면의 에너지와 우주의 물리적 에너지가 서로 연결하도록 합니다. 이렇게 마음과 물질의 근원이 서로 연결이 되면 창조성을 발휘하게 되어 우리가 원하는 현실을 창조하게 됩니다. 이것이 사람들은 모르고 있지만 지금까지 성공한 사람들의 비결입니다.

제 16원리 생각을 바꾸면 세상이 달라진다 — 관찰자 효과

만일 어떤 사람이 누군가를 좋아하게 되면 그 사람의 얼굴에서 빛이 보인다고 합니다. 그리고 **"내 눈에는 너만 보여."**라고 말합니다. 학부모가 학교에서 찍은 사진을 보면 다른 아이는 보이지 않고 자신의 아이만 보입니다. 또 내가 신발을 사야겠다고 생각을 하면 거리에 온통 신발 가게만 보입니다. 그리고 내가 어떤 필요한 것이 있다고 생각하면 거리의 간판 글씨도 그것으로 착시 현상을 일으키게 됩니다. 이처럼 내가 어떤 생각을 가지고 세상을 보느냐에 따라 그 전에는 보이지 않던 것들이 신기하게 어느 순간에 보이게 됩니다. 이것은 나의 에너지가 그 물건에 전달이 된 것입니다. 쇼핑을 할 때, 어떤 옷이 눈에 들어오면 그 옷을 사게 됩니다. 나의 에너지가 그 옷에 전달이 되어 다른 옷들은 눈에 들어오지 않게 되기 때문입니다. 또 내가 사물을 보는 것은 사물의 본질을 보지 못하고 현상만을 보게 됩니다. 내가 사물을 볼 때 색안경을 끼고 보기 때문입니다. 그래서 내가 원하는 것만을 보게 됩니다. 어떤 일이 일어났을 때 거기에 있던 사람들에게 물어보면 각자 자신이 본 것을 다르게 이야기합니다. 이것은 자신만의 생각으로 각자 보고 싶은 것만을 보았기 때문입니다. 이것을 관찰자 효과라고 합니다. 이러한 관찰자 효과에 대하여 알아보겠습니다.

관찰자 효과 Observer Effect**란 양자적으로 중첩되어 있는 상태가 관측했을 때 비로소 하나의 상태로 결정되는 현상을 말합니다.** 양자 물리학의 이중 슬릿 실험은 관측 행위가 관측 대상에 영향을 준다는 것입니다. **관측 카메라로 관측을 하면 전자가 입자로 되고 관측을 하지 않으면 파동으로 됩니다. 이것이 만물을 창조하는 우주의 가장 핵심적인 원리입니다.** 모든 만물은 파동으로 이루어져

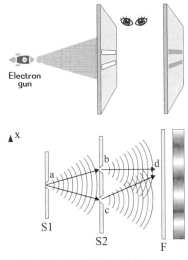

▶이중 슬릿 실험 관찰자 효과

있습니다. 이 파동은 에너지이며 정보를 가지고 있습니다. 이러한 파동을 입자로 만들기 위해서는 관측 행위가 있어야 합니다. 즉 사람이 의식을 집중하면 에너지 상태의 파동이 물질인 입자가 됩니다. 이것으로 알 수 있는 것은 우리가 물질을 만들기 위해서는 의식을 집중해야 한다는 것입니다.

그러면 관찰자 효과를 아이들에게 어떻게 가르칠 수 있을까요? 가장 중요한 것은 아이가 가지고 있는 생각입니다. **관찰자 효과란 어떤 생각으로 자신과 세상을 바라보느냐는 것입니다.** 대부분의 경우 아이들은 성장하는 과정에서 마음의 상처를 받게 됩니다. 그래서 자신도 모르는 사이에 무의식에서 부정적인 생각을 갖게 됩니다. 관찰자 효과의 핵심은 아이가 가지고 있는 이러한 부정적인 생각을 긍정적인 생각으로 바

꾸는 것입니다. 그렇다면 아이가 부정적인 생각을 없애기 위해서 어떻게 해야 할까요? 가장 효과적인 방법은 감사하기입니다. 매일 감사하기 일기를 쓰는 것입니다. 그러면 부정적인 생각이 사라지고, 긍정적인 생각을 갖게 됩니다. 또한 혼잣말을 하는 것입니다. 자신에게 부정적인 말이 아니라 긍정적인 말을 합니다. 그러면 부정적인 생각이 긍정적인 생각으로 바뀌게 됩니다. 아이가 무의식에 가지고 있는 부정적인 생각을 긍정적인 생각으로 바꾸는 것만으로도 많은 기적이 일어납니다. 먼저 자신에 대하여 긍정적으로 생각하게 됩니다. 그리고 다른 사람과 관계를 잘하게 됩니다. 또한 주인으로서 자신이 해야 할 일을 찾아 스스로 하게 됩니다. 그 결과 많은 성장과 변화가 일어나게 됩니다.

제 17원리 우리의 마음은 우주와 연결되어 있다
– 디바인 매트릭스 이론

옛날에는 겨울이 춥고 길었습니다. 그리고 겨울밤은 무척 길었습니다. 나는 어린 시절에 팥죽을 무척 좋아하였습니다. 팥죽을 저녁에 먹으면 떡처럼 붙어있지만, 차게 해서 먹으면 정말 맛있습니다. 어느 날, 이모와 누나랑 셋이서 겨울 밤에 팥죽을 먹으려고 앉았습니다. 그런데 갑자기 이모와 누나가 서로 웃기 시작했고, 그 웃음이 그치지 않았습니다. 그래서 나는 혼자서 맛있는 팥죽을 실컷 먹었습니다. 한참을 웃고 나서 내가 다 먹은 빈 그릇을 보고 이모와 누나는 계속해서 웃었습니다. 이와 같이 감정은 서로 연결이 되어 있어서 한 사람의 감정이 쉽고 빠르게 상대방에게 전달이 됩니다. 좋은 감정도 전달이 되고, 나쁜 감정도 전달이 됩니다. 그래서 나의 좋은 감정이 상대방에게 전달이 되도록 해야 하고, 나쁜 감정이 전달되지 않도록 해야 합니다. 그러면 이처럼 마음이 서로 연결되어 있다는 디바인 매트릭스 이론에 대하여 알아보겠습니다.

그렉 브레인드Gregg Braden는 그의 저서 『디바인 매트릭스The divine matrix』에서 마음이 작동하는 숨겨진 원리에 대하여 말하고 있습니다. 자신이 원하는 현실을 창조하려면 우주 만물을 연결하는 에너지와 소통하는 것

▶ 디바인 매트릭스

입니다. 우주의 힘을 자신의 내면의 힘과 연결하는 것입니다. **디바인 매트릭스는 우주 에너지 망으로 우주 만물이 탄생한 곳을 말합니다. 우주는 홀로그램이고 디바인 매트릭스라는 에너지 망을 통해 우주의 만물이 서로 연결되어 시공간을 뛰어넘는 것입니다.** 그래서 과거, 현재, 미래가 하나로 존재하며 한 순간에 동시에 존재합니다.

디바인 매트릭스는 세 가지 실험을 하여 마음의 원리를 과학적으로 증명을 하였습니다. 첫 번째 실험은 우리가 우주 만물에 어떤 영향을 주는지 알아보는 실험입니다. 실험 방법은 튜브 안을 진공으로 만듭니다. 그리고 진공 안에는 광양자가 있습니다. 여기에서 광양자는 빛을 입자로 보았을 때 가르키는 물질을 말합니다. 여기에 사람 DNA유전자의 본체 샘플을 넣습니다. 그러자 광양자들이 스스로 배열을 다르게 하였습니다. 보이지 않는 힘이 작용하여 일정한 패턴으로 배치가 된 것입니다. 이 실험으로 알 수 있는 것은 **사람 DNA가 광양자에게 영향을 주었다는 것입니다.** 즉 우리가 우주 만물에 영향을 주고 우주와 연결되

어 있다는 것이 실험을 통하여 증
명되었습니다.

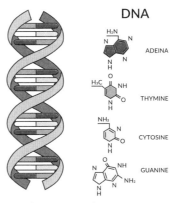

DNA(유전자의 본체)

두 번째 실험은 사람 DNA가 몸
에서 떨어져 나온 뒤에도 우리의
감정에 영향을 받는지 알아보는 실
험을 하였습니다. 실험 방법은 한쪽
방에는 사람이 혼자 있고, 그 사람
입안의 조직과 DNA를 채취하여 수
십미터 떨어진 다른 방에 두었습니다. 방 안에 있는 사람에게는 전쟁
영화, 코미디 영상을 보여주었습니다. 그래서 이 사람의 감정이 여러
가지로 변하였습니다. 그러자 이때 다른 방에 있던 DNA도 강한 반응
을 보였습니다. 이것은 공간이나 시간의 영향을 전혀 받지 않았습니다.
사람이 감정적인 경험을 하면 DNA는 여전히 몸 안에 있다는 듯이 즉
시 반응을 하였습니다. 이 실험으로 알 수 있는 것은 **우리의 감정이 우
리 몸의 DNA에 직접적인 영향을 준다는 것입니다.** 특히 우리의 감정
은 거리에 상관없이 우주 어디에나 직접적인 영향을 준다는 것입니다.
이것으로 우리가 감정을 통하여 우주와 연결되어 있다는 것이 증명되
었습니다.

세 번째 실험은 감정이 우리 몸에 영향을 주는지 알아보는 실험을
하였습니다. 실험 방법은 DNA를 유리에 넣고 일관된 감정이라고 알려
진 강력한 감정에 노출시켰습니다. 여기에서 일관된 감정이라는 것은
무조건적인 사랑, 감사, 자비로움을 말하는 것입니다. 특별히 명상에
숙련된 사람의 DNA를 유리 안에 넣고 관찰을 하였습니다. 의식을 심장
에 집중하여 긍정적인 감정에 몰입하도록 하였습니다. 그러자 놀랍게도

그 사람의 DNA가 변하는 것이었습니다. 또 반대로 사람의 DNA에 부정적인 감정에 노출을 시키자 역시 DNA가 변하였습니다. 이 실험으로 알 수 있는 것은 **감정이 DNA에 직접적인 영향을 준다는 것입니다.** 특히 긍정적인 감정은 우리의 몸에 긍정적인 영향을 주고, 부정적인 감정은 부정적인 영향을 준다는 것입니다. 그렉 브레이든은 "우주 만물을 서로 이어주는 에너지 장인 디바인 매트릭스가 존재한다. 이 디바인 매트릭스는 의식과 지성을 가지고 있는데, 우리 몸의 DNA를 통해 이곳에 접근할 수 있다. 바로 심장에서 느끼는 감정이다."라고 말했습니다. 우리가 감정을 통해서 우주 만물과 에너지로 연결되어 있다는 것입니다.[4]

이러한 디바인 매트릭스의 원리를 아이에게 어떻게 가르칠 수 있을까요? 이것은 **마음이 우주와 연결되어 있다는 것을 실험으로 증명한 것입니다.** 그래서 아이들에게 이러한 사실을 논리적으로 근거를 들어 설명할 수 있습니다. 아이들에게 우리의 마음이 우주와 연결되어 있다고 말을 하면 아마도 아이들은 "무슨 말도 안 되는 말을 하고 있어요." 라면서 강하게 부정하고 인정하지 않을 것입니다. 하지만 디바인 매트릭스의 실험을 통해서 우리는 마음의 원리에 대하여 과학적으로 설명을 할 수 있습니다.

양자 물리학의 연구를 통하여 마음의 원리를 과학적으로 설명을 하게 되었습니다. 그래서 마음의 원리에 대하여 더 체계적으로 이해하게 되었습니다. 가정에서 아이들에게 마음공부를 하거나 학교에서 학생들에게 마음공부를 할 때, 이러한 마음의 원리를 과학적으로 설명할 수 있다면 아이들은 호기심을 가지고 마음공부를 할 수 있게 됩니다. 자신이 우주와 에너지로 연결되어 있다는 사실을 알게 되면 아이들은 신기해 할 것입니다. 이렇게 하여 아이들은 자신이 무한한 능력을 가지고 있다는 생각을 갖게 됩니다. 그리고 자신이 원하는 것을 얼마든지 스스로 창조할 수 있다는 믿음을 갖게 됩니다. 아이들이 마음공부를 통하여 이러한 믿음을 갖게 되면 아이에게 기적이 일어납니다. 그래서 아이가 자신의 능력을 최대한 발휘하여 행복하고 성공적인 인생을 살아가게 됩니다. 이것이 우리가 아이들에게 마음공부를 가르쳐야 중요한 이유입니다.

유전공학자 무라카미 가즈오는 그의 책 「유전자 혁명」에서 유전자에 on과 off 기능이 있다고 하였다. 인간 유전자 수는 60개 조 정도이고, 유전정보는 세포 하나당 30억 개라고 한다. 이렇게 엄청난 수의 유전자 중에서 실제로 활용되는 on 유전자는 10퍼센트에 불과하고, 나머지는 off 상태로 있다는 것이다. 결국 무의식의 힘은 이렇게 사용하지 않고 있는 90퍼센트의 유전자를 뜻한다.

우리가 어떤 일을 하고자 하면 반드시 무의식의 힘을 활용해야 한다. 그러면 무의식의 힘을 활용하기 위해서는 어떻게 해야 할까? **이렇게 무의식의 힘을 활용하는 가장 좋은 방법은 상상하는 것이다.** 그러면 무의식은 엄청난 힘을 발휘하여 우리가 바라는 것들을 성취하게 한다. 특히 운동 선수들은 실제 훈련에서 상상을 적극적으로 활용한다. 골프 선수들은 공을 쳤을 때 공이 움직이는 과정을 상상하여 훈련을 하고, 야구 선수들은 공이 이동하는 경로를 슬로우모션으로 상상하며 훈련을 한다. 이렇게 하면 자신의 능력을 최대로 발휘할 수 있게 된다. 또한 사업에서 성공한 사람들은 미래의 모습을 상상하여 사업을 구상한다. 건물을 설계한 설계자들은 설계도를 그리기 전에 이미 머릿속으로 상상하는 과정을 거치게 된다.

무엇이든 자신이 원하는 것들이 있다면 먼저 상상을 해보면 모든 것이 가능하게 된다. 상상을 하는 효과적인 방법은 **상상을 할 때 생각만 하는 것이 하는 것이 아니라 감정과 느낌을 함께 갖는 것이다.** 마치 상상하는 것들이 실제 있는 것처럼 오감을 활용하여 느끼고 경험하는 것이다. 이러한 과정을 통하여 무의식의 힘을 활용하여 우리가 원하는 목표를 달성하게 된다.

무의식을 바꾸는 또 다른 방법은 **자신이 목표로 하는 것을 구체적으로 숫자를 사용하여 매일 100번을 100일 동안 쓰는 것이다.** '정말 효과가 있을까?' 하고 생각이 들 수 있다. 하지만 무의식의 힘을 활용하면 모든 것은 가능하다. 다만 무의식의 힘을 활용하기 위해서는 반복 훈련을 반드시 해야 한다.

무의식을 바꾸는 또 다른 방법은 혼잣말을 하는 것이다. 자신이 생각하는 말을 반복적으로 하는 것이다. 예를 들면 '내가 올해 반드시 책을 출판하겠다.'라는 목표를 혼잣말로 하루에 몇 번이고 반복하는 것이다. 그러면 무의식은 힘을 발휘하여 내가 상상하고, 혼잣말을 하고, 반복하여 글로 쓴 것을 현실로 만들게 된다.

무의식은 자동화의 특성을 가지고 있다. 무의식은 의식의 과정이 없이 자동적으로 이루어진다. 그래서 우리가 원하는 것을 현실로 만든다. 우리가 원하는 것을 얻기 위해서 무의식의 힘을 활용해야 한다. 무의식의 힘이 없이는 어떤 일도 불가능하다. 또 무의식의 힘을 빌면 불가능한 것이 없다. 이제부터 무의식을 험한 세상을 살아가면서 믿을 수 있는 가장 든든한 친구로 만들어 보자. 그러면 자신이 원하는 모든 것이 현실이 된다.

나탄 쉐란스키Natan Sharansky는 유대인으로 공산주의 국가인 러시아에서 미국의 스파이라는 죄로 감옥에 가게 되었다. 그가 생활하는 감방은 아주 최악이었다. 400일 동안 그는 감옥에서도 가장 힘들다는 시베리아 감옥에서 생활했다. 그 곳은 면적이 약 1m*1m로 마음대로 몸을 움직일 수도 없는 곳이었다. 그 곳에서 오랫동안 생활을 하게 되면 몸과 마음이 극도로 나빠지게 된다. 왜냐하면 운동도 할 수 없고, 정신적으로 황폐해지기 때문이다. 그러나 그는 그 곳에서 살아남아야 했다.

그가 살아남기 위해서 어떻게 했을까요? 그는 몸 건강을 위하여 서 있는 상태에서 매일 운동을 하였다. 하지만 정신적으로는 매우 고통스러워 견딜 수 없었다. 그런데 그에게 좋은 생각이 떠올랐다. 어렸을 때 그는 체스를 좋아하였다. 그래서 '그래, 체스를 해보자.'라고 생각했다. 머릿속으로 64개의 칸을 만들고 매일 체스 게임을 했다. 그러면 누구와 체스를 했을까? 그는 체스의 세계 챔피언 게리 카스파로프Garry Kasparov와 대결을 하였다. 이렇게 그는 상상으로 매일 게리 카스파로프와 체스 대결을 하였다. 그는 감옥에서 12년을 보냈다. 마침내 그는 미국의 빌 클린턴이 대통령이 되자, 러시아 정부와 타협을 하여 드디어 석방되었다.

그후 그는 이스라엘로 가서 장관이 되었다. 어느 날 체스 세계 챔피언인 게리 카스파로프가 이스라엘에서 시범 경기를 하게 되었다. 그는 다섯 명의 체스 챔피언들과 대결을 하였다. 4명의 체스 챔피언들을 이기고 한 명에게 졌는데, 그가 바로 나탄 쉐란스키였다.

언론에서는 나탄 쉐란스키에게 "어떻게 해서 세계 챔피언을 이겼나요?"라고 물었다. 그러자 그는 "저는 12년을 매일 게리 카스파로프와 체스 게임을 했습니다. 저는 그와 체스 게임을 해서 이기는 것이 너무나 당연한 일입니다. 저는 그와 체스 게임을 하는 것을 매일 수없이 반복해서 상상했습니다."라고 말했다. 그는 세계 챔피언과 대결을 해서 이기는 것을 수 없이 반복해서 무의식을 바꾸게 되었다. 상상의 힘을 활용하여 무의식을 바꾼 것이다.5

상상의 힘을 발휘하면 무의식을 바꾸게 되어 몸의 질병을 치유하게 된다. 노먼 커즌스Norman Cousins라는 철학자는 백혈병인 혈액암에 걸렸다. 그는 '마음의 힘으로 내 질병을 치유하겠다.'라고 생각하였다. 그는 이것을 '마음의 문제'라고 생각했다. 그는 매일 명상을 하고 상상을 하였다. 매일 백혈구가 암세포를 죽이는 상상을 하였다. 이렇게 상상을 반복하여 무의식을 바꾸게 되었다. 결국 무의식을 바꾸어 자신이 원하는 건강을 되찾게 된 것이다. 상상을 통하여 몸의 상태가 호전되어 백혈병이 사라지게 되었다. 그 후로 그는 상상의 힘으로 20년을 더 살게 되었다.6

한국의 역도 영웅인 장미란은 2008년 베이징 올림픽에서 금메달로 우승을 하였다. 그녀의 우승 비결은 머릿속으로 이미지 트레이닝을 하는 것이었다. 그녀는 "눈을 감고 상상으로 참가할 경기를 떠올립니다. 경기대에 올라가서 몇 걸음 걸어서 역도를 어떻게 잡고 어떻게 들어 올리는지 그리고 사람들의 환호를 받으며 경기대를 내려오는 모습을 상상합니다."라고 말하였다. 마치 영화의 한 장면을 찍기라도 하듯이 구체적으로 경기를 처음 시작할 때부터 끝날 때까지 모든 과정을 상상하였다. 그리고 그때 일어나는 감정을 실제로

느꼈다. 그러자 상상은 현실이 되었다. 간절히 원하여 기적 같은 일이 일어난 것이다.[7]

1993년 세계 육상선수권 대회에서 금메달로 우승한 아사리 준코 선수는 우승의 비결을 상상의 힘이라고 말하였다. 그녀는 "7개월 전부터 마라톤 코스를 달리고 있는 모습을 머릿속으로 그렸습니다. 그리고 이미지 연습을 한 그대로 실제 경기를 하였습니다."라고 말하였다. 그녀의 감독은 "열심히 이미지 트레이닝을 했기 때문에 세계 선수권에서 챔피언이 되었다고 생각합니다. 이미지 트레이닝이 성공의 80%는 차지했다고 생각합니다."라고 말하였다. 상상하는 방법은 실제 코스를 상상하면서 마지막 30km 지점에서 상대 선수를 제치고 선두를 달리는 모습을 상상하였다. 금메달을 목에 거는 모습과 국기를 보고 눈물을 흘리는 자신의 모습과 상금으로 벤츠를 받는 모습을 상상하였다. 놀라운 점은 실제 경기에서 상상했던 그 지점에서 상대 선수를 제치고 우승을 하였다. 이미지 트레이닝을 했던 시나리오 그대로 실제 경기를 한 것이다.[8]

그렇다면 몸과 마음을 치유하기 위해서 어떻게 상상을 할까? 명상을 활용하여 몸과 마음을 치유하는 것으로 잘 알려진 칼 사이먼톤 Carl Simonton 박사는 "에너지를 증가시키는 가장 효과적인 방법은 자신에게 의미 있고 즐겁고 행복을 느끼는 일에 집중하는 것이다. 에너지가 낮을 때에는 그냥 의식적인 호흡을 한다. 그것은 단순히 숨을 들이마시고 내쉬는 것에 초점을 맞추면서 의식을 하고 호흡을 하는 것이다. 그런 다음 지금 바로 이 순간에 행복하고 아름다운 것에 집중하면서 자신을 위해서 작은 미소를 짓는 것이다."라고 말하였다.

3

마음으로 살아가면
마음이 치유된다

마음으로 살아가면 마음이 치유된다

감정을 관리하는 방법

어느 날 담임 선생님이 아이를 데리고 교무실로 왔습니다. 그 아이는 화를 내고 심지어는 어른들에게 욕을 하였습니다. 그 아이는 누가 뭐라고 말을 해도 전혀 듣지 않고 막무가내였습니다. 선생님은 아이가 어디로 도망을 갈까 두려워서 아이를 붙잡으려고 하면 아이는 발버둥을 쳤습니다. 나도 그 아이를 잡으려고 하다가 안경이 날라 가고, 몸의 여기 저기를 차였습니다. 그러자 담임 선생님께서 그 아이를 끌어안고 한참을 그대로 있었습니다. 그래도 진정이 안되어 부모님께 전화를 드렸습니다. 결국 어머니가 오시고, 아이를 집으로 데리고 가셨습니다. 그 이후에도 그 아이는 감정 조절이 어려워 담임 선생님이 무척 힘들었습니다. 문제는 이처럼 학급에서 분노 조절이 어려운 학교 부적응 학생들이 날로 늘어나고 있다는 것입니다.

그렇다면 어떻게 하면 이러한 감정을 다스릴 수 있을까요? 감정을 다스리는 가장 좋은 방법은 생각을 바꾸는 것입니다. 예를 들어 어떤 사람과 대화를 하는 중에 다툼이 발생했다고 가정해 보겠습니다. 이때 다른 사람을 '사물'로 생각하는 것입니다. 예를 들면 돌과 나무로 생각하는 것입니다. 우리가 돌이나 나무가 내 앞에 있다고 상상해 보겠습니다. 그러면 우리는 어떻게 행동할까요? 화가 난다고 돌을 발로 차거나 손으로 때리지 않습니다. 만일 이런 사람을 보면 다른 사람들은 정신적으로 이상한 사람이라고 생각합니다. 이렇게 내가 감정적으로 흥분을 한다고 생각되면, 재빨리 상대방을 돌이나 나무로 생각하는 것입니다. 그러면 자연스럽게 흥분이 가라앉혀지게 됩니다. 돌이나 나무를 보고 감정적으로 흥분할 사람은 없습니다. 중요한 것은 그 상황에서 빨리 생각을 바꾸는 것입니다. 물론 이렇게 감정적으로 흥분한 상태에서 빨리 생각을 바꾸는 것이 쉽지 않습니다. 하지만 몇 번의 시행착오를 거쳐서 점차적으로 가능하게 됩니다.

감정을 조절하는 또 다른 방법은 그 상황에서 '객관적'으로 나를 바라보는 것입니다. 마치 하늘에서 내려다보는 것처럼 나를 바라보는 것입니다. 나의 모습을 바라보면서 어떤 느낌이 드는지 생각하는 것입니다. 만일 우주에서 화를 내는 나의 모습을 바라본다면 어떤 생각이 들까요? 우주에서 나를 본다면 내 존재가 보이지도 않을 것입니다. 그리고 내가 얼마나 사소한 일로 화가 났는지 알게 됩니다. 그래서 그 순간 내 자신이 부끄럽다는 생각을 하고 감정을 조절하게 됩니다.

이렇게 나를 객관적으로 관찰을 하게 되면 마음의 여유를 가지고 감정을 다스릴 수 있습니다. 주관적인 생각을 버리고 철저히 나를 객관화하는 것입니다. 객관적인 관점에서 관찰하는 것만으로도 마음의 여유를 가질 수 있고, 감정을 쉽게 조절할 수 있습니다. 마치 영화를 보는 것처럼, 그 순간에 나의 모습을 비추어 보는 것입니다. 우리가 화를 내는 가장 중요한 이유는 '나는 맞고 너는 틀리다.'고 생각하기 때문입니다. 하지만 세상은 절대 그렇지 않습니다. 왜냐하면 우리 인간은 어쩔 수 없이 부족한 존재이기 때문입니다. 우리 앞에 '나무'가 있다고 생각해 보겠습니다. 우리는 나무의 한쪽 면 밖에 볼 수가 없습니다. 나무 전체를 절대로 볼 수 없습니다. 그래서 상대방의 입장을 고려하지 못합니다. 상대방의 입장을 고려한다면 절대로 화를 낼 수가 없습니다. 아무리 어린 아이도 그 나름의 입장이 있고, 상황이 있게 마련입니다. 그리고 상대방이 아무리 잘못을 했다고 할지라도, 상대방의 생각이나 입장을 먼저 생각할 필요가 있습니다. 그러면 신기하게도 문제가 사라지게 됩니다.

이렇게 상대방과 감정적으로 흥분되어 있는 경우, 그 순간에 나를 보지 말고 '상대방'만을 보는 것입니다. 이 때 나의 생각, 나의 감정은 순간 잊어버리는 것입니다. 그리고 상대방의 감정이나 입장만을 생각하는 것입니다. 그러면 소통은 저절로 이루어집니다. 소통이 안되는 이유는 내 입장만 생각하고, 상대방의 입장을 생각하지 못하기 때문입니다.

또 감정적으로 흥분을 하는 그 순간에 길게 '심호흡'을 합니다. 눈을 감고 심호흡을 최대한 길게 하는 것입니다. 그러면 마음이 차분해지고 감정을 조절할 수 있게 됩니다. 그리고 여유를 가지고 상황을 대처할 수 있게 됩니다. 모든 것은 '나'로부터 시작합니다. 모든 문제는 나의 에너지가 상대방에게 전달되어 생긴 것입니다. 모든 문제가 나로부터 시작한다고 생각하면 모든 문제는 해결이 가능하게 됩니다.

모든 것은 자신에게 달려 있습니다. 모든 것이 자신에게 달려있다고 생각하면 내가 어떻게 행동해야 할지 고민하게 됩니다. 그리고 자신이 할 수 있는 것 중에서 스스로 '선택'을 합니다. '내가 문제를 해결해야

지.'하는 생각이 들면 내가 어떻게 행동해야 하는지 알게 됩니다. 그리고 문제를 해결하기 위해서 내가 지금 할 수 있는 일들을 하게 됩니다. 문제를 해결하기 위해서 먼저 사과를 하고, 상대방의 이야기를 진지하게 경청하는 것입니다. 그러면 문제는 자연스럽게 해결됩니다.

그러면 아이가 화가 난 경우에는 어떻게 지도를 할 수 있을까요? 아이에게 다가가서 차분하게 말합니다. "네가 무척 화가 나 있구나. 내가 도와줄게. 내 말대로 해봐. 먼저 심호흡을 길게 5번 하는 거야. 숨을 들이마시고, 내쉬고 한 번, 두 번, 세 번, 네 번, 다섯 번. 그래 잘했어. 이제 어떻게 화가 났는지 말해 줄래? 그래, 네가 그래서 화가 났구나. 그럼, 앞으로 어떻게 했으면 좋겠어? 그래, 내가 앞으로 노력을 해볼게. 알겠지?"라고 단계적으로 아이를 이끌어가면 아이의 감정을 조절하게 됩니다. 이때 부모가 일방적으로 이야기를 하는 것보다 아이에게 질문을 하는 것이 좋습니다. 감정을 조절하는 것은 정말 어려운 일입니다. 하지만 전혀 불가능한 것은 아닙니다. 감정적으로 흥분이 된 상태에서 심호흡을 하고, 생각을 바꾸면 어떻게 말을 하고 행동을 해야 하는지 생각하게 됩니다. 그래서 자신의 감정을 조절하게 됩니다.

🙂 부정적인 생각을 없애는 방법

50대 중반의 딸은 어머니와 심하게 갈등을 하였습니다. 그 이유는 '부모가 자신을 잘 키우지 못했다. 어렸을 때부터 자신이 딸이라는 이유로 차별을 하였다. 남들이 학교 다닐 때 학교도 못 다니게 하고, 돈을 벌게 하였다. 그리고 결혼할 때도 남들이 하는 것처럼 여유롭게 하지 못했다. 결혼 후에도 남편과 갈등하면서 무척 힘든 세상을 살았다. 그래서 이 모든 것이 엄마 때문이다.'라고 생각을 한 것입니다. 이런 생각을 가지고 50년을 살아왔습니다. 그래서 지금도 부모를 보면 화가 난다고 합니다. 이것은 어릴 때 부모로부터 받은 마음의 상처 때문입니다. 그래서 이성적으로 그러지 말아야겠다는 생각을 하지만, 에고가 갈등을 하게 합니다. 이런 경우 가장 좋은 방법은 부모가 자식에게 진심 어린 사과를 하는 것입니다. "나도 힘들어서 그랬다. 미안하다."라고 반복적으로 말을 합니다. 그러면 자식도 그것을 이해하고 마음의 상처가 나아지게 됩니다.

그러면 어떻게 부정적인 생각을 없앨 수 있는지 그 방법에 대하여 알아 보겠습니다. **가장 먼저 내 마음이 내 것이 아니라는 것을 깨닫는 것입니다.** 흔히 사람들은 마음이 자신의 것이라고 착각을 합니다. 하지만 마음은 자신의 것이 아닙니다. 마음이 자신의 것이라고 한다면, 언제든지 자신의 마음대로 할 수 있어야 하지만 절대로 그렇지 않습니다. 자신의 의지와 상관없이 어떤 마음이 갑자기 생겼다가 사라집니다. 때로는 그러한 마음으로 여러 가지 심각한 문제를 일으킵니다. 이렇게 생각하면 마음은 내 것이 아니라는 것이 분명해집니다.

이렇게 내 마음이 내 것이 아니라고 생각하면 내 마음을 객관적으로 바라보게 됩니다. 오히려 마음이 자신의 것이라고 생각할 때보다 관리를 더 잘하게 됩니다. 그래서 내 마음을 대할 때 내 것이 아니라는 것을 먼저 인정하는 것이 중요합니다. 그러면 부정적인 생각을 쉽게 바꿀 수 있게 됩니다. 왜냐하면 마음이 내 것이 아니라는 것을 인정하게 되면 욕심을 부리게 않게 됩니다. 욕심을 부리지 않는다는 것은 마음을 비운다는 것입니다. 마음을 비우게 되면 어떤 부정적인 생각이 일어나더라도 자연스럽게 사라지게 됩니다.

이렇게 부정적인 생각을 없애는 가장 좋은 방법은 부정적인 생각을 흘려보내는 것입니다. 먼저 부정적인 생각이 일어나는 것을 알아차리는 것입니다. 그리고 그러한 부정적인 생각을 자연스럽게 흘려보내는 것입니다. 마치 개울가에 물이 흘러가는 것처럼 마음을 비우고 부정적인 생각을 흘려보내는 것입니다. 그러면 시간이 지나서 부정적인 마음이 자신도 모르게 사라지는 것을 알게 됩니다. 그런데 자신의 마음에 일어나는 부정적인 생각을 없애기 위해서 안간힘을 쓰게 되면 부정적인 생각이 더 커지게 됩니다. 그래서 심각한 문제를 일으키게 됩니다. 상대방에게 싸움을 걸거나, 돌출 행동을 하여 자신은 물론이고 남에게 심각한 피해를 주게 됩니다.

부정적인 생각을 없애는 좋은 방법은 긍정적인 생각에 집중하는 것입니다. 생각이라는 것은 절대로 한 번에 두 가지 생각을 할 수 없습니다. 부정적인 생각을 하면, 긍정적인 생각을 할 수 없습니다. 그리고 긍정적인 생각을 하면, 부정적인 생각을 할 수 없습니다. 따라서 부정적인 생각을 없애는 가장 좋은 방법은 긍정적인 생각을 하는 것입니다. 아무리 어려운 상황에 있더라도, 우리가 긍정적인 생각을 하게 되면, 부정적인 생각은 그 순간에 사라지게 됩니다.

긍정적인 생각에 집중하는 가장 좋은 방법은 명상입니다. 우리가 명상을 하게 되면 여러 가지 생각이 사라지게 됩니다. 호흡에 집중하면 생각이 사라지게 됩니다. 그리고 자신이 원하는 좋은 생각을 하는 것입니다. 그러면 부정적인 생각이 자연스럽게 사라지게 됩니다. 그런데 명상을 하다 보면 갑자기 부정적인 생각이 떠오릅니다. 그러면 다시 호흡으로 돌아가서 명상을 합니다. 그리고 자신이 원하는 좋은 생각을 하는 것입니다. 이렇게 매일 반복적으로 명상을 하게 되면 자신의 생각을 마음대로 통제할 수 있게 됩니다. 부정적인 생각을 없애기 위해서 매일 아침, 저녁으로 명상을 하는 습관을 갖는 것입니다. 생활을 하면서 부정적인 감정이 갑자기 일어나면 바로 그 자리에서 눈을 감고 명상을 합니다. 눈을 감고, 호흡을 하고, 좋은 생각을 하는 것입니다. 그러면 그 순간 부정적인 생각은 화롯불에 눈 녹듯이 사라지게 됩니다.

또한 부정적인 생각을 없애는 좋은 방법은 '에고'와 반대로 행동을 하는 것입니다. 에고라는 것은 자신의 생존을 위해서 반드시 필요한 것입니다. 에고가 하는 가장 중요한 일은 위험한 상황에서 자신을 보호하는 것입니다. 위험한 상황이 되면 자신을 보호하기 위해서 흥분하고 불안하게 해서 상대방에게 공격을 하거나 위험을 피하게 합니다. 상대방이 공격을 하면, 흥분해서 상대방에게 공격을 하게 합니다. 또 절벽에서 떨어질 것 같은 위험한 상황이 되면 두려움을 느끼게 하여 행동을 하지 않게 합니다. 만일 자신의 손을 불에 가까이 하는데, 아무런 고통이나 두려움을 느끼지 않는다면 어떻게 될까요? 고층에서 떨어지려고 하는데 아무런 두려움을 느끼지 못한다면 어떻게 될까요? 하지만 부정적인 생각을 없애는 방법은 에고가 말하는 반대로 행동을 하는 것입니다. 만일 에고가 '야, 너도 상대방을 공격해.'라고 하여 에고가 말하는 대로 하게 되면, 싸움이 일어나고 문제가 심각해집니다. 하지만 만일 이러한 상황에서 에고가 말하는 '반대'로 할 경우에는 심각한 문제가 일어나지 않게 됩니다. 에고가 '야, 너도 상대방을 공격해.'라고 말을 해도 마음의 평정심을 유지하면서 상대방을 인정하고 웃으면서 대하는 것입니다. 그렇게 되면 상대방이 나를 공격하더라도 내가 상대를 하지 않기 때문에 문제가 일어나지 않게 됩니다.

우리가 부정적인 생각이 일어나는 원인을 보면 대부분 다른 사람과 비교를 하기 때문입니다. 부정적인 생각을 없애기 위해서 다른 사람과 비교를 하는 것이 아니라 **이전의 자신과 현재의 자신을 비교하는 것입니다.** 그래서 변화된 점이 어떤 것이고, 그래서 앞으로 어떤 점에 더 노력할 것인지를 발견하는 것입니다. 이러한 과정을 통해서 변화하고 성장할 수 있게 됩니다. 반면에 자신을 다른 사람과 비교를 하면 경쟁심이 일어나기 때문에 더 열심히 하게 되나 질투심이 생깁니다. 이러한 질투심은 부정적인 생각이고, 이러한 부정적인 생각으로 인해서 많은 문제를 일으키게 됩니다.

특히 어떤 문제가 있을 때 자신의 '내면'을 들여다보는 것입니다. 이를 통해서 문제의 원인이 자신에게 있다는 것을 인정하는 것입니다. 그러면 자연스럽게 자신이 어떤 노력을 해야 하는지 알게 되고, 적절하게 행동을 하게 됩니다. 그러면 문제가 자연스럽게 해결이 됩니다.

또 부정적인 생각을 없애는 방법은 자신에게 긍정적인 '혼잣말'을 하는 것입니다. 우리가 부정적인 생각을 하게 되면 부정적인 말을 하게 됩니다. '나는 안돼.', '내가 할 수 있겠어?'라고 혼잣말을 합니다. 그런데 이러한 부정적인 혼잣말을 긍정적으로 바꾸는 것입니다. '나는 할 수 있어.', '나는 멋진 사람이야.', '내가 못하면 누가 하겠어.'라고 말하는 것입니다. 그러면 그 순간 부정적인 생각이 긍정적인 생각으로 변하게 됩니다. 이렇게 평상시에 자신에게 긍정적인 혼잣말을 하는 것은 부정적인 생각을 없애는 아주 좋은 방법입니다.

무엇보다도 부정적인 생각을 없애는 가장 좋은 방법은 현재 주어진 것에 '감사'하는 마음을 갖는 것입니다. 감사하는 마음을 갖게 되면 부정적인 생각은 사라지고 긍정적인 생각을 갖게 됩니다. 이처럼 감사하기는 부정적인 생각을 없애는 가장 빠르고 강력한 방법입니다. 현재 주어진 것을 감사하는 마음을 갖게 되면 부정적인 생각이 절대로 뿌리내릴 수 없게 됩니다.

이렇게 부정적인 생각을 없애는 것은 살아가면서 가장 어려운 일 중의 하나입니다. 하지만 우리가 지금까지 가지고 있는 생각을 바꾸면 생각보다 쉽게 없앨 수 있습니다. 가장 좋은 방법은 평상시에 긍정적인 혼잣말을 하는 것입니다. 그리고 무엇보다 감사하는 마음을 갖는 것입니다. 부모는 항상 아이가 자신에 대하여 어떤 생각을 갖고 있는지 확인할 필요가 있습니다. 아이와 이야기를 해보면 아이들이 자신에 대하여 부정적인 생각을 갖고 있다는 것을 알고 놀라게 됩니다. 아이들이 자라면서 외부 환경이 자신에 대하여 긍정적인 생각을 갖게 하기보다는 부정적인 생각을 갖게 하기 때문입니다.

이때 무엇보다도 중요한 것은 부모가 아이를 바라보는 '시선'입니다. 아이에게 부모는 직접적으로 가장 많은 영향을 받는 외부 환경입니다. 부모가 아이를 부정적인 시선으로 바라보면 아이는 자신에 대하여 부정적인 생각을 갖게 됩니다. 부모가 아이를 긍정적인 시선으로 바라보면 아이는 자신에 대하여 긍정적인 생각을 갖게 됩니다. 아이가 자신에 대하여 부정적인 생각을 가지고 있다고 생각이 되면 부모의 역할이 매우 중요합니다. 지금보다 더 아이를 인정하고, 사랑하고, 관심을 가져야 합니다. 아이를 관찰하고 칭찬할 일이 있을 경우에는 어떻게 그렇게 잘할 수 있었는지 질문을 합니다. 그러면 아이는 마음의 상처를 치유하게 됩니다. 그래서 자신이 가지고 있던 부정적인 생각을 긍정적인 생각으로 바꾸게 됩니다. 이것이 부모가 마음공부를 해야 하는 이유입니다.

🧑 나쁜 습관을 바꾸는 방법

개인적으로 좋은 습관이 있습니다. 그것은 메모를 하는 습관입니다. 회의를 할 때나, 다른 사람과 대화를 할 때나, 전화 통화를 할 때는 항상 메모를 합니다. 거의 자동적입니다. 한 번은 선생님들과 회의를 하는데, 메모를 한참 하고 있으니까 선생님이 대단하다는 표정으로 쳐다보는 것이었습니다. 평소에 메모를 많이 하기 때문에 개인 수첩을 세로로 이등분하여 메모를 합니다. 그리고 어떤 생각이 떠오르면 스마트폰에 바로 메모를 합니다. 또 책을 읽다가 좋은 생각이 떠오르면 스마트폰에 메모를 합니다. 이렇게 메모를 한 것으로 매일 글을 씁니다. 그래서 매일 성장하고 있다는 생각을 하게 됩니다. 그러나 나쁜 습관도 있습니다. 그것은 돈을 낭비한다는 것입니다. 경제 개념이 없어서 돈을 낭비하는 습관이 있습니다. 돈을 어떻게 모아야 되는지, 돈을 어떻게 써야 되는지에 대한 개념이 없고, 돈에 대하여 부정적으로 생각합니다. 돈을 아껴 써야겠다는 생각을 하지만 막상 월말이 되면 월급에서 남은 것이 거의 없는 상태가 계속됩니다. 그래서 후회를 많이 하지만 이런 습관을 고치기는 정말 쉽지 않습니다.

우리는 왜 이처럼 결심한 내용을 지속하기 어려울까요? 또 어떻게 하면 나쁜 습관을 버릴 수 있을까요? 이에 대한 해답으로 토니 로빈스 Tony Robbins는 『네 안에 잠든 거인을 깨워라』라는 책에서 고통과 즐거움으로 말하고 있습니다. **현재의 낡은 습관을 유지하고 새로운 습관을 갖지 못하는 것은 '고통'과 '즐거움'이 연결되어 있다는 것입니다.** 낡은 습관을 고치지 못하는 이유는 현재의 즐거움을 포기하지 못하고 자신에게 고통이 되기 때문입니다. 이러한 고통을 피하려고 하기 때문에 현재의 낡은 습관을 버리기 어렵다는 것입니다.

새로운 습관을 갖는 것도 고통입니다. 왜냐하면 이제까지 편한 것들을 포기해야 하는 것입니다. 현재의 습관이 주는 편안함에 우리는 길들여져 있습니다. 그래서 그것으로 현재 충분히 만족하게 됩니다. 새로운 습관을 갖는다는 것은 새로운 도전이고, 어려운 과제입니다. 한 마디로 현재의 낡은 습관을 버리지 못하는 까닭은 현재의 즐거움을 버리기 싫고, 새로운 습관으로 인하여 생기는 고통을 피하려고 하기 때문입니다.

문제는 이러한 고통과 즐거움을 내가 선택하는 것이 아니라 주어지는 것으로 끌려다닌다는 것입니다. 내가 주도적으로 선택을 한다면 현재의 낡은 습관을 고칠 가능성이 있습니다. 스스로 자신이 고통과 즐거움을 선택할 수 있다면 얼마든지 변화될 가능성이 있습니다. 하지만 현재의 낡은 습관을 버리지 못하는 이유는 내가 선택하지 못하고 끌려다니기 때문입니다. 그래서 현재의 낡은 습관을 고쳐야겠다는 생각은 하지만 실제는 고치지 못하고 그대로 살아가는 것입니다. 따라서 삶의 변화가 없고 성장과 변화가 없게 됩니다.

인생에서 성공하는 사람들의 비결은 무엇일까요? 그것은 자신의 습관과 관련된 고통과 즐거움에 말려드는 것이 아니라 고통과 즐거움을 주도적으로 활용하는 것입니다. **"나쁜 습관을 버리는 확실한 비결이 있습니다. 그것은 고통이 친구로 변하는 놀라운 순간입니다."**라고 앤서니 라빈스Anthony Robbins는 말하였습니다. 고통을 친구로 만들게 되면 고통을 즐기게 되고, 그러한 고통이 더 이상 자신을 괴롭히는 것이 아니라 고통이 자신에게 도움이 된다는 것을 인식하게 됩니다. 그때 비로소 우리는 새로운 행동을 하게 되고 우리가 원하는 결과를 얻게 됩니다.

나쁜 습관을 버리기 위한 전략은 무엇인가요? **먼저 할 일은 자신이 고통과 즐거움을 어떻게 습관과 연결하고 있는지 관찰하는 것입니다.** 내가 현재의 즐거움만을 위하여 미래의 고통을 피하려고 하고 있는지, 미래의 즐거움을 위하여 현재의 고통을 받아들이고 있는지 살펴보는 것입니다. 이렇게 자신의 습관을 고통이나 즐거움과 관련하여 살펴보는 것만으로도 많은 변화의 가능성이 있습니다.

우선 현재 바꾸고 싶은 낡은 습관을 강한 '고통'과 연결하는 것입니다. 현재의 원하지 않은 행동을 바꾸기 위해서는 현재의 행동이 자신에게 엄청난 고통이라는 것을 인식하는 것입니다. 예를 들어 흡연의 경우, 흡연이 자신의 건강에 미치는 최악의 상황을 인식하는 것입니다. 그리고 강한 고통을 경험하고 상상하는 것입니다. 그러면 자연스럽게 흡연을 하지 말아야겠다는 생각을 하게 됩니다.

그리고 **자신이 원하는 새로운 습관을 '즐거움'과 연결하는 것입니다.** 금연을 했을 경우에 자신에게 일어나는 일을 상상하는 것입니다. 자신이 더 건강하고 가족들이 좋아하는 모습을 떠올립니다. 그렇게 되면 자신이 금연을 하는 이유를 좀 더 실감나게 체험하는 것입니다. 이렇게 자신이 바꾸고 싶은 나쁜 습관을 강한 고통과 관련시키고, 만들고 싶은 새로운 습관을 강한 즐거움과 관련시키는 것입니다.

무엇보다도 나쁜 습관을 버리기 위해서는 현재의 고통을 긍정적으로 받아들이고 수용하는 것입니다. 그러면 나쁜 습관을 바꾸기 위해 필요한 에너지를 얻을 수 있습니다. 그리고 자신이 현재의 고통과 미래의 즐거움을 자유롭게 선택할 수 있다는 것을 인식할 필요가 있습니다. 그러면 나쁜 습관과 좋은 습관을 선택할 수 있게 됩니다. 자신이 선택을 할 수 있다는 생각을 하고 고통을 긍정적으로 받아들이면, 자신도 모르는 사이에 자신의 삶이 달라졌다는 것을 알게 됩니다.

아이들이 나쁜 습관을 없애는 것은 쉽지 않습니다. 하지만 나쁜 습관을 없애는 것에 관심을 갖는 것보다 좋은 습관을 갖게 하는 것이 더 중요합니다. 좋은 습관을 갖게 되면, 나쁜 습관은 자연스럽게 사라지게 됩니다. 예를 들어 컴퓨터 게임을 생각해 보겠습니다. 지금 당장 컴퓨터 게임을 못하게 하는 것은 어렵습니다. 그러면 컴퓨터 게임을 하는 것을 인정해 줍니다. 그 대신 아이가 좋은 습관을 갖게 합니다.

그런데 이런 좋은 습관을 하게 하는 것도 정말 어려운 일입니다. 방법은 내용을 최소화하는 것입니다. 5분 독서, 팔굽혀펴기 1번, 수학 문제 1문제 풀기 등입니다. 그러면 아이는 "뭐, 그 정도는 할 수 있어요." 라고 말합니다. 핵심은 이러한 활동을 습관이 될 때까지 꾸준히 한다는 것입니다. 그런데 여기에 관성의 법칙이 적용됩니다. 일단 시작을 하게 되면 5분이 10분이 됩니다. 1번이 10번이 되고, 1문제가 5문제가 됩니다. 중요한 것은 아이들이 이것을 꾸준히 하게 되면 재미를 느끼게 된다는 것입니다. 그리고 이렇게 아이가 좋은 습관을 실천할 때 부모가 관심을 가지고 격려를 해줍니다. 이렇게 **나쁜 습관을 버리고 좋은 습관을 갖게 하는 비결은 고통을 최소화하고 즐거움을 극대화하는 것입니다.**

 **문제를 해결하는 비결**

  새로운 학교에서 근무를 하게 되어 1학년 담임을 맡게 되었습니다. 그런데 유치원 선생님께서 나에게 진지하게 말했습니다. 학부모님 때문에 힘들어서 교직을 그만둘까 생각을 하고 있다는 것이었습니다. 그래서 그 아이가 1학년으로 입학하게 되면 학부모를 조심하라는 것이었습니다. 저는 속으로 '그 정도는 제가 자신있어요. 더 어려운 경우도 제가 경험을 했어요.'라고 생각했습니다. 5월 정도 되니까, 정말로 학부모가 교육청으로 학부모 민원을 제기하였습니다. 그래서 한 달 동안 교육청 감사를 받아 정신적으로 힘든 시간을 보내고 우울증이 생겼습니다. 아이들을 마음으로 지도하고자 최선을 다했기 때문에 마음의 상처가 더 컸습니다.

  그러면 이러한 문제 상황에서 문제를 어떻게 해결하는지 알아보겠습니다. **첫 번째는 문제를 해결하기 위한 좋은 방법은 남을 보는 것이 아니라 '나'를 보는 것입니다.** 문제의 원인을 상대방에게 돌리는 경우에 상대방에게 손가락질을 하고 비난하고 불평불만을 하게 됩니다. 이런 경우 문제가 해결이 되는 것이 아니라 문제가 더 심각해집니다. 따라서 남을 보는 것이 아니라 자신을 보는 것입니다. 문제가 생기는 경우에 먼저 자신의 내면을 들여다보는 것입니다. 그리고 자신이 문제와 관련되어 있다는 것을 인정하는 것입니다. 그런 다음 자신이 문제를 해결하기 위해서 어떻게 할 것인지 생각합니다. 마지막으로 자신이 생각한 것을 행동으로 실천하는 것입니다.

  또한 **나를 보게 되면 상대방을 이해하고 인정하게 됩니다.** 문제의 원인이 나에게 있다고 인정을 하게 되면 마음의 평정심을 갖게 됩니다. 이렇게 마음의 평정심을 유지하게 되면 심리적인 여유가 생깁니다. 그래서 상대방을 이해하고 인정하게 됩니다. 상대방을 인정하게 되면 자연스럽게 상대방을 존중하는 마음을 갖게 됩니다. 그러면 아무리 심각한 문제라고 하더라도 문제를 해결할 수 있는 긍정적인 분위기를 만들게 됩니다. 이러한 긍정적인 분위기가 만들어지면 상대방과 소통을 하여 자연스럽게 문제를 해결하게 됩니다. 이 때 상대방도 이해를 받기 때문에 심리적인 안정감을 갖게 됩니다. 이러한 심리적인 안정감으로 여유를 갖게 되어 문제를 해결하게 됩니다. 이렇게 문제가 생겼을 경우에 가장 좋은 방법은 먼저 나를 보고, 상대방을 보지 않는 것입니다.

이 때 상대방을 보지 않는다는 것은 상대방을 무시하라는 것이 아니라 다른 사람을 문제의 원인으로 보지 말라는 것입니다. 이 때 다른 사람은 잊어버리고 나만 생각하는 것입니다. 문제가 있을 경우에 상대방을 문제의 원인으로 보고 자신은 회피를 하는 것이 아니라 자신의 내면을 들여다보는 것입니다. 이렇게 자신의 내면을 들여다보면 자신이 문제를 해결할 수 있는 에너지를 갖게 됩니다. 그리고 문제를 좀 더 객관적으로 바라보고 전체적으로 사고를 할 수 있게 되어 문제를 해결할 수 있게 됩니다.

두 번째는 소통하는 과정에서 나를 보는 것이 아니라 '상대방'을 보는 것입니다. 사람이 살아가는 데 가장 어려운 것이 관계입니다. 그리고 관계의 핵심은 소통입니다. 이러한 소통을 잘하는 방법은 나를 보는 것이 아니라 남을 보는 것입니다. 나를 잊어버리고 온전히 상대방에게 집중하는 것입니다. 이렇게 상대방에게 집중하는 것만으로도 많은 문제를 해결할 수 있습니다. 왜냐하면 많은 문제의 원인은 상대방이 나에게 관심을 가져달라는 것이고, 나를 인정해 달라는 것입니다. 그런데 이렇게 소통 과정에서 상대방에게 온전히 집중해서 경청을 하게 되면 대부분의 문제는 생각보다 쉽게 해결됩니다. 그런데 만일 소통 과정에서 상대방에게 집중을 하지 않으면 어떻게 될까요? 문제의 내용보다는 소통 과정에서 자신이 무시를 당했다고 상대방이 생각을 하게 되어 문제가 더 심각하게 됩니다. 이렇게 된 이유는 소통 과정에서 남을 보지 않고 나를 보았기 때문입니다. 이렇게 나를 보지 않고 남을 보게 되면 상대방은 자신이 존중받았다는 생각을 하게 됩니다. 그래서 혹시 문제가 해결되지 않았다 하더라도 긍정적인 생각을 하게 됩니다.

여기에서 나를 보지 않는다는 것은 나의 입장이나 생각이 중요하지 않다는 것이 아닙니다. 어떤 것이 먼저냐 하는 우선 순위의 문제입니다. 먼저 상대방의 의견을 충분히 공감하고 그 다음에 자신의 생각이나 입장을 말하는 것입니다. 그렇게 되면 상대방과 공감대가 형성이 되었기 때문에 자신의 생각을 말하더라도 서로 양보할 수 있는 심리적인 여유를 갖게 됩니다. 절대로 자신의 입장이나 생각을 무시하라는 것은 아닙니다. 중요한 것은 우선 순위입니다. 먼저 무엇을 하고, 나중에 무엇을 하느냐입니다. 먼저 남의 입장을 충분히 이해를 하고, 그 다음에 자신의 입장이나 생각을 표현하는 것입니다.

중요한 것은 '시선'입니다. 문제가 생겼을 경우에는 먼저 자신에게 시선을 돌리는 것입니다. 그리고 소통을 하는 경우에는 먼저 상대방에게 시선을 돌리는 것입니다. 이것이 다른 사람과 관계를 잘 하는 핵심입니다. 이렇게 나와 남을 구분해서 생각하는 것이 문제를 해결하고 다른 사람과 관계를 잘하는 방법입니다. 하지만 나와 남을 구분해서 생각하는 것은 결코 바람직하지 않습니다. 왜냐하면 이렇게 나와 남을 구분하는 사고방식은 많은 문제의 원인이 되기도 합니다.

그래서 나와 남이 서로 연결되어 있고, 하나라는 생각을 합니다. 결국에는 우리는 누구나 행복하기를 소망합니다. 이렇게 행복하게 살기 위해서는 나와 남을 구분하는 생각으로는 절대로 행복할 수 없습니다. 나와 남이 서로 연결되어 있다는 생각을 가질 때 우리는 진정한 행복을 얻을 수 있습니다. 실제로 우리는 서로 연결되어 상대방의 에너지가 나에게 전달됩니다. 이것은 중력의 법칙과 같이 거스릴 수 없는 우주의 법칙입니다. 상대방이 불행하게 되면 그것이 나의 불행이 되고, 상대방이 행복하면 나도 행복해집니다. 따라서 내가 진정으로 행복하기 위해서는 상대방이 행복하도록 긍정적인 영향을 주어야 합니다.

아이가 친구 관계에서 문제가 있다고 생각해 보겠습니다. 그러면 어떻게 문제를 해결해야 할 것인지에 대하여 이야기를 해보는 것입니다. 사실 아이 입장에서 친구 관계 문제는 가장 어려운 문제이고, 해결하는 것이 쉽지 않습니다. 어른도 가장 어려운 것이 다른 사람과 관계입니다.

일단 부모가 아이에게 질문을 하는 것입니다. 이 문제를 해결하기 위해서 어떻게 했으면 좋겠는지 아이의 생각을 물어보는 것입니다. 먼저 부모가 자신의 생각을 강요하는 것은 좋은 방법은 아닙니다. 아이의 생각을 충분히 들어보고 아이가 스스로 문제를 해결하는 방법을 찾도록 도와주는 것이 부모의 역할입니다. 부모가 아이에게 질문을 하면 아이가 자신의 생각을 말합니다. 그러면 부모는 아이가 이 문제를 해결하는데 어떻게 도와주면 좋겠는지 물어봅니다. 그러면 아이가 자신의 생각을 말하면 아이가 요구하는 것에 따라서 부모가 도와주면 됩니다. 이때 주의할 점은 부모가 자신의 생각을 강요하고 아이가 따르도록 하지 않아야 한다는 것입니다. 아이가 성장하면서 부딪히게 될 수 많은 문제를 부모가 대신해서 해결해 줄 수 없습니다. 아이가 문제를 스스로 해결할 수 있는 방법을 가르쳐야 합니다. 그래야 아이가 어떤 어려운 상황에서도 스스로 문제를 해결할 수 있는 능력을 갖게 됩니다.

자신이 세상의 주인이다

옛날에 양반집 마님이 머슴에게 말하였습니다. "돌쇠야, 내일 남창에 다녀와야겠다." 그러자 머슴은 "네, 마님."하고 대답하였습니다. 다음 날 아침에 마님이 돌쇠를 찾았습니다. 그런데 하루 종일 집에서 보이지 않았습니다. 해가 질 무렵에 돌쇠가 나타났습니다. 그래서 마님이 물었습니다. "돌쇠야, 하루 종일 어디에 있었느냐?"라고 묻자 돌쇠는 "네, 남창에 다녀왔습니다."라고 자신있게 말하였습니다. 마님은 기가 차서 한숨을 쉬었습니다. 머슴은 무엇 때문에 남창에 가야 하는지 모르고 마님이 가라고 해서 그냥 간 것입니다. 머슴은 아무 생각 없이 마님이 하라는 대로 한 것입니다. 돌쇠 입장에서는 억울할 수 있습니다. '나는 마님이 남창에 다녀오라고 해서 갔다 왔는데 내가 무슨 잘못이냐?'라고 생각할 수 있습니다. 하지만 남창에 무슨 일로 가야 하는지 생각하지 않는 것입니다. 이렇게 머슴은 주인이 아니라 노예로 살아갑니다. 우리도 이렇게 아무 생각 없이 습관이 하라는 대로 살아가고 있지는 않는지 되돌아 볼 필요가 있습니다.

이처럼 아이들을 가르칠 때 가장 중요한 것은 주인 의식을 갖게 하는 것입니다. '내가 세상의 주인이다.'라는 생각을 갖게 하는 것입니다.

내가 세상의 주인이라는 생각을 하는 아이는 언제 어디서나 주인으로 살아가게 됩니다. 가정에서나 학교에서 자기 할 일을 스스로 찾아서 하고 인생을 당당하게 살아갑니다. 이것이 이 세상의 모든 부모가 바라는 아이의 이상적인 모습입니다.

그런데 왜 아이들은 이러한 주인 의식을 갖지 못하는 것일까요? 그것은 부모나 교사의 원인이 큽니다. 가정에서나 학교에서 아이는 한 번도 자기가 스스로 어떤 것을 선택한 경험이 없었습니다. 집에서는 부모님이 시키는 대로 하고, 학교에 가면 선생님이 가르치는 대로 합니다. 주인은 시키는 사람이고, 노예는 시키는 것을 하는 사람입니다. 아이들은 주인이 아니라 노예라고 할 수 있습니다. 지금까지 노예로 살아왔는데 어느 날 갑자기 주인으로 살아가라고 하면 절대로 할 수 없습니다. 지금이라도 아이가 주인으로 살아가는 기회를 주어야 합니다. 집에서나 학교에서 아이가 스스로 선택해서 할 수 있도록 해야 합니다. 그래야 아이가 내가 주인이라는 생각을 갖게 되어 주인 의식을 발휘하게 됩니다.

지금까지 **교육 문제의 핵심은 아이가 주인이 아닌 노예로 살아가게 한다는 것입니다.** 아이를 주인으로 살아가게 하면 지금의 교육 문제를 해결할 수 있습니다. 우리가 왜 아이를 노예로 살아가게 하는지 한 번 생각해 보아야 합니다. 부모나 교사는 아이들을 위해서라고 합니다. 하지만 이렇게 노예로 살아온 아이들은 앞으로 인생에서 삶의 주인으로 살아가지 않고 노예로 살아가게 됩니다.

그러면 왜 아이가 삶의 노예로 살아가게 하면 안 될까요? **인생을 노예로 살아가게 되면 늘 불행합니다.** 모든 것이 내 책임이 아니라 다른 사람에게 책임을 돌립니다. 부모 탓, 조상 탓, 환경 탓을 하고 매사에 불평불만을 가지고 살아갑니다. 내가 공부를 못하는 것은 머리가 나빠서 못하는 것이고, 내가 사회에 나가서 성공을 못하는 것은 운이 나빠서 못하는 것입니다. 내가 가난하게 사는 것은 부모가 돈을 물려주지 않아서 가난하게 사는 것입니다. 이렇게 생각하면 내가 할 수 있는 것은 아무것도 없습니다. 그저 주어진 대로 인생을 하루하루 살아갑니다. 꿈도 없고, 희망도 없고, 비전도 없습니다. 아무 생각 없이 행동하고 의식이나 의지가 없이 하루하루를 살아갑니다. 그러면 매 순간이 고통이고, 불행하고, 지금 살고 있는 세상이 지옥입니다. 새로운 도전보다는 현재 순간에 만족하고 살아갑니다. 새롭게 변화하고 성장하는 것보다는 현재 상태를 유지하고 관리하고자 합니다.

우리는 실제로 주인으로 인생을 살아가고 있습니다. 내가 있기 때문에 세상이 있고 우주가 있습니다. 만일 내가 이 세상에 없다면 이 세상과 우주는 그 순간 사라지게 됩니다. 그리고 실제로 사람들은 모두 각자 주인으로 인생을 살아가고 있습니다. 다만 우리가 그것을 인식하지 못할 뿐입니다.

주인 의식의 단계를 몇 가지로 구분할 수 있습니다. **첫 번째 단계는 피해 의식으로 살아가는 사람입니다.** 주인 의식이 전혀 없고 그래서 자신이 선택할 수 있는 것이 전혀 없습니다. 자기 중심적이고 타인을 전혀 의식하지 못하는 사람입니다.

두 번째 단계는 자신이 스스로 창조를 하면서 살아가는 사람입니다. 피해 의식은 없고 주인 의식을 가지고 스스로 선택을 하면서 살아가는 사람입니다. 하지만 다른 사람에게 도움을 주기보다는 자기중심적으로 살아가는 사람입니다.

세 번째 단계는 자기 자신이 아니라 다른 사람에게 도움을 주면서 살아가는 사람입니다. 자기 중심에서 벗어나 타인 중심으로 생각을 하는 사람입니다. 동시에 자신의 성장과 변화를 위하여 노력하는 사람입니다. 자신이 성장하고 변화하는 과정에서 다른 사람을 위하여 도움을 주는 사람입니다.

네 번째 단계는 더 좋은 세상으로 변화시키는 사람입니다. 자신의 성장과 변화는 완성 단계에 있고, 더 나은 세상을 위해서 자신이 어떤 일을 해야 할지 생각하는 사람입니다. 인간의 경지를 초월한 신의 경지에 이른 사람입니다. 이런 사람은 세상을 바꾸고 인류를 구원하는 일을 하는 사람입니다. 이렇게 주인 의식의 단계는 피해 의식을 가진 사람의 단계에서 주인 의식을 가진 사람의 단계로 나아갑니다. 그리고 자기 중심적인 사람의 단계에서 타인 중심적인 사람의 단계로 나아갑니다. 현실을 하루하루 살아가는 사람의 단계에서 세상을 변화시키는 사람의 단계로 나아갑니다. 아이는 주인 의식을 통하여 끊임없이 성장하고 변화하게 됩니다.

그러면 주인 의식으로 살아가는 사람들의 특징은 무엇일까요? 자신이 주인으로 세상을 살아간다고 생각을 하면 모든 것이 다른 사람 탓이 아니라 모든 문제의 원인이 자신에게 있다고 생각을 합니다. **주인 의식을 가진 사람은 자신이 스스로 선택을 합니다.** 자신이 어떤 삶을 살 것인지 선택을 합니다. 자신이 행복하게 살 것인지, 불행하게 살 것인지 선택합니다. 그리고 상대계를 살 것인가, 절대계를 살 것인가 선택합니다. 이처럼 주인 의식을 가진 사람은 자신이 스스로 선택하며 살아갑니다. 그리고 자신이 모든 것에 책임을 져야 한다고 생각합니다. 그래서 모든 일을 할 때 신중하게 생각하고 행동을 하게 됩니다. 또한 모든 문제의 원인이 자신에게 있다고 생각을 하기 때문에 문제가 생겼을 경우에 먼저 자신의 내면을 성찰합니다. 그래서 자신이 변화되어야 할 것을 찾아 문제를 해결하게 됩니다.

아이가 주인 의식을 갖게 하기 위해서 필요한 것은 무엇일까요? **주인 의식을 기르기 위해서는 자율성을 주어야 합니다.** 자율성이 없으면 스스로 판단할 수 없기 때문에 주인 의식을 갖기 어렵습니다. 주인 의식을 갖게 하려면 스스로 판단하고 결정할 수 있는 권한이 주어져야 합니다. 아이가 주인 의식을 갖게 하기 위해서는 스스로 판단해서 결정할 수 있는 권한을 최대한 주는 것이 중요합니다. **그리고 성장하는 과정에서 생길 수밖에 없는 실수에 대하여 허용적이어야 합니다.** 따라서 부모가 항상 아이를 인정해 주고 기다려주는 것이 중요합니다.

내가 주인 의식을 가지고 세상을 살아가기 위해서는 어떻게 해야 할까요? **먼저 자신을 주인이라고 생각합니다.** 그리고 주변 사람들에게 영향을 받지 않습니다. 모든 것을 스스로 판단하고 결정합니다. 발생하는 모든 문제에 대하여 책임 의식을 가지고 임합니다. 그리고 항상 크게 멀리 보고 판단을 합니다. 때로는 인생에서 손해를 보는 경우가 있습니다. 그러나 주인은 긴 안목을 가지고 자신이 해야 할 일을 스스로 찾아 노력합니다.

또한 **주인은 매사에 새로운 생각을 합니다.** 주인은 끌려가는 것이 아니라 주도적으로 다른 사람들을 이끄는 사람입니다. 다른 사람을 이끌기 위해서는 늘 다른 사람들이 생각하지 못하는 새로운 생각을 해야 합니다. 주인은 늘 미리 준비하고 문제를 사전에 예방하기 위해서 노력합니다. 주인은 창의적인 아이디어로 새로운 것을 만들어 갑니다. 회사 사장이나 CEO가 하는 일은 새로운 생각을 하여 새로운 사업을 구상하는 것입니다.

이 세상의 주인은 자신입니다. 내가 없으면 이 세상은 존재하지 않습니다. 그리고 내가 원하는 세상을 창조하며 살아갑니다. 이 세상에서 내가 주인이라고 생각하면 나의 인생이 달라집니다. 이제까지 살아온 인생과 완전히 다른 인생을 살아가게 됩니다. 내가 주인으로 살아가는 이 세상은 지금보다 훨씬 더 멋진 새로운 세상이 됩니다.

🧑 생각의 주인으로 살아가는 방법

매일 아침에 하는 나의 루틴Routine입니다. 아침에 일어나면 찬물로 샤워를 합니다. 찬물로 샤워를 하면 하루 종일 정신적으로 깨어있게 됩니다. 그리고 5분 명상을 합니다. 명상을 하면서 하루를 편안하게 시작합니다. 짧은 시간이지만 명상은 심리적으로 안정감을 주고 기분을 좋게 합니다. 그리고 5분 동안 아침 운동을 합니다. 팔굽혀펴기를 하여 어깨 근육을 단련시켜 줍니다. 그리고 누워서 발 들어 올리고 내리기를 합니다. 이 운동을 하면 뱃살 근육을 단련시켜 주고, 뱃살을 빼는데 효과적입니다. 또한 스쿼트를 합니다. 스쿼트를 하면 하체 다리 근육을 단련시켜 줍니다. 이렇게 간단한 아침 운동으로 더 의욕적으로 하루를 시작하게 됩니다. 이것이 생각의 주인으로 매일 살아가는 방법입니다. 생각의 주인으로 살아가는 좋은 방법은 명상입니다. 그렇다면 어떻게 명상을 통하여 생각의 주인으로 살아가는지 알아보겠습니다.

명상은 편안한 자세에서 눈을 감고 심호흡을 하는 것입니다. 그리고 떠오르는 생각을 멈추고 호흡에 집중하는 것입니다. 우리는 스트레스를 받고 우울증이 심해지면 많은 생각을 하게 됩니다. 스트레스와 우울증의 가장 효과적인 치료 방법은 이렇게 떠오르는 생각을 멈추는 것입니다. 저절로 떠오르는 쓸데없는 많은 생각을 멈추는 것만으로도 치료 효과가 있습니다.

그러면 어떻게 명상을 하면서 생각을 멈출까요? 명상을 하게 되면 저절로 많은 생각들이 떠오르게 됩니다. **이때 생각이 떠오르는 것을 알아차리는 것이 중요합니다.** '아, 지금 내가 생각을 하고 있구나.' 하고 알아차리는 것입니다. 그리고 **생각을 멈추고 호흡으로 돌아오는 것입니다.** 이 때 생각을 멈추는 가장 효과적인 방법은 호흡을 할 때 '소리'를 내는 것입니다. 심호흡을 하는 숨소리를 의도적으로 크게 내는 것입니다. 그러면 자연스럽게 그 소리를 의식하게 되어 떠오르는 생각을 멈출 수 있습니다. 이렇게 명상을 하면서 반복적으로 생각이 떠오를 때마다 숨소리를 크게 내어 다시 호흡으로 돌아옵니다.

명상은 마음을 훈련하는 것입니다. 명상은 호흡에 집중하도록 훈련하는 것입니다. 그래서 명상을 계속하게 되면 자신이 마음을 다스릴수 있게 됩니다. 만일 내가 마음을 다스리지 않으면 하루 동안 엄청난 생각을 하면서 시간을 보내게 됩니다. 이러한 생각들은 내가 원해서하는 것이 아닙니다. 내 의지와는 상관없이 저절로 떠오르는 것입니다. 저절로 떠오르는 생각으로 우리가 살아가다 보면 내가 원하는 삶을 살수 없습니다.

내가 원하는 삶을 살려면 자신의 생각을 다스릴 수 있어야 합니다. 내가 원하는 생각을 하고 원하는 것에 집중을 할 수 있어야 합니다. 그리고 내가 원하지 않은 생각을 하지 않는 것입니다. 이렇게 내가 생각을 다스릴 때 비로소 자신이 내 마음의 주인이 됩니다. 그렇지 않으면 나는 내 마음의 노예로 살아갑니다. 이런 사람들은 나는 원하지 않은데 내 마음이 하라는 대로 살아가게 됩니다. 아무 생각 없이 습관적으로 살아갑니다. 하지만 이렇게 **어떤 생각이 들 때 바로 행동을 하지 않고 자신이 하고 싶은 생각을 떠 올리는 것입니다.** 이러한 과정을 반복하면 결국에는 자신의 생각을 다스리게 됩니다. 내가 주도적으로 생각을 하고 내가 원하는 행동을 하는 것입니다. 생각난 대로 행동을 하는 것이 아니라 내가 주도적으로 판단하여 행동을 합니다.

이렇게 생각하는 과정을 거쳐서 '선택'을 합니다. 내가 생각나는 대로 살 것인가, 내가 주도적으로 생각하면서 살 것인가 선택하는 것입니다. 이것은 결국 내가 내 인생의 노예로 살 것인가, 주인으로 살 것인가 선택하는 것입니다. 생각나는 대로 행동하는 사람은 노예로 사는 사람입니다. 그리고 내가 생각해서 행동하는 사람은 주인으로 사는 사람입니다. 이렇게 내가 어떻게 선택하느냐에 따라서 나의 인생이 달라집니다. 이렇게 언제까지 내가 원하지 않는 생각으로 인생을 살아갈 수는 없습니다. 그래서 내가 원하는 방향으로 생각하고 행동하는 연습이 필요합니다. 그래야 진정 내가 바라는 행복하고 성공적인 삶을 살아갈 수 있습니다.

성공한 사람들의 공통적인 특징은 내가 원하지 않은 생각을 버리고 내가 원하는 생각에 집중하는 것입니다. 성공을 하기 위해서는 내가 하고 싶은 일에 에너지를 사용해야 합니다. 그런데 불행하고 실패한 인생을 살아가는 사람들은 내가 원하지 않는 생각에 이끌려 에너지를 모두 소비하고 정작 내가 원하는 것을 하는데 필요한 에너지는 거의 없게 됩니다.

이렇게 **명상은 우리가 원하지 않은 생각을 멈추고 우리가 원하는 생각을 하는 좋은 방법입니다.** 눈을 감고 명상을 하면 내가 원하지 않은 생각이 떠오릅니다. 그러면 다시 호흡에 집중하여 생각을 멈춥니다. 이러한 것을 반복적으로 하면 내가 원하지 않은 생각을 하지 않게 됩니다. 그리고 내가 원하는 생각에 집중을 합니다. 그래서 명상을 통해서 내가 원하지 않은 생각을 멈추고 내가 원하는 생각을 합니다. 다른 사람을 의식하거나 외부의 상황에 의하여 영향을 받기 보다는 자신의 내면에 집중을 합니다. 그래서 타인이나 외부의 상황에 의해 마음이 흔들리지 않게 됩니다.

우리는 명상을 통하여 비로소 내 마음의 주인으로 살아갈 수 있게 됩니다. 그리하여 누구나 꿈꾸는 행복하고 성공적인 삶을 살아가게 됩니다. 행복하고 성공적인 사람은 아무리 외부 상황이 자신을 어렵고 힘들게 할지라도 흔들리지 않는 태도를 가진 사람입니다. 그 사람은 어떤 상황에서도 불행하지 않습니다. 아무리 어렵고 힘든 일이 생기더라도 자신이 원하는 생각을 하기 때문입니다. 명상을 하면서 자신이 원하지 않는 생각을 버리고 자신이 원하는 생각에 집중하게 되는 것입니다. 그리고 더 높은 차원의 지혜로운 삶을 살아가게 됩니다. 지금 바로 눈을 감고 심호흡을 해 보세요. 그 순간부터 자신의 운명이 변하게 됩니다.

아이가 공부를 하면서 스트레스로 힘들어하는 순간에 명상을 하게 합니다. 명상을 통하여 지친 심신의 피로를 회복하고 스트레스를 해소하게 됩니다. 무엇보다 명상을 통하여 아이가 생각의 주인으로 살아가는 방법을 배우게 됩니다. 아이가 매일 명상을 하는 습관을 갖게 하는 것만으로도 부모가 아이에게 준 가장 큰 선물이 됩니다. 그러면 아이는 살아가면서 힘들 때마다 명상을 하고, 명상으로 에너지를 얻어 인생을 당당하게 살아가게 됩니다.

생각을 바꾸면 지금 당장 행복하게 된다

개인적으로 미용실에 갈때마다 생각을 하게 됩니다. 그 전에는 머리를 깎고 머리를 감을 때 앞으로 숙여야 했습니다. 앉아서 고개를 숙이는 것이 너무 불편하고 대부분의 경우 옷이 물에 젖는 경우가 많습니다. 하지만 요즘에는 미용실에 가면 머리를 뒤로 젖혀서 머리를 감습니다. 이렇게 되면 옷이 물에 젖지 않아 좋고 무엇보다 편안하게 머리를 감을 수 있습니다. 이것을 '코페르니쿠스적 전환A Copernican Change'이라고 할 수 있습니다. 이렇게 지금하고 있는 것이 불편하면 반대로 바꾸어 보면 문제를 쉽게 해결할 수 있게 됩니다.

올림픽 경기에서 높이뛰기 세계 신기록을 보유하고 있는 딕 포스버리Dick Fosbury 선수가 있습니다. 그는 고등학교 2학년 때 높이뛰기 선수 테스트에서 160cm를 넘는 데 실패를 하였습니다. 그래서 '아, 나는 소질이 없나 보다.'라고 생각하였습니다. 너무 실망한 나머지 높이뛰기 선수를 포기하려고 하였습니다. 순발력도 떨어졌고, 스피드도 뛰어나지 않았습니다. 그러나 다리의 힘은 강했습니다. 어느 날 우연히 그는

'왜 땅을 보고 넘어야 하지. 다른 방법은 없을까?'라고 생각을 하였습니다. 그러면서 체조 경기장에서 도마 경기를 보았습니다. 1968년 멕시코 올림픽 대회에서 그는 자신이 고안한 신기술로 224cm를 넘어 금메달을 땄습니다. 그런데 그 이후에 모든 높이뛰기 선수들은 '포스버리 기술'라는 이 기술을 이용하고 있습니다. **포스버리 기술**Fosbury Flop**은 땅 쪽으로 하는 기술이 아니라 하늘을 보면서 바막대를 뒤로 넘으면서 회전하는 기술입니다.** 지금 하고 있는 일이 잘 안된다고 생각을 하면 반대로 해 보면 더 혁신적인 아이디어를 발휘하게 됩니다.

이스라엘 와이즈만 과학연구소Weizmann Institute of Science의 생물학자 론 센더Ron Sender와 론 마일로Ron Milo에 따르면, 사람의 몸은 하루에 약 3,300억 개의 세포가 새로 만들어지고 사라진다고 합니다. 사람의 몸은 초당 380만 개 이상의 새로운 세포를 교체한다고 합니다. 연구팀은 80일마다 30조 개의 세포가 만들어지고, 18개월마다 46kg의 세포 질량을 생산한다는 것을 발견하였습니다. 이것을 통해 알 수 있는 것은 우리의 몸은 매일 새로 바뀌고 있다는 것입니다. 또한 우리의 마음도 늘 변하게 됩니다. 우리의 생각을 바꾸면 우리의 느낌이 달라집니다. 느낌이 달라지면 우리의 선택이 달라집니다. 선택이 달라지면 우리의 인생이 달라집니다.

우리는 누구나 행복을 원합니다. 그런데 지금 당장 행복하게 살아가는 비결이 있습니다. 그것은 **생각을 바꾸는 것입니다.** 먼저 현재의 생각을 알아차리는 것입니다. 그리고 그 생각과 정반대로 생각을 바꾸는 것입니다. 그러면 기적과 같이 행복해집니다. 또 어떤 사람이 가난해서 불행하다고 생각해 보겠습니다. 가난은 힘든 것이고, 그래서 자신이 불행하다고 생각합니다. 특히 다른 사람과 비교를 하게 되면 자신이 더 초라해지고 그래서 불행하다는 생각을 하게 됩니다. 이럴 경우에 바로 생각을 바꾸는 것입니다. 지금 내가 부족한 것에 관심을 갖기 때문에 자신이 불행하다고 생각합니다. 생각을 바꾸어 내가 지금 가지고 있는 것에 감사하다고 생각하는 것입니다. '내가 현재 돈은 없지만 나는 건강한 몸과 마음을 가지고 있다. 그리고 사랑하는 가족이 있다.'라고 생각을 합니다. 지금 내가 가지고 있는 것만 생각해도 내가 가지고 있는 것은 셀 수 없이 많습니다. 또 그것을 돈으로 환산할 수 없습니다. 만일 눈으로 볼 수 없다면 눈으로 보기 위해서 얼마의 돈이 있어야 할까요? 심장이 멈춘다면 심장을 살리기 위해서 얼마나 많은 돈이 있어야 할까요?' 우리는 이미 돈으로 환산할 수 없는 너무나 많은 것들을 가지고 있습니다. 그래서 지금 내가 가지고 있는 것만으로도 충분히 행복할 수 있습니다.

그런데 지금 생각을 바꾸지 않고 살아간다고 생각을 해보겠습니다. 그 사람은 계속해서 불행할 것입니다. 죽을 때까지 불행하게 인생을 살아갈 것입니다. 만약에 '나는 그렇게 불행하고 살고 싶다.'라고 생각하면 그렇게 살면 됩니다. 하지만 '지금이라도 나는 인생을 행복하게 살고 싶다.'라고 생각을 하면 방법은 지금 가지고 있는 생각을 바꾸는 것입니다. 아주 쉽고 간단합니다. 지금 가지고 있는 생각과 정반대 생각으로 바꾸는 것입니다. 이렇게 생각을 바꾸는 것만으로도 지금 바로 행복해질 수 있습니다. 생각은 순식간에 바꿀 수 있습니다. 그리고 이것은 누구나 가능합니다. 내가 행복한 인생을 살고 싶다는 생각만 있으면 언제든지 가능합니다.

하지만 조금 아쉬운 부분이 있습니다. 그것은 이러한 행복이 지속되기 어렵다는 것입니다. 그러면 좀 더 지속적으로 행복하게 살아가는 방법은 무엇일까요? 그것은 **의식 수준을 높이는 것입니다.** 의식의 수준을 높인다는 것은 자신이 가지고 있는 생각을 좀 더 높은 차원으로 끌어 올리는 것입니다. 그리고 자신의 생각을 우주로 연결하는 것입니다. 그래서 현재 의식을 순수 의식이라는 신의 영역으로 의식 수준을 높이는 것입니다. 순수 의식은 영혼을 말하며, 지속적인 마음의 평화가 있고, 현재 의식을 뛰어넘는 것입니다. 현재 의식을 파도로 비유한다면 순수 의식은 바다를 말합니다. 바다는 항상 잔잔하지만 그 안에 무한한 에너지를 가지고 있습니다. 지속적인 행복을 살아가기 위해서는 이처럼 바다와 같이 흔들리지 않는 마음을 갖는 것입니다. 아무리 외부의 환경이 자신을 힘들게 할지라도 우리는 순수 의식을 통하여 흔들리지 않는 평정심을 갖게 됩니다.

그러면 어떻게 하면 마음의 평정심을 가질 수 있을까요? **마음의 평정심을 유지하기 위해서는 마음공부를 하는 것입니다.** 마음공부를 통하여 내면에서 일어나는 생각을 바꾸는 것입니다. 그러면 갑자기 흥분을 하거나 상대방과 싸울 일이 생기면 어떻게 생각을 바꾸어야 하는지 이해하게 됩니다. 한 마디로 마음이 움직이는 원리를 이해하는 것입니다. 그리고 마음에 대한 이해와 함께 마음을 훈련하는 명상을 하는 것입니다. 명상을 통하여 마음을 집중하는 훈련을 하는 것입니다. 이러한 훈련을 통하여 어떤 상황에서도 마음의 평정심을 유지할 수 있게 됩니다. 즉 마음공부를 하는 방법은 마음의 원리에 대하여 이해를 하고 매일 명상하는 습관을 갖는 것입니다. 이렇게 하면 외부의 어떠한 자극에 대해서도 흔들리지 않는 평정심을 유지할 수 있는 경지에 도달할 수 있게 됩니다.

또한 긍정적으로 사고하고 적극적인 마인드를 갖는 것입니다. 긍정적인 사고는 모든 것을 긍정적인 시선으로 바라봅니다. 부정적인 시선으로 세상을 바라보면 어떠한 성장과 변화도 있을 수 없습니다. 성장과 변화를 위해서는 항상 긍정적으로 사고를 해야 합니다. 그래서 먼저 생각할 점은 내가 평상시에 부정적인 사고를 하고 있는지, 긍정적인 사고를 하고 있는지 되돌아보아야 합니다. 매사에 소극적인 사람은 어떠한 것도 할 수 없습니다. 적극적으로 어려운 도전을 시도할 수 있어야 합니다. 이렇게 도전을 하는 사람만이 변화와 성장을 하게 됩니다.

진정한 행복을 위해서는 **자신보다는 '타인'을 먼저 생각하는 것이 중요합니다.** 타인을 인정하고 존중하며 타인의 장점을 찾아 칭찬해 주는 것입니다. 자신보다는 상대방을 먼저 생각하고 '위'로 생각하는 것입니다. 그리고 자신을 나중에 생각하고 '아래'로 생각하는 것입니다. 이렇게 생각을 하면 우리는 언제나 행복하게 살아갈 수 있습니다. 그리고 다른 사람들과 갈등이나 다툼이 생기지 않게 됩니다. 오히려 다른 사람과 소통을 잘하고 관계를 잘하게 됩니다. 다른 사람들과 관계가 좋아지면 자연스럽게 행복하게 살아갑니다.

자신을 낮출 수 있는 사람은 항상 주변 사람들이 그 사람을 인정해 주고 남들로부터 존중을 받게 됩니다. 이것이 행복의 비결입니다. 반대로 자신을 먼저 생각하고 자신을 높이는 사람은 다른 사람들이 그 사람을 싫어하고 인정하지 않게 됩니다. 그래서 그 사람은 다른 사람들과 관계가 어려워지고 소통이 어려워집니다. 이런 사람은 불행하게 살아갈 수 밖에 없습니다.

우주적인 관점을 가지고 세상을 살아가면 늘 행복합니다. 왜냐하면 우주의 관점으로 세상을 보게 되면 세상의 작은 다툼이나 갈등이 보이지 않습니다. 그래서 허용적이고 수용적인 태도로 살아가게 됩니다. 이것이 진정한 행복의 비결입니다. 내가 다른 사람들과 문제가 생기고, 내가 하고 있는 일이 어려울 때는 자신을 되돌아보고 우주를 생각하는 것입니다. 그러면 자신이 얼마나 작은 일을 가지고 힘들어 하는지 알게 됩니다. 이렇게 생각하면 바로 그 순간 마음이 더 편안해지고 그래서 고통을 이겨낼 수 있는 힘을 갖게 됩니다.

자신을 되돌아 보는 사람은 내면의 힘을 가지고 있습니다. 그래서 어떠한 어려움이 있어도 극복할 수 있는 힘을 갖게 됩니다. 내면의 힘은 모든 것을 가능하게 하는 무한한 에너지입니다. 그래서 어떠한 어려움도 이겨낼 수 있는 강한 힘입니다. 하지만 외부의 힘은 외부 환경의 영향을 받기 때문에 흔들리기 쉽고 언제 사라질지 모릅니다. 살아가면서 힘든 순간에 내면의 힘을 의식하면 어려움을 딛고 일어설 수 있는 강한 힘을 갖게 됩니다.

그럼 아이가 어떻게 생각을 바꾸도록 가르칠 수 있을까요? 아이가 친구에게 화가 난 경우를 생각해 보겠습니다. 그러면 아이는 자신이 화가 나 있다는 것을 느끼게 합니다. '아 내가 화가 났구나!'라고 혼자 생각을 합니다. 그리고 화가 나면 친구를 때리고 싶은 생각이 듭니다. 그때 '아 진짜 화가 나네. 나도 그 친구를 때려야지.'라는 생각을 합니다. 그런데 자신의 생각과 반대로 행동을 하게 합니다. 친구를 때리는 것이 아니라 친구에게 웃어 주라고 합니다. 물론 이렇게 이야기를 하면 아이는 "엄마, 내가 지금 화가 나 있는데 그것이 가능해요?"라고 항변을 할 수 있습니다. 그러면 일단 엄마가 말하는 대로 해보라고 합니다. 해보고 나서 어떤 결과가 오는지 스스로 경험하게 합니다.

이렇게 계속해서 아이가 친구에게 반응을 하지 않으면 친구도 놀리지 않게 되고 문제가 사라지게 됩니다. 그런데 이때도 그 친구가 계속해서 놀리는 경우가 있습니다. 이 때도 아이가 절대로 반응을 하지 않도록 합니다. 계속해서 아이가 반응을 하지 않으면 친구도 결국에는 놀리지 않게 됩니다. 물론 여기까지 계속해서 참는다는 것은 어린 아이에게 어려운 일입니다. 그렇지만 부모는 지금 당장은 힘들고 어렵지만 이것이 문제를 해결하는 가장 좋은 방법이라는 것을 아이가 느끼게 합니다. 그러면 아이는 나중에도 이런 비슷한 상황에서 의연하게 대처하는 능력을 갖게 됩니다. 이것이 아이에게 마음공부를 가르치는 방법입니다.

부모로서 아이들이 행복하게 살아가는 방법을 가르칠 수 있다면 그것보다 더 좋은 것은 없을 것입니다. 아이들이 평생을 살아가는 동안 어떤 어려움이 있더라도 그 순간에 행복할 수 있다는 것은 기적과 같은 일입니다. 그런데 이러한 일이 가능합니다. 그것은 그 순간 생각을 정반대로 바꾸고, 에고와 반대로 행동을 하고, 절대와 순수 의식을 의식하고, 내면의 힘을 활용하는 것입니다. 그런데 이것을 아이들에게 어떻게 가르칠 수 있을까요? 아이들에게 이것을 가르치는 가장 좋은 방법은 부모가 그렇게 살아가는 모습을 보여주는 것입니다. 그러면 아이들은 부모의 모습을 보면서 스스로 깨닫게 됩니다.

🧑 매일 행복하게 사는 비결

학생들이 가고 싶고 머무르고 싶은 행복한 학교를 만들기 위해서 무슨 일을 해야 할까요? 2016년 12월에 '학생들이 주도하는 삶의 공간'이라는 주제로 학교 공간을 추진하였습니다. 학생들이 제안한 아이디어를 반영하고 공간 전문가들이 설계하여 놀이 공간을 만들었습니다. 학생들의 반응은 폭발적이었습니다. 그리고 교실에서는 선생님들이 학생들과 소통하여 교실 공간을 만들었습니다. 학생들은 쉬는 시간에도 복도에 나오지 않고 교실 공간에 머물며 즐거운 시간을 보내고, 수업 시간이 되면 모둠별로 좋아하는 공간에서 스스로 공부를 하였습니다. 이 후에는 아이들이 제안한 동아리 공간을 만들어 방과 후에 머물면서 독서도 하고, 낙서도 하고, 게임을 하며 즐거운 시간을 보냈습니다. 교직원들도 멋진 카페 공간을 만들어 커피를 마시면서 동료들과 대화를 나누면서 휴식 시간을 가졌습니다. 학교 공간을 통하여 학교 구성원 모두가 행복한 학교가 되었습니다.

TED 강연자인 재클린 웨이Jacueline Way는 〈365 나눔365give〉를 통하여 그 비법을 제시하고 있습니다. 아이가 **매일 행복하게 하는 비결은 매일 한 가지씩 나눔을 실천하는 것입니다.** 그러면 왜 나눔을 하면 행복하게 될까요? 일시적인 행복은 다른 사람으로부터 사랑을 받는 것입니다. 하지만 지속적이고 진정한 행복은 다른 사람으로부터 받는 것이 아니라 다른 사람에게 베푸는 것입니다. 그 이유는 무엇일까요? 우리의 뇌와 몸은 받는 것보다 주는 것에 더 강하게 반응을 합니다. 우리가 남에게 베풀면 엔돌핀이 나와서 최고로 좋은 감정을 느끼게 됩니다. 이것을 '헬퍼스 하이Helpers High'라고 합니다. '헬퍼스 하이'를 느끼면 혈압과 콜레스테롤 수치가 내려가고, 행복 지수가 올라갑니다. 그리고 면역력이 높아져서 몸과 마음까지 행복하게 됩니다. 특히 다른 사람에게 베풀게 되면 체내에 산소량이 증가하게 되는데 이것이 사랑의 호르몬입니다. 이것으로 인해 노화가 천천히 이루어집니다. 또한 행복의 호르몬인 세로토닌이 생깁니다. 그리고 스트레스 호르몬인 코티졸의 수준이 떨어지고 불안과 스트레스가 낮아져서 행복하게 됩니다.1

실제로 연구 결과에 의하면, **누군가를 도우면 가장 큰 행복감을 느끼고 또 이러한 행복감이 오랜 시간 지속된다는 것입니다.** 그래서 인간은 누군가를 도우며 사는 것이 건강하고 행복하게 사는 최고의 방법입니다. 이와 비슷한 말로 유대인 부모는 아이를 기를 때 '멘쉬mensch'를 강조합니다. 이것은 타인과의 관계에서 정직하고 반듯해 주위로부터 신뢰를 받는 사람을 말합니다. 어려운 사람들을 도우면서 행복을 느끼고 자신을 돌보는 사람, 어렵더라도 올바른 일을 하면서 정직하게 살아가는 사람입니다. 그리고 자신이 가지고 있는 지식, 돈, 시간을 사회에 기꺼이 내놓음으로써 타인에게 도움이 되는 행동을 말합니다. 한마디로 '멘쉬'는 훌륭한 인성을 가지고, 옳은 일을 행하며, 세상에 선한 영향력을 끼치는 사람을 말합니다. 유대인 부모는 아이를 기를 때 **"네가 베푼 조그만 친절로 인해 그 사람이 새로운 삶을 살 수 있게 된다."** 는 이야기를 수없이 반복해서 들려준다고 합니다.

재클린 웨이가 〈365 나눔〉을 시작하게 된 계기는 '어떻게 하면 3세인 아이가 평생 동안 행복하게 살아갈 수 있을까?'라고 생각을 하였습니다. 그래서 아이가 1년 동안 매일 다른 사람을 위해서 할 수 있는 가족 프로젝트를 실천하게 되었습니다. 그리고 나눔 프로젝트를 실천한 내용을 〈365 나눔〉 블로그에 올려 다른 사람들과 공유를 하였습니다. 그러자 세계 여러 나라에서 많은 사람들이 프로젝트에 공감하고 자신들이 실천한 내용을 글로 올리기 시작하였습니다. 그리하여 자신이 행복하고, 다른 사람을 행복하게 하고, 더 좋은 세상으로 변화시키기 시작하였습니다.

"나는 오늘 출근하는 길에 집이 없는 사람에게 아침 식사를 주었다. 어려운 사람에게 나눔을 실천하니 나도 행복하였다."

"나는 오늘 점심을 못 먹는 아이들에게 점심을 주었다. 아이들이 무척 기뻐하였다."

"교실에서 아이들과 함께 〈365 나눔〉을 실천하였다. 어떤 학생은 쿠키를 만들어서 소방관 아저씨들에게 드렸다. 프로젝트에 참여하였던 학생들은 자신들이 다른 사람을 위해 무언가를 할 수 있다는 것에 자부심을 갖게 되었다고 말하였다. 어떤 아이들은 쉬는 시간에 학생들에게 물건을 팔아서 번 돈으로 암 환자에게 기부를 하였다. 이런 것은 내가 미처 생각하지 못한 것이었다."라고 말하였습니다. 교사는 학생들이 〈365 나눔〉을 통하여 자신들이 더 좋은 세상을 만들 수 있다는 것을 알게 되어 큰 감동을 받았습니다. 더 중요한 것은 〈365 나눔〉으로 교실이 이전보다 더 학생들이 활발하고, 적극적이며, 행복한 교실이 되었다는 것입니다.

〈365 나눔〉 프로젝트는 어디에 사는지, 무엇을 하는지, 나이가 많고 적은지 관련이 없습니다. 우리 모두가 세상을 더 좋게 만들고 행복하게 만드는 것입니다. 너무 쉬운 것이어서 3살 아이도 실천할 수 있습니다. 실천하는 방법은 **먼저 관찰을 하는 것입니다.** 자신과 주변, 학교, 가족, 지역사회, 세계에서 어떤 일이 일어나고 있는지 관심을 가지고 관찰합니다. **다음은 할 일을 기록합니다.** 자신이 나눔을 할 수 있는 것을 목록으로 써보는 것입니다. **마지막으로 기록한 것을 실천합니다.** 매일 한 가지씩 나눔을 행동으로 실천하는 것입니다.

그렇다면 학교에서 〈365 나눔〉 프로젝트를 하면 어떤 점이 좋을까요? **가장 중요한 것은 학생들이 자신의 힘으로 세상을 바꿀 수 있다는 것을 알게 됩니다.** 학생이 이런 경험을 하면 이전과 완전히 다르게 생각하고 행동합니다. 학생은 어떻게 하면 다른 사람과 나눔을 할 수 있는지 다른 눈으로 세상을 바라보게 됩니다. 그러면 **학생들이 가지고 있는 불안이나 우울증, 스트레스가 사라지게 됩니다.** 자신이 남을 위해 어떤 일을 할 수 있다는 생각만으로도 심리적으로 안정감을 주고 자신감을 주기 때문입니다. 그래서 우울증이나 스트레스와 같은 마음의 병을 치유하게 됩니다. 또한 학생들이 학교에서 공부를 하고 있지만 왜 공부를 하는지 모르고 아무 생각 없이 공부를 합니다. 하지만 〈365 나눔〉 프로젝트를 통하여 **학생들은 왜 공부를 하는지, 공부의 의미를 이해하게 되고, 공부를 더 잘하기 위해서 적극적으로 수업에 참여하게 됩니다. 한 마디로 내적인 학습 동기가 유발되는 것입니다.**

이러한 〈365 나눔〉 프로젝트는 모든 교과 수업에 적용이 가능합니다. 수학, 과학, 국어, 미술 수업에서 다른 사람을 위해서 카드를 만들고, 감사의 글을 쓰고, 문제를 해결해 주고, 알뜰 시장을 열어 기부를 하는 것입니다. 이러한 활동을 통하여 자신이 교과를 배우는 이유와 의미를 더 잘 이해하게 되는 것입니다. 학생들은 교실을 넘어서 마을의 문제와 세계의 문제에 관심을 갖게 됩니다. 마을의 문제를 해결하기 위한 프로젝트 수업을 하고, 세계의 환경 문제를 위해서 할 수 있는 일들을 실천하는 것입니다. 그래서 학생들이 쓰레기를 줍는다든가, 분리 수거를 스스로 실천합니다. 이러한 과정에서 **우리가 학생들에게 미래 역량을 가르치게 됩니다.** 인성과 비판적 사고력, 협업 능력, 소통 능력과 같은 역량과 세계시민의식을 가르치게 됩니다.

〈365 나눔〉 프로젝트는 교실의 문화도 바꾸게 됩니다. 이러한 프로젝트를 추진하게 되면서 교실이 긍정적이고 활기찬 교실 문화가 만들어지게 됩니다. 학생들이 주도적으로 문제를 제기하고 문제를 해결하기 위해서 적극적으로 활동을 하기 때문입니다. 학생들은 〈365 나눔〉 프로젝트를 통하여 다른 사람을 위해서 자신이 무언가를 할 수 있다는 것을 알게 됩니다. 그래서 새로운 도전이나 모험을 하게 되고 실패를 두려워하지 않게 됩니다. 학생들은 자신감과 도전 의식을 가지고 있기 때문에 무엇이든지 할 수 있다는 강한 신념과 의지를 갖게 됩니다. 사람들은 누구나 행복하기를 바랍니다. 하지만 많은 사람들은 여전히 불행한 삶을 살아가고 있습니다. 그런데 이렇게 〈365 나눔〉 프로젝트를 통하여 우리는 매일 행복하게 살아갈 수 있습니다. 자신뿐만 아니라 다른 사람을 행복하게 하고 세상을 더 좋은 세상으로 변화시키게 됩니다. 지금 당장 아이와 함께 〈365 나눔〉 프로젝트를 실천해 보면 어떨까요? 아이는 〈365 나눔〉 프로젝트를 통하여 매일 행복하게 살아가게 됩니다. 그리고 아이가 자신이 어떤 사람으로 성장해야 하는지를 스스로 알게 됩니다. 이와 같이 나눔은 부모가 아이를 키우는 최고의 교육 방법입니다.

지혜롭게 사는 방법

개인적으로 교장 선생님과 대화를 통하여 많은 영감을 받았습니다. 그리고 인생을 지혜롭게 사는 것에 대하여 많은 대화를 나누었습니다. 이것은 교장 선생님께서 개인적으로 경험한 이야기입니다. 교장 선생님은 어느 날 개인적으로 힘든 시간이 있었습니다. 그런데 자동차 안에서 어느 순간 자신과 대화를 하고 있다는 것을 깨달았습니다. **"너 힘들지?"**, **"하지만 지금까지 잘 해 왔잖아."**, **"너는 잘 할 수 있어."**라고 혼잣말을 하였답니다. 그랬더니 마음이 한결 차분해지고 자신감을 얻게 되었습니다. 그 후로도 자주 혼잣말을 통하여 힘을 얻는다고 합니다. 그러면 지혜롭게 사는 방법은 무엇일까요?

지혜로운 사람은 모든 사람들에게 이익이나 도움이 되도록 합니다. 자신의 이익만을 위해서 하는 것이 아니라 다른 사람의 이익도 같이 생각을 합니다. 그래서 문제를 해결한 후에 모든 사람들이 만족스러운 결과를 가져옵니다. 물론 이것은 결코 쉬운 일이 아닙니다. 하지만 만일 그렇지 않고 자신의 이익만을 위해서 문제를 해결하려고 할 경우에 문제는 절대로 해결할 수 없습니다. 이것은 상대방이 절대로 그렇게 하도록 허용하지 않을 것입니다. 그렇다고 상대방만의 이익을 위해서 문제를 해결하면 자신이 손해를 감수해야 합니다. 문제를 해결한 결과 자신이 만족스럽지 않게 됩니다. 그래서 지혜롭게 문제를 해결하기 위해서는 상대방에게 어떤 도움을 줄 것인가 생각하고, 자신에게도 어떤 도움이 될 것인지 동시에 생각합니다. 이렇게 생각하면 창의적인 사고를 하게 됩니다. 이것이 문제를 해결하는 최상의 방법입니다.

두 번째 특징은 현재의 상태에서 최선의 결과를 가져온다는 것입니다. 현재의 상태에서 최선의 결과를 가져오도록 하기 위해서는 항상 지금 최선의 방법이 무엇인가 생각해야 합니다. 이렇게 문제를 해결하는 최선의 방법을 찾기 위해서는 사물의 전체를 보는 눈이 있어야 합니다. 사물의 전체를 볼 수 있어야 최선의 결과를 가져오는 방법을 발견할 수 있습니다. 이렇게 최선의 결과를 가져오기 위해서는 모든 가능성을 볼 수 있어야 합니다. 모든 가능성을 고려하여 최선의 방법을 선택하는 것입니다. 이렇게 최선의 결과를 가져오도록 하기 위해서는 현재뿐만 아니라 장기적인 관점에서 미래에 어떤 결과를 가져올지 생각해야 합니다. 당장의 이익보다는 긴 안목으로 문제를 해결할 수 있어야 합니다.

그리고 지혜롭게 문제를 해결하기 위해서는 어리석음을 피해야 합니다. 어리석음이란 사물에 어둡고 지능이나 사고력이 부족한 것을 말합니다. 불교에서는 '무명'이라고 하는데, 이는 '무지'를 말합니다. 이러한 어리석음, 무명, 무지를 벗어나기 위해서는 항상 의식이 깨어 있어야 합니다. 항상 자신을 성찰하고 사물의 이치를 깨달아야 합니다. 사물의 이치를 깨닫는 것은 세상이 움직이는 원리를 이해하는 것입니다. 이 세상이 움직이는 원리는 '나도 좋고 남도 좋은 것을 하라.'는 것입니다. 그리고 이 두 가지가 갈등을 하는 경우에는 '남이 좋아하는 것을 하라.'는 것입니다. 이것이 문제를 지혜롭게 해결하는 방법입니다. 남이 좋아하는 것을 하면, 우선 당장은 내가 손해가 되는 것 같지만 나중에 좋은 결과로 다시 나에게 돌아옵니다. 이것이 인생을 지혜롭게 살아가는 방법입니다.

지혜롭게 살아가기 위해서는 집착에서 벗어나야 합니다. 집착에서 벗어나기 위해서 가장 중요한 것은 자신의 몸과 마음이 자신의 것이 아니라는 것을 깨닫는 것입니다. 흔히 우리는 자신의 몸과 마음이 자신의 것이라고 생각합니다. 하지만 조금만 생각을 해보면 몸과 마음은 우리의 것이 아닙니다. 몸과 마음이 우리 것이라고 하면 우리 마음대로 할 수 있어야 합니다. 하지만 몸과 마음을 우리 마음대로 할 수 없습니다. 마음이 우리 것이라고 하면 우리가 원하는 생각대로 살아가야 합니다. 하지만 우리가 원하지 않은 생각 때문에 스트레스를 받고 살아갑니다. 이것은 마음이 우리의 것이 아니라는 것을 증명합니다. 몸도 마찬가지입니다. 우리가 원하는 대로 몸을 관리할 수 있어야 합니다. 하지만 우리가 원하지 않는 병으로 고통을 받으며 살아가기도 합니다. 이것은 우리의 몸이 우리의 것이 아니라는 것을 증명합니다. 이렇게 몸과 마음이 우리의 것이 아니라고 생각을 하면 우리는 욕심과 집착에서 벗어날 수 있습니다. 자신만을 위해서, 많은 것을 갖기 위해서 욕심을 부리지 않게 됩니다. 그리고 사물을 보다 객관적으로 보고 현명하게 판단할 수 있게 됩니다.

지혜롭게 살아가기 위해서는 무엇보다도 자신을 진정으로 사랑해야 합니다. 무엇보다도 자신을 사랑한다는 것은 진정으로 자신에게 도움이 되는 것이 어떤 것인가를 생각하면서 살아가는 것입니다. 예를 들어 내가 어떤 사람을 미워한다고 생각해 보세요. 내가 그 사람을 미워하게 되면 결국에 나에게 손해가 됩니다. 그 사람과 갈등을 하게 되면 마음이 불편하고 여러 가지 문제로 자신이 피해를 입게 됩니다. 이것은 자신을 위하는 방법이 아닙니다. 지혜롭게 사는 사람은 항상 평정심을 유지하는 사람입니다. 평정심을 유지하기 위해서는 외부의 자극에 대하여 흔들리지 않아야 합니다. 잠시 흔들릴 수는 있다고 하더라도 바로 평정심을 유지할 수 있어야 합니다. 이렇게 하기 위해서는 외부의 자극에 흔들리지 않을 내면의 힘이 있어야 합니다. 내면의 힘이 있어야 자신을 진정으로 사랑할 수 있습니다.

지혜롭게 살아가는 사람은 절대를 사는 사람입니다. 자신이 생각하는 가장 이상적인 삶을 살아가는 것입니다. 절대를 산다는 것은 풍요가 넘치고 사랑이 넘치는 세상을 사는 것입니다. 그래서 모든 것을 사랑으로 포용하고 자신이 원하는 모든 것을 얻을 수 있는 풍요가 넘치는 세상입니다. 우리는 누구나 이러한 세상을 꿈꾸며 살아갑니다. 중요한 것은 이러한 세상을 실재라고 믿는 것입니다. 지금 살고 있는 세상이 사랑과 풍요가 넘치는 세상이라고 생각하는 것입니다. 그러면 자신이 꿈꾸는 세상이 현실이 됩니다. 지혜롭지 못한 사람은 결핍과 두려움을 가지고 세상을 살아갑니다. 그래서 그 사람은 항상 무언가를 채우기 위해서 많은 스트레스를 받으면서 살아갑니다. 그리고 두려움을 가지고 살아가기 때문에 새로운 도전을 하지 못합니다. 그 결과 불평불만을 가지고 세상을 부정적으로 보게 됩니다. 이런 사람은 지혜롭지 못한 사람입니다. 그 이유는 자신을 진정으로 사랑하지 않기 때문입니다.

지혜롭게 살아가는 사람은 늘 행복합니다. 지혜로운 사람은 현재 주어진 상황에서 최선의 결과를 가져오고 자신뿐만 아니라 다른 사람에게 도움이 되도록 행동합니다. 그래서 자신이 행복할 뿐만 아니라 다른 사람을 행복하게 합니다. 그리고 더 좋은 세상을 만들고자 합니다. 이것이 우리가 지혜로운 삶을 살아야 하는 이유입니다.

그러면 아이가 지혜롭게 살아가기 위해서 어떻게 가르쳐야 할까요? 그것은 항상 어떤 문제 상황에서 나만 생각해서 안 된다는 것입니다. 나만 생각을 하는 사람은 항상 다른 사람과 갈등을 하게 됩니다. 그리고 자연스럽게 다른 사람과 좋은 관계를 갖기 어렵게 됩니다. 내 주위 사람들이 나를 싫어하게 되면 나는 불행할 수 밖에 없습니다. 그래서 항상 다른 사람을 먼저 생각하도록 가르칩니다. 어떤 상황에서 내가 손해를 보는 경우도 있습니다. 그래도 남을 먼저 생각을 하면 항상 나중에 좋은 결과가 자신에게 돌아옵니다. 예를 들어, 누가 나에게 도움을 요청할 수 있습니다. 그러면 나의 에고는 '하지 마라.'고 합니다. 하지만 내가 남을 도와주면 그 사람은 언젠가 내가 어려울 때 나를 도와주게 됩니다. 이렇게 이야기를 하면 부모님은 '그럼, 우리 아이가 바보가 되지요.'라고 생각할 수 있습니다. 이런 경우 부모는 아이와 대화를 합니다. 그래서 어떤 행동을 했을 때 어떤 결과가 오는지 스스로 알게 합니다. 그래서 아이가 지혜롭게 살아가는 방법을 스스로 깨달을 수 있도록 합니다.

🧑 인생의 대박을 가져오는 행운의 비밀

어느 날 꿈을 꾸었습니다. 돌아가신 아버지께서 꿈에 나타나셨습니다. 아버지는 나의 뺨을 세게 꼬집었습니다. 정말 너무 아팠습니다. 그 장면이 너무나 선명하였습니다. 그래서 혹시나 하고 아침에 일어나서 네이버에 꿈에 대한 검색을 해보았습니다. 좋은 꿈이라는 것이었습니다. '아, 아버지가 나에게 선물을 주셨구나!'라고 생각을 했습니다. 그리고 아무에게도 말하지 않았습니다. 당일 날 바로 복권을 샀습니다. 그리고 몇 일 후에 확인해 보니 역시나 '꽝'이었습니다. 너무 허탈하였습니다. 우리 모두는 누구나 한번 쯤은 인생의 대박을 꿈꾸게 됩니다. 하지만 인생의 대박을 가진 사람은 많지 않습니다. 그 이유는 무엇일까요? 그것은 인생의 대박을 가져오는 행운의 비밀을 잘 모르기 때문입니다. 우리가 그러한 행운의 비밀을 알고 실천하면 누구나 원하는 인생의 대박을 가져오게 됩니다.

그렇다면 인생의 대박을 가져오는 행운의 비밀은 무엇일까요? **가장 중요한 것은 '생각'을 바꾸는 것입니다.** 지금까지 부정적인 생각을 긍정적으로 바꾸는 것입니다. 그리고 매사에 적극적으로 사고를 하는 것입니다. 왜냐하면 인생의 대박을 가져오는 행운을 위해서는 기회를 포

착해야 합니다. 그러한 기회를 잡기 위해서는 무엇보다 긍정적이고 적극적인 사고를 해야 합니다. 그렇지 않으면 행운의 기회를 놓치게 됩니다. 우리가 행운을 받아들이기 위해서는 마음의 준비를 해야 합니다. 가장 중요한 마음의 준비는 부정적인 생각을 없애고 긍정적인 사고를 하는 것입니다. 세상을 부정적으로 보면 할 수 있는 것은 아무것도 없습니다. 매사에 긍정적으로 생각하면 많은 가능성을 보게 됩니다. 그래서 가능성 중에서 좋은 기회를 발견하게 됩니다. 중요한 것은 지금까지 가지고 있는 생각을 바꾸는 것입니다. 왜냐하면 현재의 결과는 지금까지 생각의 결과입니다. 지금 가지고 있는 생각을 바꾸지 않으면 절대로 행운이 오지 않습니다. 그래서 핵심은 현재 가지고 있는 생각을 알아차리고 그 생각을 바꾸는 것입니다. 현재 가지고 있는 생각을 바꾸는 것만으로도 우리는 행운을 가져오는 많은 기회를 갖게 됩니다.

다음은 '에너지'를 바꾸는 것입니다. 자신이 가지고 있는 에너지를 보고 에너지를 바꾸는 것입니다. 행운이 오게 하기 위해서는 에너지가 있어야 합니다. 그것도 높은 에너지가 있어야 합니다. 현재의 결과는 지금까지 내가 가지고 있는 에너지의 결과입니다. 그래서 행운을 가져오기 위해서는 에너지를 바꾸어야 합니다. 그러면 어떻게 에너지를 바꿀 수 있을까요? 먼저 자신이 가지고 있는 에너지를 알아차립니다. 자신의 에너지가 낮다고 생각을 하면 에너지를 높여야 합니다. 에너지를 높이는 방법은 음식을 먹는다든가, 운동이나 명상을 하는 것입니다. 잠을 자거나 휴식을 취하거나 여행을 가는 것도 하나의 방법입니다. 자신이 에너지를 높일 수 있는 방법을 스스로 찾아 실천하는 것입니다. 다른 사람들과 관계에서도 에너지는 중요합니다. 자신의 에너지가 낮으면 다른 사람들의 에너지도 낮게 만듭니다. 우울한 사람이 있다고 생각해 보세요. 그러면 주변의 사람들도 그 사람 때문에 우울해지거나 에너지가 낮게 됩니다. 반면 에너지가 높은 사람에게는 많은 행운이 오게 됩니다. 에너지가 높은 사람은 현재 자신이 할 수 있는 일을 적극적으로 찾게 됩니다. 그래서 다양한 기회를 갖게 되어 행운이 오게 됩니다. 따라서 평상시에 자신의 에너지를 알아차리는 것이 중요합니다. 그리고 에너지를 관리하는 것입니다. 에너지가 낮다고 생각을 하면 에너지를 높이기 위해 노력하고, 에너지가 높다고 생각하면 에너지가 낮은 사람에게 에너지를 주는 것입니다. 에너지를 높이는 다른 방법은 에너지가 높은 사람을 만나는 것입니다. 에너지가 높은 사람을 만나면 에너지가 전달이 되어 자신의 에너지도 높아지게 됩니다.

행운을 오게 하기 위해서는 **자신의 '시선'을 바꾸어야 합니다.** 어떤 문제가 생길 경우에 그 문제의 원인을 외부로 향하는 경우가 많습니다. 그래서 문제의 원인을 환경 탓, 조상 탓, 부모 탓으로 하고 불평불만을 합니다. 이렇게 매사에 불평불만을 하는 사람에게는 절대로 행운이 오지 않습니다. 행운을 가져오기 위해서는 문제가 생길 경우에 불평불만을 하는 것이 아니라 자신을 돌아보는 것입니다. 내가 어떤 문제가 있는지, 그래서 내가 변화되어야 할 것이 무엇인지 생각하는 것입니다. 그 결과 자신을 먼저 바꾸게 됩니다. 그러면 문제는 자연스럽게 해결이 되고, 자신이 원하는 행운이 오게 됩니다. 시선을 자신으로 향하는 사람은 자신에게 문제의 원인이 있다는 것을 인정하고 수용하게 됩니다. 또한 다른 사람들의 처지를 이해하고 존중하게 됩니다. 그래서 문제가 생길 수가 없습니다. 하지만 문제가 생기는 경우에 문제의 원인을 외부로 향하고 불평불만을 하는 사람들은 세상을 이분법으로 생각합니다. 나와 다른 남이 있고, 선과 악, 좋은 것과 나쁜 것으로 구분하고 분리하여 생각합니다. 하지만 우주의 원리는 세상이 연결되어 있습니다. 나는 다른 사람들과 연결되어 있고, 생물, 무생물, 우주와 연결되어 있습니다. 결국에는 모든 것이 하나로 연결되어 있습니다. 마치 파도와 바다가 하나이고, 얼음과 물, 수증기가 하나인 것과 같습니다. 행운이 오기 위해서는 우주의 기운이 함께 도와주어야 합니다. 이러한 우주의 기운을 얻기 위해서는 자신이 우주의 기운과 연결되어 있다는 것을 느껴야 합니다. 그리고 우주의 기운을 받아들일 준비가 되어 있어야 합니다. 그러면 행운이 자신에게 온다는 것을 느끼게 됩니다.

다음으로 **중요한 것은 새로운 '도전'을 하는 것입니다.** 행운은 스스로 찾는 자에게 온다. '문을 두드려라. 그러면 열리리라.', '뿌린 대로 거둔다.'라는 말이 있습니다. 가만히 있는 사람에게 행운은 절대 오지 않습니다. 다른 사람들이 안 된다고 할 때 과감하게 도전할 수 있는 용기가 있어야 행운이 옵니다. 새로운 도전을 하는 것은 쉬운 일이 아닙니다. 도전을 하기 위해서는 도전을 할 수 있는 의지가 있어야 합니다. 한 마디로 강한 에너지가 필요합니다. 또한 문제를 해결할 수 있는 능력이 있어야 가능합니다. 이렇게 새로운 도전을 가능하게 하기 위해서는 적극적인 태도가 필요합니다. 소극적인 태도는 어떠한 도전도 불가능합니다. 하지만 도전에는 성공만이 아니라 실패가 있게 마련입니다. 도전을 하여 성공을 하면 성취감을 갖게 되고, 실패를 하더라도 실패를 통하여 많은 성장을 하게 됩니다. 그러면 어떤 사람들이 도전을 할 수 있을까요? 새로운 도전을 하기 위해서는 의식이 깨어 있어야 합니다. 현재의 습관대로 살아가는 사람들은 새로운 도전을 하기 어렵습니다. 높은 의식을 가지고 습관대로 살아가는 것으로부터 벗어날 수 있어야 합니다. 도전을 하기 위해서는 선택을 해야 하고, 선택에는 책임이 따릅니다. 그래서 인생의 주인으로 자신의 선택에 대한 책임을 지겠다는 생각을 해야 합니다. 만일 새로운 도전에 대하여 책임을 지겠다는 생각이 없다면 결코 새로운 도전을 할 수 없습니다.

'주인'으로 살아가야 합니다. 우리는 살아가면서 많은 피해 의식을 가지고 살아갑니다. 모든 문제의 원인을 다른 것에 있다고 생각합니다. 이렇게 피해 의식이 강한 사람은 절대로 행운이 오지 않습니다. 자신이 인생의 주인으로 살아가면 자연스럽게 행운이 오게 됩니다. 만일 어떤 사람이 주인으로 살아가고, 어떤 사람은 노예로 살아간다고 생각해 보세요. 어떤 일을 하고 나서 성과를 누가 가져갈까요? 당연히 주인이 가져갑니다. 노예는 주인이 보상을 주게 됩니다. 정말 자신이 행운을 간절히 원한다면 내가 스스로 주인으로 살아가고 있는지 생각해 보아야 합니다. 어떤 상황에서도 주인 의식을 가지고 살아가고, 주체적으로 생각하고, 주도적으로 살아가야 합니다. 이렇게 살아가는 사람에게는 많은 기회가 오고, 그래서 자연스럽게 행운이 따라옵니다.

주인으로 살아가기 위해서는 자유 의지가 있어야 합니다. 그렇다면 사람들은 자유 의지를 가지고 있을까요? 자유 의지는 개인의 성향에 따라 자유롭게 선택할 수 있는 능력을 말합니다. 우리의 몸에는 10의 28승개의 원자가 있다고 합니다. 우주에 있는 별의 수는 10의 22승개라고 합니다. 우리의 몸은 우주의 별보다 백 만배나 더 복잡하게 되어 있습니다. 지금 이 순간에도 전자들은 자유롭게 맹렬한 속도로 움직이고 있습니다. 우리 몸을 구성하고 있는 원자가 자유 의지를 가지고 있다는 것을 통해서 우리는 자유 의지를 가지고 있다는 것을 알 수 있습니다.

또 다른 방법은 '습관'을 바꾸는 것입니다. 나쁜 습관을 버리고, 좋은 습관을 갖는 것입니다. 나쁜 습관을 버리는 가장 좋은 방법은 좋은 습관을 갖는 것입니다. 좋은 습관을 갖게 되면 나쁜 습관은 자연스럽게 없어집니다. 습관을 바꾼다는 것은 정말 어려운 일입니다. 지금까지 수많은 시간 동안 만들어진 것을 한 순간에 바꾼다는 것은 힘든 일입니다. 그렇다면 어떻게 습관을 바꿀 수 있을까요? 새로운 습관을 만드는 가장 좋은 방법은 단위를 최소화하는 것입니다. 예를 들어 운동을 한다고 생각해 보세요. 한 시간 동안 매일 운동을 하는 습관을 만드는 것은 매우 어려운 일입니다. 하지만 팔굽혀펴기 한 번, 윗몸일으키기 한 번을 하는 것은 어렵지 않습니다. 처음에 습관을 시도할 때는 '한 번만' 한다고 생각을 합니다. 그러면 관성의 법칙에 의해서 한 번 시작을 하게 되면 여러 번을 하게 됩니다. 그렇게 해서 새로운 습관을 만들 수 있습니다. 새로운 습관을 갖게 되면 새로운 시도를 하게 되고, 이것을 통해서 행운이 오게 됩니다. 또한 내가 생각하지 않았던 사람들을 만날 수 있고, 새로운 기회를 갖게 됩니다. 새로운 습관 그 자체로도 의미가 있지만 그것을 통해서 다른 좋은 행운을 만나게 됩니다.

또한 행운을 부르는 방법은 '환경'을 바꾸는 것입니다. 환경에는 물리적 환경과 심리적 환경이 있습니다. 물리적으로 새로운 공간에서 생활을 하는 것입니다. 이사를 간다든가, 집을 리모델링을 한다든가, 집의 가구를 재배치하는 것입니다. 이러한 물리적 환경도 중요하지만 더 중요한 것은 심리적 환경입니다. 행운을 부르기 위해서는 심리적 환경을 바꾸어 주어야 합니다. 심리적 환경을 바꾸기 위해서는 에너지를 바꾸어야 합니다. 부정적인 에너지가 아니라 긍정적인 에너지가 흐르도록 해야 합니다. 긍정적인 에너지는 모든 것을 수용합니다. 행운을 부르기 위해서는 긍정적인 에너지가 매우 중요합니다. 또한 심리적 환경은 주파수라고 할 수 있습니다. 주파수는 진동입니다. 진동은 움직이는 것입니다. 이러한 진동이 성장과 상생을 위한 것이어야 합니다. 그래야 행운이 다가옵니다. 자신이 가지고 있는 주파수가 어떤 것인지를 항상 느끼고 긍정적인 것으로 만들어야 합니다.

모든 부모는 아이에게 인생에서 대박을 가져오는 행운이 오기를 간절히 바랍니다. 그러나 이러한 행운은 절대로 저절로 오지 않습니다. 행운은 준비되어 있는 사람에게만 옵니다. 부모로서 아이가 이러한 준비가 되어 있는지 살펴보아야 합니다. 이렇게 준비를 하는 것만으로도 아이는 대박이 아니라도 많은 성장을 하게 됩니다. 마음공부의 핵심은 생각을 바꾸는 것입니다. 자신의 생각을 바꾸어 볼 수 있다는 것을 아이가 알게 하는 것만으로도 아이는 인생을 살아가면서 많은 행운을 얻게 됩니다. 누구보다도 자신의 분야에서 성공을 하는 사람이 됩니다. 그리고 인생을 행복하게 살아갑니다. 이것이 아이가 대박을 가져오는 행운을 얻게 되는 비결입니다.

이것을 알면 인생이 달라진다

우리가 살아가는 것은 자동차를 운전하는 것과 같습니다. 차를 운전할 때는 목적지가 있습니다. 인생에서도 목표 의식을 가져야 합니다. 차를 운전할 때는 멀리 보고 운전을 해야 합니다. 살아갈 때도 비전과 꿈을 가져야 합니다. 자동차를 운전할 때 교통 신호를 잘 지켜야 합니다. 살면서 법을 어기면 감옥에 갈 수도 있습니다. 차를 운전할 때는 차선을 지켜야 합니다. 우리가 살아갈 때도 사람 사이에 지켜야 할 선이 있습니다. 차가 앞으로 못 갈 때는 후진을 해야 합니다. 때때로 살다가 힘들면 뒤를 돌아보아야 합니다. 절대로 자동차끼리 충돌을 하지 않도록 방어 운전을 해야 합니다. 다른 사람들과 갈등을 하지 않고 지혜롭게 살아야 합니다. 자동차를 운전할 때 앞이 보이지 않거나 좌회전을 할 때는 서행을 해야 합니다. 인생에서 실패하거나 좌절할 때는 쉼이 필요합니다. 차를 운전할 때는 앞 차와의 간격을 항상 일정하게 유지해야 합니다. 사람 관계에서 항상 일정한 거리를 유지해야 합니다. 자동차에 기름이 없으면 갈 수 없습니다. 사람도 에너지가 없으면 어떤 일도 할 수 없습니다. 이렇게 항상 자동차 운전하듯이 인생을 살아가면 행복하게 살아갈 수 있습니다. 또한 우리의 인생이 농사를 짓는 것과 같습니다. 그래서 '자식 농사'라는 말을 합니다. 그러면 식물이 자라는 것을 통해서 우리가 인생을 어떻게 살아가야 하는지 알아보겠습니다.

첫째, 좋은 '흙'이 있어야 합니다. 좋은 흙이 있어야 식물이 잘 자랄 수 있습니다. 좋은 흙은 다양한 미생물들이 함께 살고 있습니다. 그래서 서로 영양분을 주고받으면서 살아갑니다. 흙은 식물이 자라는 데 필요한 영양을 제공합니다. 아무리 좋은 씨앗도 흙이 좋지 않다면 잘 자랄 수 없습니다. 만일 씨앗이 돌 위에 자라거나 버려진 땅에서 자란다면 잘 자랄 수 없습니다. **흙은 사람의 '마음'에 비유할 수 있습니다.** 마음이 시베리아의 벌판처럼 차가워서 자신의 이익만을 생각하거나, 다른 사람과 불편하게 지내면 절대로 행복할 수 없습니다. 농사의 기본은 좋은 흙을 마련하는 일입니다. 거름을 주어 좋은 미생물이 많게 하고, 흙을 파서 공기가 들어가게 해야 합니다. 사람도 마음을 관리해야 합니다. 항상 긍정적으로 생각하고, 다른 사람과 소통을 하고, 다른 사람을 존중하는 태도를 가져야 합니다. 그러면 자신이 원하는 행복한 인생을 살 수 있습니다. 그런데 사람들은 마음의 중요성에 대하여 생각하지 않습니다. 어떤 일이 있을 때 마음을 생각하지 않고 그 일만 생각을 합니다. 그런데 그런 일이 일어나게 된 근본 원인이 있습니다. 그것은 자신의 마음입니다. 어떤 일이 있을 때 자신의 마음을 되돌아볼 줄 아는 사람은 그 문제를 잘 해결할 수 있습니다. 하지만 문제를 해결하지 못하는 이유는 자신의 마음을 되돌아보지 않기 때문입니다. 풍성한 수확을 위해서 농부는 매년 밭을 일구고 흙을 잘 관리해야 합니다. 마찬가지로 사람들도 행복한 인생을 위해서 평생 동안 자신의 마음을 들여다보고 관리를 잘 해야 합니다. 이것이 행복의 비결입니다. 이것이 살아가면서 마음공부를 해야 하는 까닭입니다.

둘째, 좋은 '씨앗'이 있어야 합니다. 씨앗은 식물의 성장을 결정하는 유전자입니다. 좋은 씨앗이 좋은 열매를 맺습니다. 씨앗이 좋지 않다면 아무리 좋은 환경이라고 하더라도 원하는 수확을 얻기 어렵습니다. 씨앗은 자신이 현실로 창조하기 원하는 것을 말합니다. 콩을 수확하고 싶으면 콩의 씨앗을 심어야 합니다. 자신이 수확하고 싶은 씨앗을 심어야 한다는 것입니다. **씨앗은 '생각'에 비유할 수 있습니다.** 마찬가지로 자신이 원하는 생각을 분명히 해야 합니다. 자신이 부자가 되기를 원하면서 실제로는 자신이 가난하다는 것을 늘 생각하고 있다면 그 사람은 절대로 부자가 될 수 없습니다. 생각이 운명을 결정합니다. 자신이 원하는 인생을 살기 위해서는 어떤 생각을 가지고 살아가느냐가 중요합니다. 또 생각이 현실을 만듭니다. 자신이 원하는 것을 생각하면 원하는 것을 현실로 만들 수 있습니다. 여기에서 생각은 좋은 생각을 말합니다. 좋은 생각이란 의식을 말합니다. 의식을 가지고 살아가는 사람은 세상을 지혜롭게 살아갑니다. 테레사 수녀님은 다음과 같이 말하였습니다. "생각을 조심하세요. 언젠가 말이 되니까요. 말을 조심하세요. 언젠가 행동이 되니까요. 행동을 조심하세요. 언젠가 습관이 되니까요. 습관을 조심하세요. 언젠가 성격이 되니까요. 성격을 조심하세요. 언젠가 운명이 되니까요." 결국 생각이 운명을 결정합니다.

셋째, 흙에는 '잡초'가 없어야 합니다. 잡초는 식물의 영양을 빼앗아 식물이 잘 자라지 못하게 합니다. 그래서 잡초가 생기면 바로 잡초를 뽑아 버려야 합니다. 만일 이렇게 잡초를 관리하지 못하면 잡초만 무성하고 아무것도 수확할 수 없게 됩니다. 이러한 **잡초는 '나쁜 생각'에 비유할 수 있습니다.** 나쁜 생각은 나쁜 행동을 낳습니다. 나쁜 행동을 하는 것은 나쁜 생각 때문입니다. 문제 행동을 바꾸는 가장 확실한 방법은 생각을 바꾸는 것입니다. 나쁜 생각을 좋은 생각으로 바꾸는 것입니다. 그리고 좋은 생각을 하게 되면 나쁜 생각은 자연스럽게 사라집니다. 이렇게 나쁜 생각을 없애는 방법은 좋은 생각을 하는 것입니다. 우리가 하루 동안 좋은 생각만을 하고 살아간다면 우리는 하루를 행복하게 살 수 있습니다. 그런데 잡초는 끈질기고 잡초를 뽑아도 언제든지 다시 생깁니다. 나쁜 생각도 마찬가지입니다. 아무리 좋은 생각을 하여 나쁜 생각을 없앤다고 하여도 나쁜 생각은 다시 떠오르기 마련입니다. 그래서 꾸준히 마음공부를 해야 합니다. 마음공부를 통해서 마음을 관리해야 합니다. 나쁜 생각이 떠오르면 좋은 생각을 해서 나쁜 생각을 사라지게 합니다. 또 나쁜 생각이라고 강하게 부정하면 오히려 나쁜 생각을 키울 수 있습니다. 나쁜 생각이 떠오를 때는 자연스럽게 흘려보내는 것이 지혜로운 방법입니다.

넷째, '햇빛'이 있어야 합니다. 식물은 햇빛이 없으면 영양분을 만들 수 없습니다. 식물은 햇빛에너지를 통해서 광합성 작용을 합니다. 식물의 잎 속에 들어 있는 엽록소가 햇빛으로부터 흡수한 에너지를 활용하여 공기 중에 있는 이산화탄소를 포도당으로 만들고 신선한 산소를 만드는 것입니다. 이것은 엽록소만이 빛을 흡수할 수 있기 때문입니다. **햇빛은 '느낌'에 비유할 수 있습니다.** 생각을 행동으로 실천하는 가장 효과적인 방법은 생각에 감정을 더하는 것입니다. 생각에 감정을 더하게 되면 행동으로 실천할 수 있는 강력한 에너지를 얻게 됩니다. 생각을 행동으로 옮기기 위해서는 강력한 에너지가 필요합니다. 사람들이 생각을 하지만 행동으로 실천을 하지 못하는 이유는 에너지가 부족하기 때문입니다. 인생에서 성공한 사람의 공통점은 생각을 행동으로 옮길 수 있는 강한 에너지를 가지고 있습니다. 우리가 잘 아는 끌어당김의 법칙의 핵심은 느낌입니다. 끌어당김은 생각을 현실로 만드는 가장 강력한 방법입니다. 그런데 끌어당김을 하기 위해서는 생각에 감정을 더해야 합니다. 생각에 감정의 에너지를 더하게 되면 우리가 원하는 것을 얻을 수 있습니다. 왜냐하면 감정은 에너지이기 때문입니다. 감정은 긍정적인 감정과 부정적인 감정이 있습니다. 그리고 부정적인 에너지와 긍정적인 에너지가 있습니다. 긍정적인 에너지는 행복하게 하고 사람들을 기쁘게 합니다. 하지만 부정적인 에너지는 다른 사람에게 전달이 되어 그 사람을 불행하게 합니다. 무엇보다 감정의 특징은 전파력이 강하다는 것입니다. 한 사람의 감정이 순식간에 다른 사람들에게 전달이 됩니다. 그래서 평상시에 마음공부를 통해 자신의 감정을 관리하는 것이 중요합니다.

다섯째, '물'이 있어야 합니다. 물이 없으면 식물은 말라 죽게 됩니다. 식물이 자라는 데 물이 미치는 영향을 알아보는 실험을 하였습니다. 햇빛을 받는 양을 같게 하고, 한 화분에는 물을 잘 주고, 다른 화분에는 전혀 물을 주지 않았습니다. 그러자 물을 준 강낭콩은 잎이 싱싱하고, 진한 초록색을 띠며 강낭콩이 잘 열렸습니다. 하지만 물을 주지 않은 강낭콩은 잎이 시들고, 노란색을 띠며 강낭콩이 열리지 않았습니다. **물은 사람의 '행동'에 비유할 수 있습니다.** 아무리 좋은 생각도 행동을 하지 않으면 공상이나 망상이 됩니다. 매일 공상만 하는 사람은 늘 불행하고 자신이 원하는 것을 얻을 수 없습니다. **"생각은 쉽고 행동은 어렵다. 생각을 행동으로 실천하는 것은 세상에서 가장 어려운 일이다."**라고 독일의 시인 괴테Goethe는 말하였습니다. 많은 사람들이 행복하고 성공적인 삶을 원하지만 그러한 인생을 살지 못하는 가장 중요한 이유는 생각을 행동으로 실천하지 못하기 때문입니다. 좋은 생각을 하고 좋은 아이디어를 떠올리지만 성공하지 못하는 이유는 실천력이 부족하기 때문입니다. 성공한 사람들의 가장 중요한 성공 비결은 뛰어난 실천력입니다.

농사를 잘 짓기 위해서는 좋은 흙이 있어야 합니다. 자신이 수확하고 싶은 좋은 씨앗이 있어야 합니다. 그리고 씨앗이 자라는 데 필요한 충분한 물이 있어야 합니다. 물이 없으면 씨앗은 말라 죽습니다. 또한 식물이 자라는 데 필요한 영양을 주는 햇빛이 있어야 합니다. 그리고 때때로 잡초를 제거해 주어야 합니다. 잡초를 제거하지 않으면 어느새 잡초만 무성하게 됩니다. 인생도 마찬가지입니다. 좋은 마음을 가지고 좋은 생각을 해야 합니다. 나쁜 생각은 아무리 작은 것이라도 하지 않도록 해야 합니다. 그리고 감정의 힘을 활용하여 생각을 행동으로 실천할 수 있어야 합니다. 무엇보다 마음의 정원을 관리하는 사람이 되어야 합니다. 마음의 정원을 관리하지 못하면 잡초가 무성하게 되고, 우리가 바라는 풍성한 수확을 거둘 수 없게 됩니다. 마음의 정원을 황폐한 황무지로 만들 것인지, 아니면 누구나 오고 싶어하는 아름다운 정원으로 만들 것인지는 온전히 자신에게 달려 있습니다. 자신이 어떤 마음의 정원을 만들고 있는지 자신의 마음을 되돌아볼 때입니다.

아이는 하나의 씨앗으로 비유할 수 있습니다. 아이가 잘 자라 행복하고 성공적인 삶을 살아가는 것은 풍성한 수확에 비유할 수 있습니다. 작은 씨앗이 자라서 풍성한 수확을 거두기 위해서는 많은 것들이 필요합니다. 좋은 흙과 햇빛과 물, 그리고 잡초를 제거해 주는 것입니다. 이런 것들은 외부 환경이라고 할 수 있습니다. 아이를 키우면서 좋은 흙과 같은 마음을 길러주고 있는지 되돌아보아야 합니다. 만일 씨앗이 건조한 사막이나 시베리아 벌판이나 돌과 자갈이 있는 곳에 떨어졌다면 그 씨앗은 말라 죽게 됩니다. 마찬가지로 아이가 자라는 환경이 물리적인 면이나 심리적인 면에서 좋은 환경인지 되돌아 보아야 합니다.

그동안 무심코 아이를 키워왔다면 마음공부를 통하여 아이의 마음을 살펴보아야 합니다. 또 씨앗이 자라는 데 필요한 햇빛을 주고 있는지 되돌아보아야 합니다. 아이가 필요한 영양분을 잘 섭취하고 있는지 살펴보는 것입니다. 아울러 씨앗이 자라는 데 필요한 물을 주고 있는지 살펴보아야 합니다. 식물은 물이 없으면 제대로 자랄 수 없고, 결국에는 말라 죽게 됩니다. 아이가 성장하기 위해서는 행동으로 실천하도록 해야 합니다. 아이가 바른 행동을 하게 하는 가장 효과적인 방법은 부모나 교사가 모범적인 행동을 보여주는 것입니다. 그것을 통해서 아이는 자연스럽게 생각을 행동으로 실천하게 됩니다. 씨앗을 잘 자라게 하기 위해는 잡초를 제거해 주어야 합니다. 잡초는 식물이 자라는 데 필요한 영양분을 뺏기 때문에 식물이 잘 자라지 못하게 합니다. 잡초는 아이가 자라는 데 장애가 되는 나쁜 환경입니다. '맹모삼천지교'라는 말이 있듯이 아이가 자라는 좋은 환경은 매우 중요합니다. 특히 물리적인 환경보다 심리적인 환경이 중요합니다. 지금 자녀의 행복한 인생을 위해서 지금 당장 가장 필요한 것이 무엇인지 생각해 보아야 합니다.

에너지가 인생을 결정한다

조선 제22대 왕인 정조는 노론 세력이 자신을 죽이기 위해서 역모를 꾸민다는 것을 알았습니다. 정조는 자신을 죽이려고 군대를 이끌고 있는 구선복 장군에게 말을 타고 가서 말합니다. "구장군, 그대를 살려주겠다. 아직도 기회가 있다. 모든 역린을 용서하겠다. 임금의 보검으로 나를 찌를텐가 아니면 나의 검이 될텐가?" 그 말을 듣는 순간, 구선복 장군은 정조의 혼신의 힘을 다하고 참된 성실한 마음을 느꼈습니다. 그래서 결국 구선복 장군은 정조의 신하가 됩니다. 이것은 정조의 죽음을 무릅쓴 강한 에너지가 구선복 장군에게 전해진 결과입니다. 정조처럼 자신이 원하는 것을 얻기 위해서는 지극한 정성을 다해야 합니다. 정성은 혼신의 힘을 다하고 성실한 마음입니다.

중용 23장에서 '정성'에 대하여 "작은 일도 무시하지 않고 최선을 다해야 한다. 작은 일에도 최선을 다하면 정성스럽게 된다. 정성스럽게 되면 겉에 배어 나오고, 겉에 배어 나오면 겉으로 드러나고, 겉으로 드러나면 이내 밝아지고, 밝아지면 남을 감동시키고, 남을 감동시키면 이내 변하게 되고, 변하면 생육된다. 그러니 오직 세상에서 지극히 정성을 다하는 사람만이 나와 세상을 변하게 할 수 있는 것이다."라고 말하고 있습니다.[2]

세상은 에너지에 의해서 움직이고 있습니다. 그러면 우리가 세상을 살아가는데 에너지가 어떤 영향을 주는지 알아볼까요? **우리는 에너지를 통하여 우리가 원하는 것을 가질 수 있습니다.** 에너지가 없다면 우리는 어떤 것도 얻을 수 없습니다. 에너지가 있어야 의욕도 넘치고 새로운 도전도 하고 새로운 경험을 하게 됩니다. 우리가 살아가는 모든 것이 에너지의 흐름입니다. 다른 사람과 관계나 소통도 결국 에너지의 흐름입니다. 다른 사람과 갈등이 있는 경우에 나의 에너지가 상대방에게 전달되고, 상대방의 에너지가 나에게 전달된 것입니다. 이러한 갈등을 없애고 소통을 잘하기 위해서는 에너지의 흐름을 잘 알아야 합니다. 나의 좋은 에너지가 상대방에게 전달되게 하고, 나쁜 에너지가 상대방에게 전달되지 않도록 해야 합니다. 결국 갈등은 에너지의 충돌입니다. 그래서 자신을 관리한다는 것은 자신의 주파수와 에너지를 관리하는 것입니다. **상대방이 나를 인식할 때는 상대방에게 전달된 나의 에너지를 느낀 것입니다.** 나의 에너지를 상대방이 인식하고 그것으로 상대방은 나를 판단하게 됩니다. 이렇게 모든 것은 에너지의 흐름입니다.

주파수도 에너지입니다. 집에서 집안 분위기가 좋지 않은 경우를 생각해 보세요. 한 사람이 우울한 상태에 빠지면 다른 모든 가족들이 서로 눈치를 보게 됩니다. 그래서 집안 전체 분위기가 침울하게 됩니다. 이것은 한 사람의 에너지가 집에 있는 사람들에게 전달된 것입니다. 다른 가족들은 주파수와 진동으로 그 사람의 에너지를 순식간에 느끼게 됩니다. 라디오 방송을 생각해 보세요. 라디오를 듣기 위해서는 듣고자 하는 방송의 주파수를 찾아야 합니다. 주파수가 맞지 않으면 원하는 방송을 들을 수 없습니다. 우리가 사는 세상도 마찬가지입니다. 우리가 원하는 것을 얻기 위해서는 내가 원하는 대상의 주파수에 나의 주파수를 맞추어야 합니다. 만일 어떤 사람을 좋아하려면 나의 주파수를 상대방의 주파수에 맞추어야 합니다. 그 사람이 좋아하는 음식을 먹고, 그 사람이 좋아하는 영화를 보고, 그 사람이 좋아하는 취향에 나를 맞추어야 합니다.

느낌도 에너지입니다. 우리가 어떤 사람을 만나서 서로 사랑을 하게 되는 것은 느낌 때문입니다. 말로 표현할 수 없지만 그 사람에게서 느끼는 에너지가 전달이 되는 것입니다. 그래서 그 사람에게 관심을 가지고 강한 에너지를 주게 됩니다. 그러면 그 사람은 바로 그것을 느끼고 서로 사랑을 하게 됩니다. 물건을 사는 경우도 마찬가지입니다. 우리가 물건을 고를 때 유독 눈에 들어오는 것이 있습니다. 그렇게 한번 그 물건에 끌리게 되면 다른 물건들은 눈에 들어오지도 않게 됩니다. 그래서 결국 그 물건을 사게 됩니다. 여기에서 신기한 것은 사람들끼리만 에너지가 전달이 되는 것이 아니라 물건도 에너지가 전달이 된다는 것입니다. 그래서 어떤 꽃이 눈에 들어오고, 어떤 물건이 눈에 들어오고, 어떤 동물이 눈에 들어옵니다. 에너지의 전달은 살아있는 생물이든 무생물이든 모든 만물에 전달이 됩니다. 이것을 보면 모든 물질은 동일한 성분으로 구성되어 있다는 것을 알 수 있습니다. "모든 만물은 원자로 구성되어 있다."라고 위대한 물리학자 파인만이 이야기했듯이 말입니다.

돈도 에너지입니다. 많은 돈을 가진 부자는 강한 에너지를 가지고 있습니다. 강한 에너지는 더 많은 에너지를 빨아들이게 됩니다. 그래서 부가 기하급수적으로 늘어납니다. 하지만 돈이 없는 가난한 사람은 에너지가 약하기 때문에 아무리 노력을 하고 열심히 살아도 결코 부자가 될 수 없습니다. 에너지가 약하기 때문에 더 많은 돈을 끌어당길 수 없습니다. 많은 돈을 벌기 위해서는 돈의 흐름을 알아야 합니다. 돈이 에너지이고, 에너지는 흐르게 되어 있습니다. 그래서 에너지가 어떤 방향으로 흐르는지 파악하는 것이 중요합니다. 돈을 잘 버는 사람들은 그러한 돈의 흐름을 잘 파악하고 그것에 투자를 합니다. 그래서 많은 돈을 벌게 됩니다. 돈을 잘 벌지 못하는 사람들은 돈의 흐름을 제대로 파악하지 못하고 투자를 제 때 하지 못합니다. 어떤 사람이 투자로 많은 돈을 벌게 되는 것은 다른 사람들이 관심을 가지지 않은 것에 미래의 가능성을 보고 과감하게 투자를 하였기 때문입니다. 이렇게 돈을 벌기 위해서는 돈이 어떻게 흐르는지 볼 수 있는 눈이 있어야 합니다. 최신 유행하는 패션이나 상품도 에너지입니다. 그래서 유행도 생겼다가 사라지는 것입니다. 사람이 죽고 사는 것도 에너지의 흐름입니다. 문명이나 역사도 역시 에너지의 흐름입니다.

그렇다면 이러한 에너지를 관리하는 방법은 무엇일까요? **에너지를 얻는 가장 쉬운 방법은 음식입니다.** 우리가 피곤하고 지칠 때 맛있는 음식을 먹습니다. 그러면 금방 몸이 회복되어 에너지를 갖게 됩니다. 좋은 에너지를 얻기 위해서는 좋은 음식을 먹어야 합니다. 술이나 마약과 같은 음식은 나쁜 에너지를 만들어 결국에는 우리 몸을 병들게 하고 망치게 됩니다. 좋은 에너지는 정신을 맑게 하고, 몸을 건강하게 합니다.

에너지를 높이는 다른 방법은 운동입니다. 운동을 하면 정신적으로도 깨어 있고 신체적으로도 활력을 높일 수 있습니다. 운동을 하면 몸에 흐르는 에너지를 높이게 됩니다. 도전에 실패하거나 좌절한 사람들이 다시 일어서기 위해서 가장 먼저 해야 하는 것이 운동입니다. 운동을 하면 우울증을 해소할 수 있고, 다시 도전할 수 있는 의욕을 갖게 합니다. 동시성의 원리로 운동을 하면 즉각적으로 강한 의지력을 갖게 됩니다. 또 건강한 몸을 유지하기 위해서는 정신적으로 깨어 있고 건전한 사고를 해야 합니다.

에너지를 높이는 다른 방법은 명상입니다. 명상으로 호흡을 하게 되면 우리 몸에 에너지가 흐르게 됩니다. 명상을 하면 긴장을 덜어주고, 스트레스를 없애주고, 마음의 평정심을 갖게 합니다. 명상을 하고 나면 정신이 맑아지고, 몸이 가벼워지고, 새로운 일을 하고자 하는 강한 의욕을 갖게 됩니다. 또한 심리적으로 안정되어 다른 사람들과 소통을 하고 일에 집중하게 됩니다.

에너지를 높이는 또 다른 방법은 높은 에너지를 가진 사람을 만나는 것입니다. 그리고 낮은 에너지를 가진 사람을 멀리하는 것입니다. 낮은 에너지를 가진 사람은 우리가 가진 에너지를 흡수합니다. 그래서 나의 에너지도 낮아져서 우울해지고 의욕을 잃게 됩니다. 에너지가 높은 사람은 매사에 긍정적이고, 의욕이 넘치고, 새로운 도전을 즐기게 됩니다. 항상 웃는 표정을 하고, 다른 사람과 소통을 잘하고, 자신의 능력을 최대한 발휘합니다. 이렇게 에너지가 높은 사람을 만나면 우리의 에너지도 높아지게 됩니다. 높은 에너지가 나에게 전달된 것입니다. 그 외에도 에너지를 높이는 방법으로 좋은 음악을 듣는다든가, 휴식을 취하는 것입니다.

인생을 살아가는 데 있어서 에너지가 주는 교훈은 무엇일까요? **에너지로 우리의 삶을 보면 지혜로운 삶을 살 수 있습니다.** 각각의 사실에 얽매이지 않고 전체를 보는 눈을 가지고 세상을 보게 됩니다. 그리고 작은 사건이나 일보다는 그 속에 에너지가 어떻게 흐르는지 보게 됩니다. 그러면 작은 것에 얽매이지 않고 지혜롭게 문제를 해결하게 됩니다.

다른 사람을 대할 때도 에너지의 관점에서 보게 됩니다. 내가 어떻게 다른 사람에게 영향을 주고 있는지 알게 됩니다. 에너지가 낮은 사람에게는 에너지를 끌어 올려주고, 에너지를 유지하도록 지지하고 격려합니다. 이렇게 하면 우리는 다른 사람들과 소통을 잘 할 수 있고, 필요한 경우 다른 사람에게 많은 도움을 줄 수 있습니다. 이렇게 하기 위해서는 평상시에 자신의 에너지를 잘 관리해야 합니다. 그래서 긍정적인 에너지로 다른 사람들에게 선한 영향력을 줄 수 있도록 항상 깨어 있어야 합니다.

아이들에게 에너지를 어떻게 가르칠 수 있을까요? 라디오 방송의 예를 들어 이야기를 들려줍니다. 내가 원하는 방송을 듣기 위해서는 내가 원하는 방송의 주파수에 맞추어야 합니다. 이러한 주파수는 에너지입니다. 마찬가지로 자신이 원하는 것을 얻기 위해서는 내가 원하는 것에 자신이 맞추어야 한다는 것입니다. 또한 내가 원하는 것을 얻기 위해서는 나의 에너지를 사용해야 합니다. 내가 다른 것에 나의 에너지를 사용하면 정작 내가 필요한 곳에 사용해야 할 에너지가 없게 됩니다. 그러면 내가 원하는 결과를 얻을 수 없습니다. 인생에서 성공한 사람들은 자신이 원하는 것을 얻기 위해서 자신의 에너지를 사용한 것입니다. 에너지는 빛과 같습니다. 햇빛으로 종이를 태우기 위해서 어떻게 해야 하나요? 볼록렌즈로 종이에 초점을 맞추어야 합니다. 마찬가지로 자신이 원하는 것을 얻기 위해서는 자신의 에너지를 원하는 것에 맞추어야 합니다. 그리고 자신의 에너지를 자신이 원하는 것에 집중해야 합니다. 그래야 자신이 원하는 것을 얻을 수 있습니다. 이렇게 아이들에게 이야기를 들려주면 아이들은 자신의 에너지를 어떻게 사용해야 하는지 알게 됩니다.

성장하는 과정에 있는 아이들은 음식을 맛있게 먹어야 하고, 운동을 해야 합니다. 그래야 건강한 몸으로 생활할 수 있습니다. 그리고 마음의 건강을 위하여 명상을 하거나 독서를 해야 합니다. 이렇게 자신의 몸과 마음의 건강 관리를 스스로 할 수 있도록 합니다. 그래서 자신의 에너지를 관리하는 것이 중요하다는 것을 알게 합니다. 아이들이 자신의 감정을 조절하지 못하고 친구들과 싸움을 하게 되는 경우가 있습니다. 이럴 때 나의 에너지가 상대방에게 전달이 된다는 것을 알게 합니다. 그리고 상대방의 에너지가 나에게 전달이 된다는 것을 알게 합니다. 이렇게 감정이나 느낌이 에너지라는 것을 알게 합니다. 또한 말이 에너지를 가지고 있다는 것을 알게 합니다. 친구에게 나쁜 말을 하게 되면 친구에게 나쁜 에너지가 전달이 되어 친구가 마음의 상처를 받게 됩니다. 또한 친구가 힘들어할 때 위로가 되는 말을 하면 친구에게 좋은 에너지가 전달이 되어 친구가 힘을 얻고 다시 일어서게 됩니다.

생각을 현실로 만드는 비결

매일 팔굽혀펴기 한 번으로 인생을 바꾼 사람이 있습니다. 그는 『습관의 재발견』이라는 책의 저자인 스티브 기즈Stephen Guise입니다. 그는 갑자기 살찌는 것이 고민이었습니다. 그래서 다이어트를 하고 운동을 하려고 했습니다. 하지만 뜻대로 되지 않았습니다. 그래서 '팔굽혀펴기 한번 도전하기Take The One Push-up Challenge'를 블로그에 올리기 시작하였습니다. 그 결과 엄청난 변화가 일어났습니다. 1년 후에 그는 일주일에 3~4회 운동을 하고, 하루에 2,000자 글을 쓰고, 매일 독서를 하였습니다. 그는 "이 도전이 내 인생을 바꿨다."라고 말하였습니다. 그의 책은 전 세계 40만 부가 팔리게 되었습니다. 그리고 그의 블로그는 2021년에 영향력 1위인 블로그로 선정되었습니다.

그러면 어떻게 스티브 거즈처럼 생각을 현실로 만들 수 있을까요? **그것은 몸과 마음을 연결하는 것입니다.** 우리는 흔히 몸이라는 것은 마음과 분리되어 있다고 생각을 합니다. 하지만 우리는 실제로 몸과 마음이 연결되어 있다는 것을 쉽게 알 수 있습니다. 마음이 스트레스를 받으면 몸에 병이 생기고, 몸에 병이 생기면 우울증이 생기게 됩니다. 몸과 마음이 하나입니다. 하지만 우리는 몸과 마음을 구분합니다. 몸은 보이는 것이고, 마음은 보이지 않는 것이라고 생각합니다. 하지만 우리가 생각으로 원하는 것을 현실로 만드는 방법은 몸과 마음을 연결시키는 것입니다. 마음으로 생각을 하고, 그것을 몸과 연결하여 행동으로 실천하는 것입니다. 그러면 구체적으로 몸과 마음을 어떻게 연결하는지에 대하여 알아보겠습니다. 생각을 현실로 만들기 위해서는 마음으로 생각한 것을 몸으로 행동하고 실천해야 합니다. 아무리 좋은 생각이라 하더라도 행동으로 실천하지 못하면 허상이나 공상이 됩니다. 생각을 행동으로 실천할 경우에 실패를 할 수도 있습니다. 하지만 생각을 현실로 만들기 위해서는 반드시 몸으로 행동을 해야 합니다. 그렇지 않으면 어떤 것도 현실로 만들 수 없습니다. 몸과 마음을 하나로 보고 생각한 것을 행동으로 실천하는 습관을 갖는다면 무엇이든 자신이 원하는 것을 얻을 수 있습니다. 이것이 생각을 현실로 만드는 가장 중요한 비결입니다.

그리고 생각을 현실로 만드는 비결은 생각에 감정을 연결하는 것입니다. 감정은 에너지를 가지고 있습니다. 자신이 가지고 있는 생각을 현실로 만들기 위해서는 에너지가 필요합니다. 만일 에너지가 없다면 생각을 현실로 절대로 만들 수 없습니다. 감정은 생각을 현실로 만드는데 필요한 에너지를 제공합니다. 그래서 감정의 힘을 활용하여 생각을 현실로 만들게 됩니다. 또한 우리가 어떤 것을 선택할 때 가장 중요한 판단 기준은 느낌입니다. 이렇게 느낌은 우리의 생각을 현실로 만드는 데 판단하는 기준이 됩니다. 그래서 생각을 현실로 만들기 위해서는 느낌을 연결해야 합니다. 긍정적인 느낌으로 연결해야 합니다. 부정적인 느낌은 절대로 생각을 현실로 만들 수 없습니다. 이제부터 느낌의 힘을 활용해 보세요. 그러면 자신이 원하는 것이 무엇이든 생각을 현실로 만들 수 있게 됩니다.

생각을 현실로 만드는 또 다른 방법은 의식과 무의식을 연결하는 것입니다. 우리가 가지고 있는 생각을 두 가지로 구분할 수 있습니다. 그것은 의식과 무의식입니다. 의식과 무의식의 관계를 코끼리를 탄 소년으로 비유합니다. 소년은 의식이고, 코끼리는 무의식입니다. 소년은 가고자 하는 방향을 제시하지만, 실제로 움직이는 것은 코끼리입니다. 코끼리의 힘을 빌리지 않고서는 소년은 한 발짝도 움직일 수 없습니다. 그래서 의식은 무의식의 힘을 절대로 필요로 합니다. 생각을 현실로 만드는 비결은 무의식의 힘을 활용하는 것입니다. 스티브 기즈의 성공 비결은 무의식의 저항을 없애는 것이었습니다. 먼저 어떤 새로운 것을 시도하면 무의식은 저항을 합니다. '뭘 그것을 할려고 그래. 하지마.'라고 말합니다. 그러면 대부분의 경우 포기를 합니다. '그래, 다음에 하지 뭐.'라고 자신에게 말합니다. 그런데 무의식에게 이렇게 말합니다. '한 번만 하지.' 그러면 무의식이 '한번, 그래 한 번은 할 수 있지.'라고 대답합니다. 이렇게 되면 상태를 바꾸는 것이 됩니다. 운동을 하지 않은 상태에서 운동을 한 상태가 됩니다. 그러면 관성의 법칙에 의해 상태를 유지하고 싶어합니다. 그래서 한 번이 두 번, 세 번, 열 번이 됩니다. 이렇게 해서 100일이 지나면 습관이 만들어지게 됩니다. 습관이 만들어지면 무의식은 자동화 상태로 바뀝니다. 그러면 나도 모르게 자동적으로 하게 됩니다. 그래서 생각을 현실로 만들게 됩니다.

생각을 현실로 만드는 마지막 방법은 현재 의식과 순수 의식을 연결하는 것입니다. 생각을 두 가지 차원으로 나누면 현재 의식과 순수 의식으로 구분할 수 있습니다. 현재 의식을 인간의 영역이라고 하면 순수 의식은 영혼이나 신의 영역입니다. 현재 의식은 낮은 차원이고, 순수 의식은 높은 차원입니다. 현재 의식은 현실 세계라고 하면 순수 의식은 천국이나 극락입니다. 현재 의식을 순수 의식으로 연결하면 어떤 효과가 있을까요? 현재 의식을 순수 의식으로 연결하면 우리가 원하는 생각을 현실로 만들 수 있습니다. 무한한 우주의 에너지로 우리가 원하는 것을 현실로 만들 수 있습니다. 우주는 무한한 가능성의 세계입니다. 자신이 현재 가지고 있는 의식을 순수 의식으로 우주까지 연결을 하면 우주로부터 무한한 에너지를 얻게 됩니다. 그래서 생각을 현실로 만들기 위해서는 현재 의식을 순수 의식으로 연결하는 것입니다. 그러면 결국 현재 의식은 순수 의식과 하나가 됩니다.

이렇게 **현재 의식을 순수 의식으로 연결하는 가장 좋은 방법은 명상을 하는 것입니다.** 명상을 통하여 현재 의식을 순수 의식으로 끌어올리게 됩니다. 명상을 습관화하게 되면 자신의 의식 수준을 순수 의식으로 높이게 되어 생각을 현실로 만드는 에너지를 갖게 됩니다. 순수 의식이 가지고 있는 무한한 에너지를 활용하면 불가능한 것이 없습니다. 우리가 그렇게 하지 못하는 이유는 우리가 그것을 알지 못하고 있고, 우리의 의식 수준을 끌어올리지 못하기 때문입니다. 의식 수준이 가장 높은 사람으로 예수, 석가모니를 들 수 있습니다. 그 아래로 높은 사람은 위대한 영혼으로 불리는 간디입니다. 간디는 보통 사람으로 가장 의식이 높은 사람입니다. 그 결과 대영제국을 상대하여 무저항으로 결국 전쟁에서 승리를 거두었습니다. 그 승리 비결은 바로 현재 의식을 순수 의식으로 끌어올렸기 때문입니다. 생각을 현실로 만드는 것은 결코 쉽지 않습니다. 하지만 우리가 그 방법을 알게 되면 우리가 원하는 것을 현실로 만들 수 있습니다. 그것은 몸과 마음을 연결하고, 생각과 감정을 연결하고, 현재 의식과 순수 의식을 연결하는 것입니다. 이렇게 하면 모든 것들이 가능한 에너지를 얻게 됩니다. 문제는 얼마나 우리의 의식 수준을 끌어올릴 수 있는가입니다.

　아이가 생각을 현실로 만드는 방법을 이해하는 것은 쉽지 않습니다. 그래서 무의식에 대하여 설명을 할 때는 코끼리와 소년의 이야기를 비유로 들려주는 것이 좋습니다. 코끼리의 힘을 활용하기 위해서는 평소에 코끼리와 친해져야 합니다. 코끼리와 친해지기 위해서는 평상시에 코끼리와 대화를 하는 것이 좋습니다. 코끼리와 대화를 하는 방법은 평상시에 자신에게 대화를 하는 것입니다. 이것을 '혼잣말'이라고 합니다. '넌 할 수 있어!'라고 자신에게 말하는 것입니다. 그러면 코끼리와 친구가 되고 아이가 힘든 순간에 코끼리의 힘으로 어려움을 이겨낼 수 있는 힘을 얻게 됩니다. 또한 아이가 명상을 하는 습관을 갖게 합니다. 저녁에 잘 때 명상 음악을 들려주고, 눈을 감고 5분 명상을 합니다. 부모와 같이 하면 아이는 쉽게 하게 됩니다. 그리고 명상이 끝난 후 느낀 점에 대해 아이와 대화를 합니다. 아침에도 5분 명상을 하면 좋습니다. 아이가 스스로 명상에 대하여 재미를 가지고 할 수 있도록 관심을 가지고 격려해 주면 아이는 매일 명상을 하는 습관을 갖게 됩니다. 이것은 부모가 아이에게 평생을 함께 하는 값진 보물을 주는 것입니다.

🐾 마음을 건강하게 하는 방법

　부모로서 아이들에게 평생 동안 영향을 줄 수 있는 선물이 무엇일까 생각하였습니다. 그래서 아이들에게 클래식 음악을 들려주었습니다. KBS 클래식 FM 라디오 방송으로 하루 종일 클래식 음악을 들려주었습니다. 이것은 인생을 품위 있게 살아야 한다는 것을 말해주기 위해서였습니다. 그리고 주말이면 영화를 보여주었습니다. 아이가 중학교 3학년이 될 때까지 주말마다 네이버에서 다운을 받아 가족들이 함께 영화를 보았습니다. 그것은 인생을 즐기라는 것을 말해 주고 싶어서였습니다. 또한 매일 과일 쥬스를 만들어 주었습니다. 과일과 야채를 쥬스기로 갈아 마시도록 했습니다. 이것은 아이들에게 항상 건강하게 생활해야 한다는 것을 알려주고 싶었습니다. 그리고 아이들이 어렸을 때는 저녁에 자기 전에 책을 읽어주었습니다. 그것은 부모로서 아이들에게 늘 책을 가까이하며 살아야 한다는 것을 경험하게 하였습니다. 하지만 무엇보다 부모로서 아이들이 마음을 건강하게 해야 한다고 생각하였습니다.

　이처럼 아이가 마음을 건강하게 하기 위한 조건은 어떤 것들이 있는지 알아보겠습니다. 이러한 조건을 잘 이해하고 실천하면 아이가 마음을 건강하게 자랄 수 있습니다. 정신과 의사인 전현수 박사는 마음 건강의 조건으로 여덟 가지를 말하고 있습니다.

　첫째, 인생의 목표를 뚜렷하게 합니다. 자동차를 운전하는 경우 언제나 분명한 목적지가 있습니다. 목적지가 없이 운전하는 사람은 없습니다. 항해를 하는 경우도 마찬가지입니다. 어디로 가고자 하는 분명한 목적지가 있습니다. 인생도 마찬가지입니다. 살아가는 목표가 없이 살아가는 가는 것은 하루살이 인생입니다. 위대한 업적을 이룬 훌륭한 사람들은 확고한 신념과 인생의 목표를 가진 사람들이었습니다.

둘째, 모든 일에 주인 의식을 가집니다. 주인 의식을 가지고 있는 사람은 모든 일을 자신이 선택을 하고 책임을 지는 사람입니다. 그리고 주인 의식이 있는 사람은 불평불만을 하지 않고 자신이 해야 할 일을 찾습니다. 주인 의식을 가지고 있으면 자신이 주도적으로 판단하고 결정하며 자신의 인생을 살아갑니다. 피해 의식을 가지고 있는 사람은 주인 의식이 없기 때문에 불평불만을 가지고 다른 사람의 인생을 사는 것처럼 살아갑니다.

셋째, 사물의 실재를 보아야 합니다. 실재란 현실을 있는 그대로 보는 것입니다. 자신의 편견을 가지고 문제를 보는 것이 아니라 객관적인 사실을 보는 것입니다. 또한 실재는 보이지 않는 것을 볼 줄 알아야 하고, 들리지 않는 것을 들을 수 있어야 하고, 배우지 않는 것을 알 수 있는 지혜를 말합니다. 우리가 살아가면서 부딪히는 문제는 실재를 보지 못하고 현상을 보고 판단했기 때문입니다. 그러므로 어떤 문제가 있는 경우에 항상 실재를 보고자 하는 것이 인생을 지혜롭게 살아가는 방법입니다.

넷째, 자신의 분수를 지킵니다. 자신의 처지를 알고 분수에 맞게 생각하고 행동합니다. 마치 자신이 부자인 것처럼 행동하여 사치를 하는 사람은 정신이 건강하지 못한 사람입니다. 자신의 분수를 지키지 못하면 자신은 물론이고 주위 사람을 고통스럽게 합니다. 반면에 자신의 분수를 지키는 사람은 지금 자신에게 주어진 길을 묵묵히 걸어가는 사람들입니다.

다섯째, 남의 입장을 잘 이해합니다. 지혜롭게 살아가기 위해서는 전체를 볼 줄 알아야 합니다. 전체는 나와 남이 합해질 때 전체가 됩니다. 나는 반쪽 밖에 볼 수 없고, 상대방도 반쪽 밖에 볼 수 없습니다. 나와 상대방이 합해야 전체가 됩니다. 상대방의 입장을 수용해야 하는 이유는 나의 입장과 상대방의 입장을 합해야 전체가 되기 때문입니다. 그래야 문제를 해결할 수 있습니다. 나의 입장만 생각하거나 상대방의 입장만 생각하면 절대로 문제를 해결할 수 없습니다.

여섯째, 해야 할 일을 성실하게 합니다. 성공한 사람들의 공통점은 자신이 하는 일을 꾸준하게 한다는 것입니다. 한 가지 일을 꾸준하게 하다 보면 자신의 능력을 최대한 발휘하게 되어 성공을 하게 됩니다. 세상에 성실하지 않고 할 수 있는 일은 아무것도 없습니다. 그래서 사람들은 사람을 판단할 때 능력보다는 태도를 중요하게 생각합니다. 왜냐하면 능력있는 사람은 노력을 하지 않지만 태도가 좋은 사람은 성실하게 노력하기 때문입니다.

일곱째, 매사에 즐거운 마음으로 생활합니다. 행복하게 살아가기 위해서는 긍정적인 마인드를 가져야 합니다. 긍정적인 사람은 늘 즐거운 마음으로 생활하기 때문에 행복하게 살아갑니다. 하지만 부정적인 사람은 세상을 부정적으로 보기 때문에 불평불만을 하며 불행하게 살아갑니다. 행복한 사람은 다른 사람을 행복하게 하고, 세상을 더 좋은 세상으로 만들어 갑니다. 불행한 사람은 다른 사람을 불행하게 하고, 세상을 더 살기 힘든 세상으로 만들게 됩니다.

여덟째, 나의 한계를 인정합니다. 우리가 나무를 보면 한 쪽면만 볼 수가 있습니다. 우리는 나무 전체를 볼 수가 없습니다. 그리고 내가 보는 것은 내가 알고 있는 것만을 볼 수 있습니다. '장님 코끼리 만지기'처럼 내가 만지고 있는 부분만을 볼 수 있습니다. 내가 가지고 있는 한계를 인정하는 사람은 늘 겸손하고 배우는 태도를 보입니다. 그래서 자신의 한계를 벗어나고자 합니다. 하지만 어리석은 사람은 자신의 한계를 인정하지 않고 자신의 능력만을 믿고 배우려 하지 않습니다.[3]

이렇게 정신 건강을 위한 조건은 수없이 많습니다. 하지만 정신 건강의 조건을 세 가지로 정리를 할 수 있습니다. **첫째 자신을 아는 것입니다. 둘째 타인을 이해하는 것입니다. 셋째 실재를 보는 것입니다.** 이 세 가지를 명심하고 꾸준히 실천하면 늘 정신적으로 건강한 삶을 살 수 있습니다. 어린 왕자에서 사막 여우가 말합니다. **"가장 중요한 것은 눈에 보이지 않아."**라고 말입니다. 우리에게 중요한 것은 마음 건강입니다. 마음이 건강한 사람은 신과 같이 절대를 살아가는 사람입니다. 마음을 건강하게 하는 조건을 실천하는 하루를 살아가면 어떨까요?

부모가 아이에게 반드시 가르쳐야 할 것 한 가지를 말한다면 그것은 아이가 주인으로 살아가는 것입니다. 아이가 주인으로 살아가면 많은 문제가 사라지게 됩니다. 그리고 마음이 건강한 아이로 잘 자라게 됩니다. 반면에 아이가 피해 의식을 가지고 살아가면 많은 문제가 생겨나게 됩니다. 그러면 어떻게 아이에게 주인 의식을 길러줄 수 있을까요? 그것은 아이에게 마음공부를 가르치는 것입니다. 마음공부를 하게 되면 자연스럽게 주인 의식을 갖게 됩니다. 우리가 눈을 감으면 세상이 사라집니다. 만일 우리가 존재하지 않으면 이 세상과 우주는 바로 사라지게 됩니다. 우리가 존재하기 때문에 이 세상과 우주가 존재합니다. 마음공부로 이러한 생각을 아이가 갖게 되면 자신이 이 세상과 우주의 주인이라는 생각을 갖게 됩니다.

절대를 살아가는 비결

심청전은 마음공부에 관한 이야기입니다. 심청은 한자로 마음 심心, 맑을 청淸이고, '마음의 눈심안'을 말합니다. 심봉사는 마음의 눈을 뜨지 못한 우리와 같은 사람들을 말합니다. 심청이 공양미 삼백석을 받고 뱃사람들에게 팔려 갑니다. 아버지가 깨달음을 얻게 하기 위해서입니다. 그 뜻은 깨달음을 얻기 위해서는 육신이 죽어야 한다는 것입니다. 즉 지금 가지고 있는 생각을 버려야 한다는 것입니다. 심청은 인당수라는 바다에 빠져 죽습니다. **바다가 의미하는 것은 절대를 말합니다. 육안육신의 눈이 죽어야 심안마음의 눈으로 깨달음을 얻어 절대를 살아가게 된다는 것입니다.** 심청이 바다 용궁에서 나와서 심봉사가 마음의 눈을 뜨게 됩니다. 그러면 거기에 있던 모든 봉사들이 마음의 눈을 뜨게 됩니다. 심청전을 통해서 우리 조상들이 절대를 살아가는 방법을 알고 있었다는 것이 놀랍지 않나요?[4]

그러면 어떻게 절대를 살아갈 수 있을까요? 그것은 **이 세상을 극락이나 천국으로 생각하는 것입니다.** 자신을 신처럼 완전한 존재로, 영혼을 가진 존재로 인정하는 것입니다. 그리고 내가 원하는 모든 것을 현실로 만들 수 있다고 생각하는 것입니다. 이렇게 생각하면 나는 결핍의 존재가 아니라 모든 것을 가진 풍요로운 존재가 됩니다. 그래서 어떠한 결핍을 느끼지 않게 됩니다. 오직 모든 것이 축복이고 평화로움 속에서 살아갑니다. 어떤 상황에서도 두려움을 가지고 살아가는 것이 아니라 사랑의 힘으로 살아갑니다. 내가 주인으로 자신감을 가지고 세상을 당당하게 살아가게 됩니다.

절대를 살아가는 사람은 늘 평정심을 가지고 평화롭게 살아갑니다.
자신이 절대를 살아가는 신이 되면 내가 만나는 모든 사람도 신이 됩니다. 상대방도 나와 동등한 신입니다. 서로 평등한 관계가 됩니다. 그래서 다른 사람을 절대로 무시하지 않게 됩니다. 그러니 내가 상대방에게 "이래라 저래라."라고 말할 자격이 없습니다. 오직 내가 할 수 있는 것은 상대방을 신으로 대하는 것입니다. 내가 중심이 아니라, 상대방을 중심에 두고 상대방을 대하는 것입니다. 이렇게 생각하면 자연스럽게 다른 사람과 관계가 좋아지게 됩니다. 상대방을 대할 때 그 사람의 입장과 생각을 중요하게 생각합니다. 그리고 나의 입장과 나의 생각은 잠시 뒤에 둡니다. 이렇게 절대를 살아가면 매 순간을 행복하게 살아갈 수 있습니다. 내 자신이 완전한 영혼의 존재로 풍요로운 세상을 살아가는 것입니다.

　하지만 매 순간 이런 생각으로 살아갈 수 있을까요? 세상을 살아가다 보면 자신이 생각하는 일들이 이루어지지 않고 다른 사람과 갈등하고 해결해야 할 많은 문제가 있기 마련입니다. 하지만 이러한 상황에서도 우리는 절대를 살아갈 수 있습니다. 그것은 **이런 어려운 상황에서 매 순간 이 세상이 절대라는 것을 깨닫는 것입니다.** 내가 지금 살고 있는 이 세상이 천국이고, 극락이고, 자신이 영혼의 존재라는 것을 생각하는 것입니다. 그러면 아무리 우울하고 슬프고 좌절하는 순간에서도 다시 일어설 수 있는 힘을 얻게 됩니다. 그런데 사람들은 왜 이러한 생각을 하지 못할까요? 그것은 사람들이 절대를 살아가는 것이 아니라 상대를 살아가기 때문입니다. 상대를 살아가는 사람들은 자신이 완전한 영혼의 존재라는 생각을 하지 못합니다. 자신은 영혼의 존재가 아니라 육체를 가진 존재로 생각합니다. 풍요의 세상이 아니라 결핍의 세상을 살아갑니다. 육체가 요구하는 다양한 욕구를 충족하기 위해서 더 많은 것들이 필요합니다. 그러면 더 많은 것을 얻기 위해서 스트레스를 받고 힘들게 살아갑니다. 하지만 자신의 무한한 욕망을 채우기 위해서 끊임없는 결핍을 느낍니다. 또 그러한 결핍을 채우기 위해서 지금보다 훨씬 더 많은 노력을 해야 합니다. 이것이 상대계를 살아가는 삶의 방식입니다.

질병도 결핍의 세상에서 살기 때문에 생긴 것입니다. 질병이 생기는 이유는 자연의 원리를 거스리는 생각과 생활에서 오게 됩니다. 그래서 자신을 자연의 순리에 맞게 생활하게 되면 질병도 치유가 됩니다. 또한 질병은 마음에서 옵니다. 사람들은 부족한 것을 채우기 위해서 탐욕을 갖게 됩니다. 이러한 탐욕은 끊임없는 불만을 낳고, 그래서 몸의 기운이 뒤틀리게 되어 병이 생기게 됩니다. 또 우리가 파괴한 생태계가 우리를 병들게 합니다. 환경 오염, 건강하지 못한 먹거리가 원인입니다. 질병은 잘못된 생활을 바로 잡으라는 자연의 경고입니다. 질병을 고치기 위해서는 자연의 원리를 이해하고 실천하는 것입니다.

모든 문제의 원인은 '나의 생각은 옳고 당신 생각은 틀렸다.'라고 생각하는 것에 있습니다. 그리고 모든 문제의 원인을 상대방에게 두는 것에 있습니다. 그러나 실제로는 나의 생각은 옳고 상대방이 틀렸다는 것은 맞지 않습니다. 이러한 생각은 틀린 생각입니다. 왜냐하면 상대방의 입장에서 생각하면 역시 마찬가지로 생각할 수 있기 때문입니다. 모든 문제의 원인을 상대방에 두는 것도 마찬가지입니다. 이렇게 생각해서 갈등이 생기고 모든 심각한 문제가 생기게 됩니다. 따라서 이렇게 생각할 것이 아니라 **상대방을 나와 동등한 신으로 생각하는 것입니다. 그러면 모든 문제는 해결됩니다.** 상대방의 입장과 나의 입장을 동시에 고려하여 서로 소통하면 문제는 자연스럽게 해결이 됩니다.

그러면 어떻게 아이들에게 절대를 살아가는 방법을 가르칠 수 있을까요? 아이들에게 우리가 죽은 후에 천국이나 극락에 가는 것이 아니라 지금 우리가 살고 있는 세상이 천국이나 극락이라는 것을 가르칩니다. 그러면 내가 내 마음을 어떻게 다스릴 것인지 아이에게 물어보는 것입니다. "내 마음이 행복하기 위해서 내가 어떻게 해야 할까?", "내 마음이 슬프면 내가 어떻게 해야 할까?"라고 질문을 합니다. 여기에서 중요한 것은 내가 주인으로서 살아간다는 것입니다. 마음의 주인은 자신입니다. 그래서 나의 마음을 다스리는 것도 자신입니다. 내가 내 마음을 잘 다스리기 위해서 어떻게 해야 할지에 대하여 아이와 이야기를 합니다. 마음에 대한 책이나 영화를 보면서 마음에 대한 이야기를 해보는 것도 좋습니다.

또 아이와 명상을 하면서 절대에 대한 이야기를 들려주는 것이 좋습니다. 아이가 눈을 감으면 명상을 하게 한 후에 질문을 합니다. 아이가 극락이나 천국의 모습을 마음껏 상상을 하게 합니다.

"지금 어디야?"

"무엇이 보이니?"

"무엇을 하고 있어?"

"나무와 어떤 대화를 하고 있어?"

"동물과 어떤 대화를 하고 있어?"

"네가 가장 바라는 것은 무엇이니?"

"지금 너의 기분은 어떠니?"

라는 질문을 하여 절대의 모습을 상상하게 합니다.

🙂 명상으로 몸을 치유한다

2011년 5월, 건강 검진을 하였습니다. 검사를 마치고 대기를 하고 있는데 의사 선생님께서 급하게 불렀습니다. 의사 선생님께서 매우 걱정스러운 얼굴로 간에 큰 물혹이 있으니 정밀 검사를 받아보자는 것이었습니다. 그 순간 하늘이 노랗게 되었습니다. '이제 어떻게 하지?' 머리 속이 하얘졌습니다. 다음 날 바로 방사선 검사를 하였습니다. 그 때 방사선 기계에 누워서 기도를 했습니다. '주님, 몸을 건강하게 해 주시면 앞으로 봉사를 하면서 새로운 삶을 살겠습니다.'라고 마음속으로 간절히 기도했습니다. 방사선 검사 결과, 실제로 큰 물혹이 간에서 발견이 되었습니다. 그런데 다행스럽게 물혹이 악성이 아니고 양성이었습니다. 이것이 계기가 되어 인생을 살아가는 데 있어서 많은 변화가 있었습니다.

『15분의 기적』의 저자 김종철 박사는 명상으로 우리의 몸이 치유가 되는 과정을 설명하였습니다. 우리가 건강하다는 것은 유기체가 정상적인 기능을 한다는 것입니다. 이 말은 골격과 같은 큰 구조에서 분자나 세포 차원의 미세 구조까지 포함합니다. 그런데 유기체가 정상 기능을 하기 위해서는 정상적인 생화학 반응이 있어야 합니다. 우리 몸의 세포 한 개는 1분당 100만 건의 생화학 반응Bio Chemical Reaction을 하고 있습니다. 생화학 반응이란 우리 몸을 구성하는 최소입자인 분자가 다른 성질의 분자로 바뀌기 위해서 원자들을 교체하는 작업입니다. 우리가 먹는 음식을 소화하고, 공기를 호흡하고, 피를 만드는 등 일상적인 모든 반응을 말합니다. 이러한 생화학 반응에 문제가 있으면 약물을 투여하고, 더 심한 경우 수술을 하게 됩니다. 이것이 현대 의학의 치료 과정입니다.5

미국 스탠포드대 교수 윌리엄 틸러William Tiller 박사는 이러한 생화학 반응이 일어나기 위해서는 하나의 조건이 있어야 한다고 말하였습니다. 그것은 생전자기장bio-electricomagnetic field이 일정하게 유지해야 한다는 것입니다. 생전자기장은 우리 몸을 공장에 비유한다면, 공장을 가동하기 위해 필요한 전압과 전류라고 말할 수 있습니다. 우리 몸을 구성하고 있는 원자는 원자핵과 전자로 이루어져 있습니다. 원자를 200m 경기장으로 비유를 하면, 원자핵의 크기는 2mm 개미 한 마리에 비유할 수 있습니다. 원자핵은 양성자와 중성자로 구성되어 있습니다. 전자는 1,200km/sec로 18초에 지구를 한 바퀴 돌 정도로 빠른 속도로 움직이고 있습니다.

이러한 몸 속의 진동은 외부에서 몸으로 전해지는 진동과 공명이 일어납니다. 공명은 동일한 진동이 만나 운동과 에너지가 증폭되는 현상을 말합니다. 그래서 몸이 건강한 상태를 유지하게 됩니다. 그런데 외부의 어떤 자극에 대하여 스트레스를 받게 되면 우리의 몸 주변에 막이 형성되어 우리 몸 속의 진동이 외부의 진동과 공명이 이루어지지 않게 됩니다. 그래서 몸 속에 여러 가지 질병이 생기게 됩니다.

이러한 질병을 치유하고 몸을 건강하게 하기 위해서는 명상이 효과적입니다. 명상을 하게 되면 외부의 자극으로 받은 우리 몸의 스트레스가 사라지게 됩니다. 그래서 **스트레스에 의해서 우리 몸 주위에 형성된 막이 사라지게 됩니다. 따라서 자연의 진동이 몸의 진동과 일치하게 되어 공명이 이루어집니다.** 공명이 이루어지면 원자들이 질서를 찾아가서 에너지가 만들어지게 됩니다. 이것이 명상으로 몸이 치유되는 원리입니다.

이처럼 자연은 운동의 원리를 가지고 있습니다. 그것은 무질서에서 질서로 나아가고자 한다는 것입니다. 여기에서 무질서는 질병이고, 질서는 건강입니다. 이것이 자연 치료의 원리입니다. 그리고 이러한 자연 치료를 극대화하는 것이 명상입니다. 예를 들어 스트레스를 받게 되면 내장 기관의 근육이 긴장을 합니다. 그리고 소화 기관을 경직되게 합니다. 흥분을 하게 되면 심장이 빨라집니다. 이런 상태에서 명상을 하게 되면 마음이 평정 상태가 되어 치유가 이루어지게 됩니다.

그렇다면 **암에 걸린 사람이 재발을 하지 않기 위해서는 어떻게 해야 할까요? 그것은 지금까지 살아온 것과 완전히 다르게 사는 것입니다.** 지금까지 살아온 그대로 살게 되면 똑같은 에너지가 몸에 흐르게 되어 질병이 재발이 될 수 있습니다. 그래서 질병이 재발이 되지 않도록 하기 위해서는 그 원인을 제거해야 합니다. 그것은 모든 것을 바꾸는 것입니다. 자신의 에너지를 바꾸는 것입니다. 생각을 바꾸는 것입니다. 행동을 바꾸는 것입니다. 습관을 바꾸는 것입니다. 그러면 우리의 몸의 진동이 달라져서 외부의 진동과 공명 상태가 이루어져 건강하게 됩니다.

한 가지 중요한 것은 **스트레스의 원인은 외부의 자극이 아니라 자신의 반응이라는 것입니다.** 외부에서 어떤 자극이 오더라도 자신이 어떻게 반응을 하느냐에 따라서 스트레스를 받을 수도 있고 받지 않을 수도 있다는 것입니다. 외부에서 받는 자극은 우리가 어떻게 할 수 없습니다. 하지만 스트레스를 받느냐, 받지 않느냐는 자신이 선택하는 것입니다. 자신의 선택에 따라 스트레스를 받지 않으면 건강하게 살아갑니다. 하지만 스트레스를 받으면 질병을 얻게 됩니다. 윌리엄 틸러 박사는 질병의 가장 근원적인 원인은 '자신'이고, '마음'이라고 하였습니다.

스트레스는 만병의 근원입니다. 명상은 이러한 스트레스가 사라지게 합니다. 스트레스는 많은 생각에 시달리는 것입니다. 그런데 명상을 하게 되면 이러한 생각이 없어지고, 자신이 원하는 생각에 집중을 하게 됩니다. 그래서 명상은 치유의 효과가 있습니다. 또한 모든 몸의 질병은 마음으로부터 시작됩니다. 마음을 조절하게 되면 항상 건강하게 생활할 수 있습니다. 마음을 조절하는 가장 좋은 방법이 명상입니다. 이렇게 명상으로 우리는 신체적으로 건강하고 정신적으로 활기찬 생활을 할 수 있습니다. 매일 명상을 하는 것만으로도 우리는 매일 행복하게 살아가게 됩니다.

앤서니 라빈스Anthony Robbins는 『네 안에 잠든 거인을 깨워라』 라는 책에서 질문의 중요성에 대하여 말하고 있다. 그는 단지 유태 인이라는 이유만으로 크로코우에 있는 죽음의 수용소로 보내졌다. 그는 눈 앞에서 가족들이 죽어가는 것을 지켜 보아야 했다. 아들이 죽은 후 가스실에 흩어진 아들의 옷가지를 보면서 자신에게 닥친 끔찍한 상황을 견디기 어려웠다. 하지만 그는 어쨌든 살아야 했다. 그래서 그는 질문을 하였다. '어떻게 하면 이곳에서 탈출할 수 있을 까?' 그는 다른 사람들에게 질문을 하였다. 하지만 다른 사람들은 탈출은 생각하지도 않고, 그냥 살아남게 해달라고 기도하는 수밖에 없다고 말했다.

그러나 그는 '**어떻게 하면 이곳에서 탈출할 수 있을까?**'라고 끊임 없이 질문을 하였다. 계속해서 간절하게 질문을 하자, 마침내 답을 얻었다. 그는 가스실에서 죽은 시체가 트럭에 던져지고 있는 것을 보았다. 그는 트럭 뒤에 숨어 있다가 옷을 모두 벗고 죽은 시체가 실려 있는 트럭에 몰래 탔다. 저녁이 되자, 트럭에 실은 죽은 시체 들은 구덩이에 버려졌다. 그는 죽은 시체들과 함께 밤을 보냈다. 다 음날 그는 시체 더미에서 알몸으로 40킬로미터를 달려 드디어 자유 를 찾게 되었다.

이렇게 그의 운명을 바꾼 것은 그가 자신에게 던진 하나의 질문 이었다. 그 질문이 결단을 하게 만들었고, 그것이 결국 행동을 하게 했다. 질문은 우리가 상상하는 그 이상으로 위력을 발휘한다. 이와 같이 가장 절실한 상황에서 자신에게 던진 질문은 자신의 운명을 바꾼다.

그렇다면 어떻게 하면 질문을 잘할 수 있는지에 대하여 알아보자. 질문을 하는 방법에 대하여 알아보자. **질문을 할 때는 상대방이 잘 아는 것을 질문해야 한다.** 그래야 상대방이 알고 있는 것을 자신 있게 말하게 된다. 만약에 잘 모르는 것을 질문하게 되면 그 순간 불편한 상황이 된다.

그리고 **먼저 질문한다.** 내가 먼저 질문을 하면 내가 대화의 주도권을 갖게 된다. 그래서 내가 필요한 정보를 얻을 수 있다. 그렇지만 상대방도 자신이 말할 수 있는 기회를 주기 때문에 좋아하게 된다. 이렇게 질문을 먼저 하면 서로 좋은 분위기를 만들 수 있다.

질문은 미래에 초점을 둔다. 과거에 초점을 두면 그 사람을 판단하게 된다. 누구나 판단을 받는 것을 싫어한다. "왜 일을 그렇게 했느냐?"라는 어투로 말을 하게 된다. 피드백feed back은 과거에 초점이 둔다. 그래서 피드백의 반대말로 '피드 포워드feed forward'라는 말을 한다. "앞으로 어떻게 하고 싶은가요?"라고 말한다. 일을 할 때 일을 마치고 피드백을 받는 것보다는 처음 일을 시작할 때나 중간에 피드 포워드를 받는다. 그렇게 되면 일에 대한 판단이나 비판을 받지 않기 때문에 서로 좋은 관계를 유지하면서 보다 좋은 아이디어를 주고 받을 수 있다.

그리고 **좋은 점에 대하여 질문을 한다.** 만약 잘못한 점에 대하여 질문을 하면 상대방은 심리적으로 방어를 하게 된다. 그래서 상대방은 말을 들은 척 하지만 어떤 의견도 수용하지 않게 된다. 그것보다는 잘한 점에 대하여 어떻게 그렇게 할 수 있었는지 방법에 대하여 질문을 하면, 그 사람은 신이 나서 말을 하게 된다.

좋은 질문은 인생을 바꾼다. 뉴턴을 떨어지는 사과를 바라보며 '사과는 왜 떨어지지?'라고 질문을 하였다. 아인슈타인이 훌륭한 과학적 업적을 만들었던 것도 끊임없이 질문을 하였기 때문이다. 아이폰의 창시자인 스티브 잡스는 '사람들이 필요로 하는 것이 무엇일까?'에 대하여 끊임없이 질문을 하여 스마트폰을 발명하게 되었다.

가상적 질문을 하면 창의성을 발휘하게 한다. '집을 공유하면 어떨까?'라는 질문을 하여 에어비앤비Airbnb라는 회사가 만들었다. 그리고 '차를 공유하면 어떨까?'라는 질문을 하여 우버Uber라는 회사가 만들어지게 되었다. 이렇게 가상적 질문은 새로운 관점에서 문제를 바라보게 하여 창의적인 발상을 하게 한다. 지금 에어비앤비와 우버처럼 가상적 질문을 자신에게 던져보자.

명상이란 생각에 집중하고 마음을 훈련하여 자신의 내면을 객관적으로 바라보는 수행법이다. 명상은 세로토닌의 분비량을 늘리는 가장 효과적인 방법이다. 세로토닌은 뇌간에서 분비되는 신경전달물질로 행복감과 안정감을 담당하고, 세로토닌의 분비가 줄어들면 우울증과 불안증이 생긴다. 세로토닌은 뇌에서 기분이나 사회적 행동을 조절하며, 기억력과 공부, 수면에 많은 역할을 한다. 세로토닌의 역할은 우리 뇌의 한 부분에서 다른 부위로 우리의 메시지를 전달하는 역할을 한다. 세로토닌은 뇌의 강력한 화학물질로서 우리의 기분에 매우 중요한 영향을 준다. 뉴런들이 세로토닌을 제대로 분비하느냐에 따라서 우리가 감정조절과 기분에 관한 문제가 생길 때, 이를 조절하는 중요한 수단으로 작용한다. 세로토닌의 수치가 안정되면 이유 없는 불안감과 초조감을 느끼는 일도 없어진다. 세로토닌의 기능은 특히 우울감, 불안감을 진정시키고, 상처 치유, 뼈 밀도를 적정 상태로 유지하는 기능을 한다.

조 디스펜자Joe Dispenza는 『당신도 초자연적이 될 수 있다』라는 책에서 명상의 치유 원리에 대하여 다음과 같이 말하고 있다. 우리의 몸은 자석과 같이 자성을 띠고 있다. 자석은 극성자기력을 띠고 있다. N극과 S극이 있다. 한 쪽은 양전하를 띠고, 반대쪽은 음전하를 띠고 있다. 두 극의 극성이 달라서 전자기장을 만든다. 이러한 전자기장은 눈에는 보이지 않지만 측정이 가능하다. 지구도 하나의 자석으로 북극과 남극이 있다. 지구는 전자기장에 둘려 싸여 있다. **우리의 몸도 하나의 자석이다. 우리의 뇌와 마음이 N극이고, 우리 몸 아래의 척추 끝이 S극이다.** 우리 몸이 스트레스를 받게 되면 에너지를 사용하게 되고, 결국에는 에너지가 소진되게 된다. 이렇게 되면 우리 몸은 자석이 아니라 금속 조각이 된다. 이때 우리의 몸은 에너지보다는 입자 상태가 된다. 우리의 몸에 에너지가 다시 흐르게 하는 방법은 호흡이다. 호흡을 통해서 에너지를 다시 흐르게 하고, 우리 몸을 둘러싸고 있는 전자기장을 흐르게 한다. 이러한 **에너지는 몸의 내적 환경, 즉 세포 밖의 환경을 바꾸게 되어 건강을 위한 유전자가 많아지고, 질병을 일으키는 유전자는 적어진다.** 이것이 명상이 가지고 있는 치유의 힘이다.

그러면 이러한 명상은 우리의 몸과 마음에 어떤 효과가 있을까? 명상이 가지고 있는 치유 효과는 다음과 같다.

명상은 신체 건강에 좋은 영향을 미친다. 명상은 혈압을 낮추어 주고, 콜레스테롤을 감소시킨다. 노화를 방지하고, 외상 후 스트레스를 치료한다. 주의력 결핍 및 과잉행동 장애를 치료하고, 자폐증 치료에도 효과가 있다.

명상은 정신 건강에 많은 영향을 준다. 명상은 스트레스를 감소시켜 주고, 불안감과 우울증을 개선시켜 준다. 불면증 개선에도 효과가 있다.

명상은 인간관계 개선에 많은 영향을 준다. 명상은 자기통제력을 갖게 하고, 회복탄력성을 높여준다. 자존감과 타인을 존중하는 마음을 갖게 한다.

명상은 학습에 많은 영향을 준다. 명상은 집중력을 향상시켜 주고, 기억력 및 지적 능력을 향상시켜 준다. 학업 성취도를 향상시켜 주고 창의성을 발휘하게 한다.

명상은 삶의 질에 영향을 준다. 명상은 행복감과 성취감, 자신감을 높여준다. 항상 긍정적이고, 감사하는 마음을 갖게 한다.

그러면 명상을 어떻게 하는지 구체적인 방법에 대하여 알아보겠습니다.

조용하고 편안한 곳에 자리를 잡습니다.
양반다리로 바닥에 앉습니다.
눈을 가만히 감습니다.
양손은 편하게 둡니다.
가슴을 펴고 척추를 바르게 세웁니다.
몸의 균형을 잡고 안정된 자세를 취합니다.
준비가 되면 호흡을 시작합니다.
호흡은 코로 들이마시고 코로 내쉽니다.
숨을 한번 크게 들이마시고 최대한 길게 내쉽니다.
다시 한번 크게 들이마시고 길게 내쉽니다.
다시 한번 크게 들이마시고 길게 내쉽니다.
이제 자연스럽게 호흡을 합니다.
마칠 시간이 되면 가볍게 눈을 뜹니다.
몸을 좌우 가볍게 흔들어 줍니다.

4

마음으로 가르치면
깨달음이 일어난다

마음으로 가르치면 깨달음이 일어난다

 아이에게 반드시 가르쳐야 할 것

아들이 사춘기를 심하게 겪던 초등학교 6학년 때 일입니다. 그 때 아들은 PC방에 몰래 친구들과 다니고, 학원에서 적응을 못하고, 부모를 힘들게 하였습니다. 그래서 왜 그러는지 물어보니, 아들은 "나도 내 자신을 잘 모르겠어요."라는 말을 하였습니다. 그래서 아들에게 간단한 실험을 보여주었습니다. 빈 통 안에 쌀을 가득 넣은 다음에, 작은 공을 넣어보라고 하니 못하겠다고 하였습니다. 이번에는 통 안에 작은 공을 먼저 넣고, 쌀을 부어 보라고 하였습니다. 그랬더니 모두 통 안에 들어갔습니다. 그리고 **"사소한 것들을 먼저 하면, 나중에 중요한 것들을 할 수 없다. 그래서 중요한 것을 먼저 해야 한다."**라고 말하였습니다. 이렇게 아이들에게 반드시 가르쳐야 할 것을 이해하지 못하는 경우에 간단한 실험을 보여주면 더 쉽게 깨닫게 됩니다. 그러면 부모가 아이들에게 반드시 가르쳐야 할 것들에 대하여 알아보겠습니다.

첫째, 자신이 위대한 존재라는 것을 알게 합니다. 우리는 흔히 아이들은 미성숙한 어른으로 생각을 합니다. 그래서 아이들을 가르칠 때

훈육의 방법을 사용합니다. 하지만 그것보다 먼저 자신이 위대한 존재라는 것을 깨닫게 하는 것이 중요합니다. 그렇다면 아이는 언제 자신이 위대한 존재라는 것을 깨닫게 될까요? 그것은 아이가 주위 사람들로부터 충분한 사랑을 받고 있다는 것을 느낄 때입니다. 아이가 부모로부터 사랑을 받으면 아이는 자신이 소중하다는 것을 무의식에서 느끼게 됩니다. 그렇지 않고 어렸을 때 아이를 함부로 대하면 아이는 자신을 함부로 대하고, 자신이 하찮은 존재로 무의식으로 느끼게 됩니다. 아이가 자신이 위대한 존재라는 것을 느끼게 되면 그 아이는 행복한 인생을 살아가게 됩니다.

자신이 위대한 존재라고 생각한 아이는 세상을 긍정적으로 바라보고, 다른 사람도 존중하는 태도를 보이게 됩니다. 이러한 사람은 새로운 도전을 하고, 자신의 능력을 발휘하여 다른 사람들에게 도움을 주고자 합니다. 자신이 위대한 존재라고 생각하는 사람은 좀 더 가치 있고 의미 있는 일에 자신의 모든 것을 투자합니다. 사소하고, 하찮고, 다른 사람들에게 피해를 주는 일보다는 다른 사람들에게 도움이 되는 일을 하고, 사람들이 행복하게 살아갈 수 있도록 합니다.

자신이 위대한 존재라고 생각하는 아이는 자신이 가지고 있는 잠재능력을 발견하고 최대한 활용합니다. 그리고 자신이 나아갈 올바른 방향을 스스로 찾아갑니다. 자신이 위대한 존재라고 생각하는 사람은 기적을 만듭니다. 다른 사람들이 감히 할 수 없다고 생각하는 것들을 만들어내고 위대한 업적을 이룹니다. 만일 아이들이 자신이 얼마나 위대한 존재인지 깨닫게 할 수 있다면 우리는 위대한 교사이고, 훌륭한 부모입니다.

둘째, 자신의 내면을 바라보게 합니다. 우리는 살아가면서 수많은 문제를 만나게 되고, 그러한 문제를 해결하는 것이 인생의 가장 중요한 일입니다. 중요한 것은 이러한 문제를 발견하는 것이고, 문제를 해결하는 방법입니다. 이렇게 문제를 발견하고 해결하기 위해서는 왜 그러한 문제가 일어났는지 알아야 하고, 그러한 문제를 해결하는 가장 좋은 방법이 무엇인지 알아야 합니다. 그런데 대부분 사람들은 문제가 생기면 시선을 외부로 향합니다. 그래서 환경을 탓하고, 부모를 탓하고, 다른 사람을 탓합니다. 그것 때문에 문제가 생겼다는 것입니다. 하지만 문제가 생겼을 때 시선을 외부로 향하지 않고 자신의 내면을 들여다보는 것입니다. 이렇게 자신의 내면을 들여다보면 문제가 생기는 원인과 문제를 해결해야 하는 방법을 찾게 됩니다.

물론 외부의 영향이 없을 수 없습니다. 하지만 모든 문제는 자신과 관련이 되어 있다는 것을 깨닫게 합니다. 자신의 에너지가 상대방에게 전달이 되어 문제가 발생했다는 것을 깨닫는 것입니다. 그러면 이렇게 자신이 모든 문제의 원인이고, 문제를 해결하는 것이 자신의 일이라는 것을 알게 되면 어떤 효과가 있을까요? 이렇게 생각하면 적극적인 관점에서 문제를 바라보게 됩니다. 주도적으로 문제를 바라보고, 문제를 해결하기 위해서 어떻게 해야 하는지 생각하게 됩니다. 그래서 문제를 해결하는 좋은 방법을 스스로 찾아 문제를 해결하게 됩니다. 그리고 문제가 생기는 원인이 자신이라고 인정을 하게 되면 마음의 평정을 가져오게 됩니다. 반면에 문제가 자신과 관련이 없다고 생각을 하면 문제를 부정적으로 바라보게 되고, 다른 사람들에게 불평과 불만을 갖게 됩니다. 이렇게 되면 본인은 많은 스트레스를 받게 되고, 문제를 해결하는 데도 전혀 도움이 되지 않고, 문제를 더 심각하게 만들게 됩니다. 인생을 살아가면서 해결하기 어려운 문제가 생길 때 먼저 자신의 내면을 들여다보는 습관을 갖게 된다면, 그 사람은 문제를 잘 해결하는 사람이고, 스트레스를 전혀 받지 않고 지혜롭게 살아가게 됩니다. 성장하는 아이들에게 가르쳐야 할 것 중에 이것보다 더 중요한 것이 있을까요?

셋째, 모든 일에 있어서 책임을 받아들이게 합니다. 우리는 살아가면서 수 많은 선택을 하면서 살아갑니다. 인생이라는 것이 끊임없는 선택의 과정입니다. 선택의 과정에서 책임을 받아들이는 자세는 매우 중요합니다. 선택을 하면 반드시 책임을 져야 한다는 것을 알게 합니다. 그러면 선택을 할 때 신중하게 됩니다. 문제가 생길 경우에 자신이 책임을 져야 하기 때문입니다. 아이들에게 자신이 선택을 할 수 있다는 것을 알게 하는 것은 매우 중요합니다. 자신이 선택을 할 수 있다면 아이는 더 적극적인 태도를 갖게 됩니다. 그러나 선택을 하지 않게 되면 자신이 선택을 하지 않았기 때문에 책임을 지지 않으려고 합니다. 그래서 책임을 받아들이는 태도를 갖게 하기 위해서는 반드시 선택을 할 수 있는 기회를 주어야 합니다.

그래서 아이들에게 말을 할 때도 "~을 해야 한다."가 아니라, "~에 대하여 어떻게 생각하니?"라고 본인이 선택을 할 수 있도록 '질문형'으로 대화를 합니다. 그러면 대화의 분위기가 부드러워지고, 아이의 입장에서 내가 선택을 해야 하는 상황이 되기 때문에 적극적으로 사고를 하게 됩니다. 그래서 좀 더 긍정적인 시각으로 문제를 바라보게 됩니다. 자신이 책임을 받아들이는 것이 중요한 이유는 인생이라는 것이 결국 자신이 만들어가기 때문입니다. 그래서 자기 인생에 대하여 책임을 지게 되기 때문입니다. 인생이라는 것이 누가 나를 대신해서 살아주는 것이 아니라는 것을 알게 하는 것입니다. 이런 생각을 하게 되면 아이는 자신의 인생을 어떻게 살아갈 것인가에 대하여 많은 생각을 하게 됩니다. 그래서 자신이 원하는 인생을 살아가게 됩니다. 무엇보다 중요한 것은 인생을 살아가는 태도에 있어서 소극적이고 부정적으로 살아가는 것이 아니라 적극적이고, 긍정적으로 살아간다는 것입니다. 이런 생각으로 살아가면 어떤 일을 하더라도 다른 사람으로부터 인정을 받게 되고, 성공적인 인생을 살아가게 됩니다.

넷째, 자신이 믿는 만큼 현실을 만든다는 것을 알게 합니다. 가장 중요한 것은 자신을 믿는 것입니다. 자신이 할 수 있다고 믿는 것입니다. 자신을 믿는 것을 신념이라고 합니다. 이러한 신념은 모든 창조의 엔진입니다. 신념이 없이는 어떠한 것도 이룰 수 없습니다. 또한 신념은 다른 사람으로부터 영향을 받지 않고 자신의 경험을 신뢰하는 것입니다. 이렇게 생각하면 외골수라고 생각을 할 수 있는데, 신념은 자신의 입장만을 고집하는 것이 아니라 자신이 분명한 생각을 가지고 다른 사람들과 소통을 하는 것을 말합니다. 다른 사람들로부터 다양한 생각을 받아들이는 열린 마음을 가지고 있습니다. 이러한 신념은 자신이 믿는 것을 의심 없이 받아들이는 것입니다. 보통 우리는 자신이 생각을 하고 있으나 의심을 하게 됩니다. '내가 이러한 생각을 하고 있는데, 이것이 확실할까? 틀리면 어쩌지?'라는 생각을 하게 됩니다.

그런데 어떤 사람들은 사업에 성공하고 위대한 일을 하고, 그렇지 않은 사람은 사업에 실패하고 위대한 일을 하지 못하는 이유가 무엇일까요? 많은 것을 이루고 성공한 사람들은 신념이 강한 사람들입니다. 신념이 강한 사람들은 아무리 어려운 일이 있어도 자신이 원하는 것을 이루는 사람들입니다. 이러한 사람들은 자신을 믿는 만큼 현실을 만든다는 것을 아는 사람들입니다. 보통 사람들이 자신이 원하는 것을 이루지 못한 이유는 자신이 생각하는 것에 대하여 의심을 하고 부정적인 생각을 하기 때문입니다. 자신이 믿지 않는 것은 절대로 이룰 수 없습니다. 자신이 믿는 만큼 현실을 만들 수 있습니다. 현실을 만드는 핵심 기준은 자신이 얼마나 넓고 깊은 신념을 가지고 있는가에 달려 있습니다. 자신이 믿는 것이 넓고 깊으면 그 만큼 현실을 만들고, 자신이 믿는 것이 넓고 깊지 못하면 그 만큼 밖에 현실을 만들 수 없습니다. 이제부터 할 일은 자신이 믿는 것을 풍부하고 넓고 깊게 만드는 일입니다.

아이가 자신이 위대한 존재라는 것을 알게 하고, 어떤 문제 상황에서 외부의 환경보다는 자신의 내면을 들여다보게 합니다. 그리고 자신의 선택에 대하여 책임을 받아들이는 태도를 갖게 하고, 모든 것은 자신이 믿는 만큼 현실을 만든다는 것을 알게 하는 것입니다. 이렇게 중요한 삶의 지혜를 아이들에게 가장 먼저 가르쳐야 하지 않을까요?

질문이 아이의 학습을 결정한다

초등학교 때 봄 소풍에 갔던 일입니다. 옛날 시골에서는 소풍을 가면 온 동네 사람들이 함께 갔습니다. 그래서 부모님들이 점심을 싸가지고 옵니다. 맛있는 계란도 싸오고, 사이다도 준비해 옵니다. 달리기를 하면 공책을 상품으로 줍니다. 점심을 먹고 '보물찾기'를 합니다. 선생님들이 산에 보물을 숨겨놓으면 아이들이 찾습니다. 다른 아이들은 최소한 한두개에서 다섯 개 이상을 찾았습니다. 그런데 나는 보물을 하나도 찾지 못했습니다. 그러자 엄마가 집에 오자 마자 한 마디를 하셨습니다. **"이 바보야, 너는 보물을 하나도 못 찾냐?"**라고 말씀하셨습니다. 그 때 내 자신이 한 없이 부끄러웠습니다. 그리고 자신에 대한 자존감이 떨어졌습니다. 이후에도 엄마의 이 말이 잊혀지지 않았습니다. 이처럼 부모의 말 한 마디는 아이에게 많은 영향을 줍니다. 또한 부모가 아이에게 하는 질문은 아이의 학습에 많은 영향을 줍니다. 부모의 질문이 아이의 학습을 결정합니다.

세계적인 토크쇼의 여왕인 오프라 윈프리는 그녀가 힘들었던 삶에 대한 태도를 바꾸게 된 계기가 있었습니다. 가출 소녀로 청소년 감호소에 있었을 때였습니다. 생모도 포기를 하였는데, 의붓아버지가 이렇게 질문을 하였다고 합니다.

"애야, 세상에는 세 종류의 사람이 있다. 어떤 사람은 이 세상에 일을 만들어 내는 사람이 있다. 어떤 사람은 남이 일을 만들어 내는 것을 바라보는 사람이 있다. 또 다른 어떤 사람은 무슨 일이 일어나는지 조차 모르는 사람이 있다. **너는 어떤 사람이 되고 싶니?**"라고 말하였습니다. 이러한 의붓아버지의 질문을 받고 새로운 사람이 되겠다는 결심을 하게 되었습니다. 이렇게 부모가 아이에게 해야 할 일은 훈계가 아니라 질문을 던지는 것입니다.[1]

한 아이가 있었습니다. 엄마는 아이가 학교에서 나쁜 친구들과 어울려 다니면서 아이들을 괴롭히곤 하였습니다. 어느 날 엄마는 아이를 앞에 앉히고 말했습니다.

"이 세상에는 두 가지 종류의 사람이 있다. 자신만을 생각하는 사람이 있어. 그 사람은 다른 사람에게 어떤 일이 생겨도 신경을 안 쓰지. 그런데 그 반대인 사람도 있어. 다른 사람들이 어떻게 느끼는지 이해하고 다른 사람들에게 상처를 주지 않으려고 하지."

"자, 그러면 너는 어떤 사람이 되고 싶니?"

엄마의 이 질문은 아이에게 평생 동안 많은 영향을 주었습니다. 그 아이는 '**그래서 나는 어떤 사람이 될 수 있을까?**'를 스스로 질문하여 대통령이 되었습니다. 그 아이는 미국의 오바마_{Barack Obam}대통령입니다. **이렇게 부모가 아이에게 하는 질문은 아이의 운명을 바꾸게 합니다.**

그렇다면 부모가 자녀에게 질문하는 방법은 무엇일까요? **첫 번째는 자녀에게 공부한 '내용'을 질문하는 것입니다.**

"오늘 어떤 공부를 했어?", "오늘 무엇을 배웠어?"라고 질문을 하는 것입니다. 그러면 자녀는 무의식적으로 오늘 공부한 내용을 다시 생각하게 됩니다. 그리고 머리에 떠오른 낱말을 생각합니다. "오늘 마을에 대하여 배웠어요."라고 대답을 합니다. 그러면 부모는 이렇게 질문을 하는 것입니다. "**그래? 그럼 나에게 배운 것을 설명을 해 줄래? 나도 알고 싶은데.**" 그러면 아이는 자신이 알고 있는 것에 대해 이야기를 합니다. 만일 대답을 못할 경우에는 부모가 이렇게 말을 합니다. "**응, 지금 말하기 어려우면 다음에 나에게 알려줘, 알았지?**" 그러면 자녀는 자기가 잘 모르더라도 설명을 하려고 합니다. 그리고 잘 모르는 것은 스스로 공부를 해서 가르쳐 주려고 합니다. 이렇게 질문을 하게 되면 좋은 점은 아이가 오늘 자신이 공부한 내용이 무엇인지 집에 가서 말을 해야 하기 때문에 수업 시간에 더 적극적으로 참여를 하게 됩니다.

이렇게 부모가 자녀에게 던진 질문은 아이가 학습에 대한 내적인 동기를 유발하게 합니다. 그래서 아이가 스스로 학습에 대해 호기심을 갖게 됩니다. 이렇게 아이의 학습을 결정하는 것은 부모가 많은 영향을 준다는 것입니다. 그리고 질문의 좋은 점은 자녀가 부모의 질문에 대하여 부정적으로 생각하지 않는다는 것입니다. 만일 이런 경우 부모가 아이가 학교에서 오자마자 오늘 학교에서 공부한 내용을 복습하라고 하면 대부분의 아이가 부정적으로 반응을 하게 됩니다. 이렇게 부모가 자녀에게 질문을 하면 자녀가 학습에 흥미와 관심을 갖게 하고 내적인 동기를 유발하게 합니다. 그리고 무엇보다도 부모가 원하는 것을 하면서 아이가 부정적으로 반응을 하지 않는다는 것입니다.

두 번째 공부한 '방법'을 질문하는 것입니다. 예를 들어 시험 성적에서 국어 성적이 좋았다고 가정을 해보세요. 대개 이런 경우 부모가 자녀에게 이렇게 칭찬을 합니다.

"우리 아들 잘했네. 고생했어.", "조금만 더 하면 100점 맞겠네."라고 말을 하는 것입니다. 이럴 경우 자녀가 '다음 시험에서 100점을 못받으면 어쩌지.'라고 무의식적으로 생각을 하여 심리적으로 부담감을 줄 수 있습니다. 하지만 이런 경우에 부모가 자녀에게 이렇게 말을 하는 것입니다. **"야, 너 국어 성적이 잘 나왔네. 어떻게 공부했어?"** 자녀에게 공부한 방법에 대해 질문을 하는 것입니다. 그러면 자녀는 무의식적으로 자신이 공부한 방법을 생각하게 됩니다. 그래서 자신에게 가장 맞는 공부 방법을 찾아가게 됩니다. 이렇게 부모가 자녀에게 어떤 질문을 하느냐 하는 것은 매우 중요합니다. 부모가 자녀에게 하는 공부 방법에 대한 질문은 자녀가 학습을 어떻게 해야 할지에 대한 올바른 방향이나 구체적인 방법을 생각하게 하기 때문입니다. 대부분의 부모들은 아이의 학습 결과에 관심을 갖습니다. 하지만 보다 현명한 부모는 지금의 성적이 아니라 자녀가 학습에 흥미를 가지고 자신의 공부 방법을 찾아가도록 이끌어 줍니다. 그래서 나중에 더 좋은 학습 결과를 가게 오게 합니다.

이렇게 **부모가 어떤 질문을 하느냐에 따라 자녀의 학습 결과가 달라집니다.** 학습의 결과뿐만 아니라 학습에 대한 흥미나 관심, 내적인 동기 유발에 직접적인 영향을 주게 됩니다. 부모가 아이에게 하는 질문을 효과적으로 하기 위해서는 타이밍이 중요합니다. 일상적이고 습관적인 질문보다는 예상하지 못한 타이밍에 질문을 하는 것입니다. 그러면 자녀는 부모가 한 질문을 무의식에 저장을 하게 됩니다.

인간은 누구나 인정받기를 원합니다. 그래서 무엇보다도 **교육의 핵심은 자녀를 인정해 주는 것입니다.** 그러면 자녀는 스스로 모든 것을 할 수 있는 힘을 갖게 됩니다. 그 힘으로 공부를 하게 됩니다. 그렇지 않고 자녀가 부모로부터 인정을 받지 못한다고 생각하면 자녀는 여러 가지 방법으로 욕구를 분출하게 됩니다. 학교에 적응하지 못하거나 부모에게 반항을 하거나 무의식적으로 모든 것에 대하여 부정적으로 생각을 하게 됩니다. 결국 아이가 공부를 하는 것도 아이가 부모로부터 인정을 받으려고 하는 것입니다.

따라서 **가장 중요한 것은 자녀를 바라보는 부모의 시선입니다.** 부모가 자녀를 미성숙한 대상으로 바라보는 것이 아니라 부모와 같은 영혼을 소유한 존재로 보는 것입니다. 그리고 자녀가 무한한 능력을 가진 존재로 보는 것입니다. 그러면 아이는 무엇이든 할 수 있는 무한한 능력을 발휘하게 됩니다. 아이가 자신이 가진 잠재 능력을 제대로 발휘하도록 하는 것은 부모가 해야 할 가장 중요한 역할입니다.

절대로 실패하지 않는 교육

아들이 초등학교 때 일입니다. 학원을 마치고 친구들과 24시 마트에 가서 과자를 훔쳤습니다. 친구들은 돈을 주고 과자를 사 먹는데, 아들은 돈이 없고 배가 고팠기 때문입니다. 그런데 CCTV에 찍혀서 주인에게 들키고 말았습니다. 아들이 훔친 것은 과자가 1,500원 정도 되는 것이었습니다. 전화 연락을 받고, 그 가게에 가서 얼마를 보상하면 되냐고 하니까 10만 원을 달라는 것이었습니다. 그래서 아들에게 물어보겠다고 했더니 주인이 그냥 가라고 해서 왔습니다. 그런데 주인이 바로 경찰서에 신고를 하였습니다. 그 후 경찰서에서 조사를 받고, 1년 후에 가정법원 판사 앞에서 다시는 하지 않겠다고 약속을 했습니다. 이 일을 계기로 아들은 절대로 작은 실수도 하지 말아야겠다는 생각을 갖게 되었습니다. 그러면 절대로 실패하지 않는 교육을 어떻게 할 수 있는지 알아보겠습니다.

첫째는 **부모가 아이에게 질문을 하는 것입니다.** 세계적으로 유태인은 다양한 분야에서 뛰어난 재능을 발휘하고 있습니다. 노벨상 수상자의 30% 정도이며, 세계 100대 기업 중 30% 정도이고, 미국 아이비리그 재학생의 30% 정도이고, 미국 부유층의 30%를 유대인이 차지하고 있습니다. 그러면 이렇게 유태인이 성공한 비결은 무엇일까요? **유태인 교육의 비결은 '질문과 토론'입니다.** 대표적인 것이 '하브루타 교육'입니다. 두 사람이 짝을 지어 질문과 토론을 하는 것입니다. 이렇게 질문과 토론이 이루어지기 위해서는 상대방을 어떻게 바라보느냐 하는 것이 중요합니다. 유태인 부모와 교사들은 아이를 가르쳐야 할 대상이 아닌 성인과 같은 인격체로 바라봅니다. 서로 동등한 입장에서 대화와 토론을 통하여 최선의 방안을 찾게 됩니다. 이렇게 해서 아이들은 끈기와 인내를 가지고 하나의 질문에 대하여 깊게 생각하는 힘을 갖게 됩니다.

유태인 교육의 핵심은 교사가 단순한 지식을 가르치고 암기하는 데 있는 것이 아니라 아이가 학습을 통하여 즐겁게 생각하는 능력을 키우는 데 있습니다. 이것은 아이에게 물고기를 잡아주지 않고 물고기를 잡는 법을 가르치는 것입니다. 물고기를 잡는 법은 생각하는 능력을 말합니다. **유태인 교육의 핵심은 '그래서 너의 생각은 무엇이니?'라는 것입니다.** 배운 내용을 그대로 암기해서 정답을 쓰는 것이 아니라 자신의 생각이 중요하다는 것입니다. 반면에 우리나라 최고 명문인 서울대에서 최고 학점을 받는 비결은 교수님이 하는 강의를 그대로 외워서 쓰는 것이라고 합니다. 바로 이것이 우리나라 교육과 유태인 교육의 차이점입니다. 요약하면 **부모는 아이에게 질문을 하고 아이와 토론을 합니다. 부모는 아이의 호기심을 자극하여 아이가 더 적극적으로 질문을 하도록 합니다. 부모는 질문을 통해서 아이의 상상력을 키우고 자신의 꿈을 이루게 합니다.** 이것이 유태인 교육의 성공 비결입니다.

구글에서 천재 엔지니어링인 레이 커즈와일Ray Kurzweil은 에디슨 이후 최고의 천재라고 인정되고 있습니다. 그래서 그에게 "남들이 천재라고 하는데 타고 난거냐?"라고 물었습니다. 그는 그의 성공 비결을 어린 시절 부모님과 대화에 있었다고 말하였습니다. 그는 보스턴 인근에 살았는데, 4~5세 때 점심을 먹고 아이와 엄마가 공원을 몇 시간 산책을 하였습니다. 그리고 아이가 궁금한 것을 묻고 엄마는 아이의 이야기를 적극적으로 경청을 하였습니다. 그리고 궁금한 것은 집에 와서 엄마와 같이 공부를 하였습니다. 이것이 그의 특별한 성공 비결이었습니다.

둘째는 아이가 나눔을 실천하게 하는 것입니다. 아이가 다른 사람을 위하여 할 수 있는 일을 실천하게 하는 것입니다. 나무를 생각해 보겠습니다. 과일 나무는 자신이 먹기 위해서 풍성한 과일을 만들지 않습니다. 아름다운 향기를 가진 꽃은 자신을 위해서 예쁜 꽃과 향기를 만들지 않습니다. 이러한 풍성한 과일과 예쁜 꽃, 아름다운 향기를 만들어 인간과 다른 생물들에게 나누어 줍니다. 자신이 아니라 자신을 제외한 다른 생물을 위해서 나누는 것입니다. 이러한 나눔으로 인해서 풍성하고 아름다운 세상이 됩니다. 사람도 마찬가지입니다. 사람도 결국 다른 사람에게 도움을 주고, 좀 더 나은 세상을 만들기 위해서 살아갑니다. 이렇게 생각하면 가장 좋은 점은 먼저 자신이 행복하게 됩니다. 자신을 위해서 일을 할 때는 느끼지 못하는 것들이 남을 위해서 일을 하게 되면 더 큰 행복감을 느끼게 됩니다. 이러한 과정에서 다른 사람이나 세상에 대하여 관심을 가지게 됩니다. 그래서 다른 사람을 잘 이해하게 되고, 세상을 잘 이해하게 됩니다. 다른 사람을 잘 이해하게 되면 다른 사람과 소통을 잘하고 다른 사람을 행복하게 합니다. 그리고 선한 영향력으로 더 좋은 세상으로 만들게 됩니다.

Ted의 강연자인 재클린 웨이는 '**어떻게 하면 아이가 매일 행복하게 살 수 있을까?**'를 생각하였습니다. 그리고 〈365 give〉 가족 프로젝트를 실천하였습니다. 그녀는 아이가 3세가 되는 생일날 아이에게 말했습니다. "닉, 우리는 재미있는 가족 프로젝트를 할거야. 1년 동안 다른 사람에게 나눔을 실천할거야." 그리고 아이가 할 수 있는 일들을 정하였습니다. 그래서 동물보호소에 있는 동물들에게 수건과 담요를 기부하였습니다. 그러자 닉은 매우 기뻐하였습니다. 그리고 옆에 있는 고양이들에게도 담요를 기부하자고 하였습니다. 이렇게 해서 닉은 매일 다른 사람이나 동물, 지구를 위해서 매일 나눔을 실천하였습니다.[2] 유태인들은 매일 장사를 하고 남은 것을 가난한 사람들에게 나눠주는 관습이 있습니다. 또한 구글에서는 10년 동안 전 세계 10억 명의 인구에게 삶을 향상시킬 수 있는 프로젝트를 추진하고 있습니다. 그 이유는 이러한 꿈을 통하여 인류에 도움이 되는 위대한 일을 하기 위해서입니다.

그래서 부모가 해야 할 중요한 일은 아이가 다른 사람을 위해서 할 수 있는 기회를 주는 것입니다. 아이가 다른 사람에게 도움이 되는 일을 할 수 있는 기회를 주고, 그것을 칭찬하게 되면 아이가 변하게 됩니다. 또 아이가 다른 사람을 위해서 어떤 일을 하게 되면 아이는 다른 사람이나 세상에 대하여 더 많은 관심을 가지게 됩니다. 그리고 다른 사람이나 세상에 대하여 할 수 있는 일들이 무엇인지 생각합니다. 다른 사람들의 필요나 요구에 관심을 갖게 됩니다. 그리고 필요나 요구에 대하여 내가 할 수 있는 일들을 찾아가게 됩니다. 이렇게 다른 사람들을 위해서 처음에는 작고 사소한 일을 하게 되지만 시간이 지남에 따라 좀 더 크고 위대한 일을 하게 됩니다.

결론적으로 **절대로 실패하지 않는 교육을 실천하는 방법은 부모가 아이에게 질문을 하는 것입니다. 그리고 다른 사람을 위해 나눔을 실천하는 것입니다.** 두 가지로 교육을 하면 무엇보다도 아이는 행복한 사람으로 성장하게 됩니다. 그리고 다른 사람을 행복하게 합니다. 그리고 이 세상을 더 좋은 세상으로 만들게 됩니다.

🙂 아이가 리더십을 발휘하는 교육

2016년 우연한 기회로 C program에서 추진한 '배움의 공간' 프로젝트에 참여하게 되었습니다. 내용은 학생이 주도하여 학교 공간을 만드는 것이었습니다. 그때 함께 참여한 학생들은 방학 중에 서울 홍대와 이태원에서 공간이 잘 만들어진 곳을 둘러보고, 학교 공간을 어떻게 만들지에 대한 아이디어를 제안하였습니다. 그리고 그 설계안을 바탕으로 실제로 놀이 공간이 학교 복도 공간에 만들어졌습니다. 이 과정에서 한 학생은 "**우리가 상상한 것이 현실이 되었다. 이제는 무엇이라도 할 수 있는 자신감을 갖게 되었다.**"라고 말하였습니다. 학생이 학교 공간을 스스로 만드는 과정에서 많은 성장과 변화를 하였습니다. 이것은 학생이 학교 공간의 주인으로 리더십을 발휘하였기 때문입니다.

그렇다면 어떻게 아이가 리더십을 발휘하여 성장하게 할 수 있을까요? **아이의 리더십은 스스로 성장과 변화를 이루어지게 합니다.** 아이가 리더십을 발휘하는 것을 네 가지 관점에서 말할 수 있습니다. 그것은 학생들에게 대한 무한한 신뢰를 주는 것, 학생이 자신의 성장에 대한 목표를 세우게 하는 것, 학생들이 매일 목표를 실천하는 것, 학생들이 세운 목표를 평가하는 것입니다.

첫째, 학생들에 대한 무한한 신뢰를 주는 것입니다. 학생들은 우리가 기대하는 대로 자랍니다. 우리가 믿는 만큼 자랍니다. 또 우리가 기대하지 않은 만큼 성장하지 못합니다. 우리가 믿지 않으면 변화하지 못합니다. 학생들의 성장과 변화에 대한 기대와 믿음을 갖는 것은 매우 중요합니다. 교사가 학생에 대한 믿음을 주지 않는다면 학생들은 배움이 일어나지 않게 됩니다. 학생들은 어른들의 사랑을 먹고 자랍니다. 마치 콩나물에 물을 주면 물이 그냥 흐르는 것 같지만 콩나물은 물을 먹고 잘 자라게 됩니다. 학생들도 어른들의 사랑을 먹고 자라는 것 같지 않지만, 우리가 모르는 사이에 어린 학생들은 어른들의 사랑을 먹고 쑥쑥 자라게 됩니다. 더 많은 관심과 사랑을 받은 학생들은 더 많이 자라게 됩니다. 반대로 어른들의 충분한 사랑을 받지 못한 학생들은 더 힘들고 상처를 받으며 살아가게 됩니다.

둘째, 학생들이 자신의 성장을 위한 목표를 세우게 하는 것입니다.
학생이 무엇에 관심을 가지고 어떤 것을 성장하고 싶은지 구체적인 목표를 세우는 것입니다. 이것은 교사가 일방적으로 하는 것이 아니라 학생과 같이 소통을 합니다. 이러한 과정을 통하여 교사가 학생을 잘 이해하게 됩니다. 이렇게 학생이 구체적인 목표를 갖게 되면 학생은 자신이 무엇을 해야 하는지에 대한 강한 내적인 동기를 유발하게 됩니다. 이러한 목표는 학교에서 배우는 교과의 내용이 될 수 있습니다. 예를 들면 부진한 교과에 대한 공부를 하거나 배우는 교과를 좀 더 심화해서 할 수 있습니다. 또한 그림을 좋아하는 학생은 그림 그리기를 하고, 책 읽기를 좋아하는 학생은 책을 읽고, 만들기를 좋아하는 학생들은 만들기를 하는 것입니다.

셋째, 학생들이 세운 목표를 매일 실천하는 것입니다. 개별 학생들이 세운 목표를 매일 실천하고 확인하는 것입니다. 교사의 역할은 코칭 역할을 하는 것입니다. 학생들이 성장을 위한 목표를 세울 수 있도록 지도를 하고, 학생들이 세운 목표를 꾸준하게 실천을 할 수 있도록 관리를 하는 것입니다. 이러한 활동을 지속적으로 하기 위해서는 무엇보다 가장 중요한 것이 학생들이 하고 싶은 내용을 하도록 한다는 것입니다. 그렇지 않으면 지속되기 어렵게 되고, 따라서 성장도 일어나기 어렵습니다. 또한 학생이 할 수 있는 수준을 정하는 것입니다. 예를 들면 학습의 경우 학습의 양을 학생이 스스로 정하게 하는 것입니다. 학생이 원하는 활동의 방법과 내용을 스스로 정하도록 하는 것이 중요합니다. 이러한 과정에서 학생들이 자신이 선택한 것에 대한 책임감을 갖게 됩니다.

넷째, 학생들이 목표를 얼마나 달성했는지 점검하고 평가하는 것입

니다. 학생들이 세운 목표가 얼마나 달성이 되었는지, 목표 달성이 되지 않았다면 그 원인은 무엇인지, 보다 효과적인 방법이 무엇인지 학생이 스스로 깨닫게 하는 것입니다. 또한 교사가 학생과 소통을 하여 필요하다면 목표를 수정하는 것입니다. 이렇게 학생의 활동에 대한 평가는 활동 진행 과정에서 교사와 소통을 통하여 이루어집니다. 어느 정도 활동을 진행하고 있는지, 어려운 점은 없는지, 좀 더 노력해야 하는 점은 없는지 등에 대해 중간 점검을 하는 것입니다. 그렇게 되면 학생들은 자신이 더 노력해야 할 점이라든가, 방향이나 방법, 내용을 평가하는 것입니다.

이렇게 아이가 리더십을 발휘하면 어떤 점이 좋을까요? 이렇게 아이가 리더십을 발휘하면 스스로 성장하고 변화하게 된다는 것입니다. 학교 교육의 최종 목표는 학생이 성장하고 변화하는 것입니다. 그런데 학생이 성장하기 위해서는 학생이 주도적으로 계획하고 실천하는 과정이 있어야 합니다. 존 듀이는 **"학교 교육의 가치를 판단하는 기준은 학생들이 계속적인 성장에의 '열의'를 얼마나 이끌어 주는가 하는 것과 그러한 열의를 실천에 옮길 수 있는 '수단'을 얼마나 제공하는가에 있다."**라고 말하였습니다. 아이가 리더십과 자발성을 발휘할 수 있는 학교 문화를 만드는 것이 중요하고, 교사에게 물리적인 지원과 칭찬과 격려를 아낌없이 주는 것입니다.

아이가 성장하는 교육 방법

2019년 여름에 새로운 도전을 하기로 하였습니다. 목표는 1년 후에 책을 출판하는 것이었습니다. 책 제목은 '교육은 마음이다.'로 했습니다. 마음공부를 시작하여 많은 유튜브 강의를 듣고 책을 읽었습니다. 그리고 글을 쓰기 시작했습니다. '교육은 마음'이라는 네이버 블로그를 시작하여 매일 1편씩 글을 올렸습니다. 그리고 '교육은 마음'이라는 유튜브를 시작하여 영상을 올렸습니다. 매일 글을 쓰고, 쓴 글을 블로그에 올리고, 영상을 촬영하여 유튜브에 업로드 하였습니다. 2021년 3월에 50편의 글을 완성하여 여러 출판사에 이메일로 원고 청탁을 하였습니다. 하지만 어느 출판사에서도 제의를 받지 못했습니다. 그리고 6개월 동안 원고를 수정하였습니다. 다시 출판사에 원고를 투고하였습니다. 역시 출판사에서 긍정적인 답변을 받지 못했습니다. 그래서 결국 포기할까 고민을 하였습니다. 그런데 드디어 출판사에서 연락을 받아 책을 출판하게 되었습니다. 책을 출판하는 과정이 생각보다 훨씬 어려웠습니다. 하지만 도전을 통해서 '나도 하면 된다.'는 소중한 경험을 하게 되었습니다.

TED 강연자인 맷 커츠Matt Cutts는 '30일 동안 새로운 도전하기Try something new for 30 days'라는 제목으로 강연을 하였습니다. 30일 동안에 그동안 하지 못한 새로운 도전을 하는 것입니다. 그는 30일 동안에 소설을 써서 소설가가 되었습니다. 그리고 여러 가지 새로운 도전을 하면서 새로운 삶을 살게 되었습니다. 그러면 이러한 30일 도전을 어떻게 할 수 있을까요?

30일 도전의 핵심은 어떤 과제를 정하느냐입니다. 어렵고 힘든 과제를 정하면 당연히 할 수 없습니다. 하지만 쉽고 할만한 과제를 정하면 누구나 할 수 있습니다. 따라서 **새로운 도전 과제는 '작고' 쉽게 할 수 있는 것이어야 합니다.** 중요한 것은 누구의 강요 없이 자신이 스스로 하고 싶은 것이어야 한다는 것입니다. 그래야 도전을 계속해서 이어갈 수 있습니다.3

그래서 가장 중요한 규칙은 부모님이 원하는 것을 해서는 안 된다는 것입니다. 이러한 **도전 과제는 아이 스스로 하고 싶은 것을 하는 것입니다. 무엇보다 가장 중요한 규칙은 꾸준히 해야 한다는 것입니다.** 그래서 15일 동안 새로운 과제를 도전하는 것입니다. 횟수는 10회, 5회, 3회, 1회로 합니다. 시간은 10분, 5분, 3분, 1분으로 합니다. 과제는 줄넘기, 그림 그리기, 앉았다 일어나기, 멍 때리기, 책 큰 소리로 읽기, 만화 그리기 등을 합니다. 중요한 것은 횟수, 시간, 내용을 아이가 스스로 선택하게 한다는 것입니다. 단 스마트폰 게임하기, TV 보기는 가급적 제외합니다. 왜냐하면 이런 것들은 도전하지 않아도 평상시에 아이들이 많이 하기 때문입니다.

도전 과제는 한 가지만 해도 되고, 여러 개를 동시에 해도 좋습니다. 도전 과제를 3개, 5개, 10개 등 자신이 원하는 만큼 할 수 있습니다. **중요한 것은 과제를 하고 나서 기록을 하는 것입니다.** 도전 과제 카드를 만들어 표시를 하거나 스티커를 붙일 수 있습니다. 그렇지 않고 달력에 표시할 수도 있습니다. 도전 과제 카드를 만드는 방법은 위에 과제 제목을 쓰고, 빈 칸을 15개 만들고, 칸 안에 숫자를 씁니다. 그리고 활동을 한 후에는 숫자에 표시를 하거나 스티커를 붙입니다. 도전 과제를 완성했을 경우에 부모님이 칭찬과 함께 적절한 보상을 해 주는 것이 좋습니다. 그래서 아이가 도전 과제에 대한 성취감을 갖게 합니다. 그러면 좀 더 새롭고 어려운 과제를 도전할 수 있는 자신감을 갖게됩니다.

이러한 도전 과제를 통하여 아이들은 자신의 잠재능력을 발견하고개발하게 됩니다. 새로운 도전에 대한 성취감과 자신감을 갖게 되어또 다시 새로운 도전을 하게 됩니다. 그래서 결국 아이가 성장과 변화를 하게 됩니다. 무엇보다도 아이들이 흥미를 가지고 적극적으로 참여하게 되어 아이는 이후에 끊임없는 '도전과 응전'의 인생을 살아가게됩니다. 이것이 아이가 도전을 실천해야 할 중요한 이유입니다.

또한 **도전 과제를 통하여 아이들은 '실패'에 대한 두려움을 갖지 않게 됩니다.** 왜냐하면 많은 아이들이 새로운 과제에 도전하여 실패하기때문입니다. 그야말로 새로운 도전은 실패의 연속입니다. 실패가 당연한 것이 됩니다. 아이들에게 부담 없이 실패할 기회가 주어집니다. 무엇보다 좋은 점은 아이가 스스로 무언가 목표를 세우고 해냈다는 성취감과 스스로 노력하면 할 수 있다는 자신감을 갖게 된다는 것입니다.이것은 어떤 것보다도 아이가 인생을 살아가는 데 있어서 강한 내적인동기를 유발하게 됩니다. 코로나 상황이 장기화되면서 단조로운 생활로 지친 아이들에게 무언가 새로운 변화를 주고자 한다면 오늘 당장실천을 세워보면 어떨까요?

🙂 마음공부를 해야 하는 이유

"**행복한 교사가 세상을 바꾼다.**"라고 세계적인 명상가인 틱낫한은 말하였습니다. 그리고 "**행복한 부모가 아이를 행복하게 한다.**"라고 말합니다. 결국 부모와 교사가 아이를 행복하게 하고, 세상을 바꾼다는 것입니다. 아이와 함께 교육이라는 행복한 여정을 가기 위해서는 교사와 부모가 함께 해야 합니다. **교사와 부모의 관계는 마치 자동차의 두 바퀴와 같습니다.** 두 바퀴는 모두 크기가 같아야 앞으로 나아갈 수 있습니다. 한 쪽 바퀴가 크고, 다른 쪽 바퀴가 작으면 자동차는 앞으로 나갈 수 없습니다. 자동차는 바퀴가 작은 쪽으로 뺑뺑 돌기만 할 뿐입니다. 자동차는 한 쪽 바퀴만으로는 절대로 움직일 수 없습니다. 바퀴가 두 개 있어야 합니다. 그리고 크기가 같아야 합니다. 아이의 바른 교육을 위해서 모두 역할을 제대로 해야 한다는 것입니다. 아무리 힘든 아이도 교사와 부모가 함께 하면 아이는 성장하고 변화하게 됩니다. 그런데 교사와 부모가 서로 신뢰를 하지 못하고 갈등하면 아이는 절대로 성장할 수 없습니다. 결국 피해자는 아이가 됩니다. 아이에게 마음공부를 가르치는 것도 부모와 교사가 함께 해야 합니다. 부모와 교사가 함께 아이에게 마음공부를 가르치면 아이에게 기적이 일어납니다. 아이는 자신도 몰랐던 잠재력을 발휘하게 되고, 변화와 성장을 하게 됩니다. 아이는 학교에 가는 것이 즐겁고 공부를 하는 것이 재미있습니다. 친구들과 함께 하는 것이 즐겁고 새로운 도전을 할 수 있는 용기와 자신감을 갖게 됩니다. 자신의 꿈을 위해 고통을 참을 수 있는 자기통제력을 갖게 됩니다. 실패를 하더라도 어려움을 이겨내고 다시 도전을 할 수 있는 회복탄력성을 갖게 됩니다.

오프라 윈프리는 "명상을 죽을 때까지 지속하고 싶은 한 가지 이유는 제 자신이 명상을 하면 1,000% 나아지기 때문입니다."라고 말하였습니다. **부모와 교사가 마음공부를 하게 되면 현재의 교육은 100% 나아질 수 있습니다.** 그것도 엄청난 예산이 들어가는 것도 아닙니다. 모든 것을 현재 그대로 두고 마음공부를 가르치는 것입니다. 그리고 아이들을 마음으로 가르치는 것입니다. 그러면 교육이 달라지게 됩니다. 그리고 아이는 놀라운 성장과 변화를 하게 됩니다.

그러면 교사가 마음공부를 하면 어떤 점들이 좋은지 알아보겠습니다. **교사가 마음공부를 하게 되면 자신의 감정을 조절할 수 있는 능력을 갖게 됩니다.** 자신의 감정을 조절하게 되면 평정심을 유지하게 됩니다. 이러한 평정심은 아이들에게 심리적인 안정감을 주게 됩니다. 그래서 마음공부는 교사가 생활지도를 하는 데 많은 도움을 줍니다. 예를 들어 학교 부적응 학생이 친구들과 다툼이 생기거나 분노 조절을 못하는 경우가 있습니다. 이때 교사가 자신의 감정을 조절하지 못하게 되면 그 아이와 심한 갈등을 일으켜 다른 아이들도 피해를 보게 됩니다. 하지만 교사가 마음공부를 하게 되면 학생들이 아무리 힘들게 하더라도 교사가 자신의 감정을 조절하여 평정심을 유지하게 됩니다. 그래서 교사가 어떤 상황에서도 학생들로부터 영향을 받지 않게 됩니다. 그러면 교사 자신이 심리적으로 고통을 받지 않게 되고, 학생들에게도 심리적인 안정감을 주어 생활지도를 효과적으로 하게 됩니다.

교사가 마음공부를 하게 되면 학생들을 마음으로 대하게 됩니다. 눈에 보이는 학생들의 행동을 보고 생활지도를 하는 것이 아니라 눈에 보이지 않은 마음으로 학생들을 지도하게 됩니다. 그러면 이 두 가지가 어떻게 다를까요? 학생을 지도할 때 눈에 보이는 학생들의 행동을 보고 지도를 하게 되면 학생을 부정적으로 보게 되고 학생이 행동 이면에 어떤 마음을 가지고 있는지 보지 못하게 됩니다. 그래서 학생들의 생활지도를 제대로 하기 어렵게 됩니다. 반면에 **학생들을 눈에 보이지 않은 마음으로 지도를 하게 되면 교사가 학생을 긍정적인 시선으로 보게 됩니다.** 그래서 어떤 문제가 있다고 하더라도 그 학생을 부정적으로 보는 것이 아니라 긍정적으로 좋은 점을 찾아 그 학생을 인정하게 됩니다.

교사가 학생들을 이렇게 긍정적으로 대하게 되면 학생이 변하게 됩니다. 교사가 눈에 보이는 행동을 보고 지도를 할 경우에는 학생이 교사에 대하여 부정적으로 생각을 합니다. 하지만 교사가 마음으로 학생을 지도하게 되면 자신이 잘못을 했지만 교사가 긍정적인 시선으로 본다는 것을 느끼게 되어 학생이 감동을 받게 됩니다. 그래서 학생은 긍정적으로 변화하게 됩니다.

교사가 학생들에게 마음공부를 가르치게 됩니다. 교사가 마음공부를 하면 자연스럽게 학생들에게 마음공부를 가르치게 됩니다. 왜냐하면 마음공부가 자신에게 도움이 된다는 것을 느끼기 때문입니다. 아이들의 생활지도나 학습지도에 도움이 된다는 것을 느끼게 됩니다. 그리고 교사는 아이들의 생활지도와 학습지도를 효과적으로 하게 됩니다. 결과적으로 아이들은 교사로부터 더 좋은 교육을 받게 됩니다. 이것이 교사가 마음공부를 해야 하는 중요한 이유입니다.

학생들이 자신의 생각을 바꾸게 됩니다. 그래서 지금까지 가지고 있던 부정적인 생각을 긍정적으로 바꾸게 됩니다. 학생들에게 마음공부를 할 때 가장 먼저 가르쳐 할 것은 학생들이 긍정적인 마인드를 갖게 하는 것입니다. 이것은 학생들이 교육을 통하여 변화와 성장을 하기 위해서 반드시 가져야 할 중요한 능력입니다. 이것은 결코 쉽지 않습니다. 하지만 이렇게 마음공부를 통하여 자연스럽게 학생들은 부정적인 생각을 긍정적인 생각으로 바꾸게 됩니다.

학생은 어떤 문제가 있을 경우에 자신의 내면을 보게 되는 습관을 갖게 됩니다. 우리는 흔히 어떤 문제가 생기면 외부 환경을 탓하게 됩니다. 그래서 불평불만을 하게 됩니다. 하지만 마음공부를 하게 되면 학생들은 문제 상황에서 자신의 내면을 보게 되어 먼저 자신이 어떻게 변해야 하는지 알게 됩니다. 그러면 학생이 모든 문제를 해결할 수 있는 힘을 갖게 됩니다. 이것이 마음공부가 가지고 있는 힘입니다.

아울러 **학생들은 우리 모두가 서로 연결되어 있다는 것을 알게 됩니다.** 나 자신이 다른 사람과 연결되어 있고, 생물이나 무생물을 포함한 자연과 연결되어 있고, 궁극적으로는 우주와 연결되어 있다는 것을 알게 됩니다. 학교에서 마음공부를 통하여 이러한 생각을 갖게 된 학생들은 다른 사람과 갈등을 하지 않게 됩니다. 오히려 다른 사람들을 그 사람의 입장에서 이해하고, 소통을 잘하고, 서로 도움을 주고 받을 수 있는 성숙한 관계로 변하게 됩니다. 이것은 지식 교육을 통하여 학교에서 절대로 가르칠 수 없고, 마음공부를 통해서만 가르칠 수 있는 것입니다.

학생들은 자신이 영적인 존재라는 것을 깨닫게 됩니다. 자신이 다른 사람과 생물, 무생물, 우주와 연결되어 있다는 생각을 하게 되면 결국 자신이 영적인 존재이고, 신적인 존재라는 것을 깨닫게 됩니다. 또한 자신이 위대한 존재라는 것을 알게 되고, 자신이 무한한 능력을 가지고 있다는 것을 알게 됩니다. 학생이 마음공부를 통하여 이러한 생각을 갖게 되면 자신이 주인으로 창의성을 발휘하여 현실을 창조하게 됩니다. 이것이 학교에서 학생에게 마음공부를 가르쳐야 하는 중요한 이유입니다.

명상을 하는 방법

그러면 어떻게 아이들에게 명상을 하는 방법을 가르칠 수 있을까요? 아이들에게 쉽게 적용할 수 있는 명상 프로그램을 알아보겠습니다.

▪ 두 손을 코에 대고 심호흡하기

두 손을 코에 대고, 숨을 마시고 내쉴 때 공기가 이동하는 것을 느끼게 하면 더 집중해서 할 수 있습니다. 숨을 들이마시고 내쉴 때는 숫자를 세면서 하고, 가능한 길게 하는 것이 좋습니다.

▪ 손가락을 귀에 넣고 심호흡하기

검지 손가락을 자신의 귀에 넣고 심호흡을 하면 숨을 내쉬고 마시는 것을 훨씬 더 실감나게 느낄 수 있습니다. 이 경우에 외부의 소리가 전혀 들리지 않기 때문에 더 몰입해서 심호흡을 할 수 있습니다.

▪ 배에 손을 올리고 심호흡하기

바닥에 누워 팔과 다리를 편안하게 하고 천장을 바라봅니다. 자신의 배에 손을 올리고, 숨을 마시고 내실 때 배가 올라가고 내려가는 것을 느끼게 합니다. 이때 인형이나 필통 등 물건을 올려놓고 할 수도 있습니다. 마치 바다 위에 떠 있는 배를 생각하면서 하면 훨씬 더 느낌을 가지고 실감나게 할 수 있습니다.

▪ 의자에 앉아 명상하기

명상을 할 때 아이들이 자기 의자에 앉아서 할 수 있습니다. 이때는 자세를 바르게 해야 하는데, 특히 허리를 의자에서 약간 떨어져서 허리를 세우는 것이 좋습니다. 손은 자연스럽게 무릎 위에 올려 놓고 눈은 감습니다. 들려오는 음악이나 말에 집중하여 명상을 합니다.

▪ 책상 위에 올라 명상하기

책상 위에 올라가서 명상을 하게 되면 아이들이 재미있게 할 수 있고 효과적입니다. 눈은 감거나 실눈을 뜨고, 손은 손바닥이 하늘을 향하게 합니다. 명상을 하면서 손바닥에 집중을 하면서 명상을 합니다.

▪ 5분 명상

가장 쉽게 할 수 있는 것은 5분 명상하기입니다. 최대한 천천히 심호흡을 합니다. 숨을 들이마시고 내쉬고 하는 것을 반복합니다. 명상 음악을 들으면서 하면 더 효과적입니다. 시간이 부족한 경우 1분에서 3분으로 하는 것도 좋습니다.

▪ 음악 명상

음악을 들으면서 명상을 합니다. 바닥에 앉아서 손을 편안하게 앞에 두고 눈을 감고 명상을 합니다. 자신이 좋아하는 명상 음악을 들으면서 호흡을 편안하게 합니다. 명상을 할 때 음악에 집중하여 명상을 합니다. 시간은 5분에서 10분으로 자유롭게 합니다.

▪ 차 명상

홍차 등 차를 마시면서 명상을 합니다. 차 명상을 하기 위해서는 다기세트가 필요합니다. 요령은 찻잔에 차를 조금만 남깁니다. 그리고 눈을 감고 천천히 찻잔을 들어 올립니다. 이때 자신도 거의 느끼지 못할 정도로 최대한 천천히 올립니다. 얼굴까지 오면 입에 대고 천천히 마시고 목넘김을 느낍니다. 그리고 다시 천천히 찻잔을 내려 원래 상태로 가져옵니다. 차 명상은 아이를 차분하게 하고 집중하는 데 효과적입니다.

▪ 먹기 명상

음식을 먹으면서 명상을 합니다. 주로 빼빼로나 가래떡을 활용합니다. 최대한 천천히 먹습니다. 음식을 먹으면서 씹는 것과 삼키는 것을 의식합니다. 그리고 음식이 식도를 통해 내장으로 가는 것을 느낍니다. 아이들이 2명 이상일 경우, 서로 비교를 해서 최대한 천천히 먹도록 하면 더 효과적입니다. 먹기 명상을 하면 평소에도 음식을 먹을 때 천천히 먹게 하는 효과가 있습니다.

▪ 걷기 명상

천천히 걸으면서 명상을 하는 방법입니다. 눈의 시선은 발의 앞쪽을 향하게 하고 천천히 걷습니다. 걷는 동안 몸의 움직임, 발의 무게, 이동되는 균형감, 걸을 때 동반되는 발과 다리의 신체적 감각이나 느낌에 주의를 기울입니다. 이 때 여러 가지 생각이나 감정이 떠오르면 그것을 있는 그대로 알아차린 다음, 걷고 있는 다리의 감각으로 부드럽게 이동합니다.

▪ 향기 명상

아로마 오일을 활용하여 명상을 합니다. 아이들이 좋아하는 향기를 사용하여 한두 방울을 검지 손가락에 떨어뜨립니다. 그리고 반대 검지 손가락에 살짝 비빕니다. 그리고 검지 손가락을 코에 갖다 댑니다. 아이들이 향기를 맡기 위해서 자연스럽게 호흡을 하게 됩니다. 아로마 오일은 그 자체로 치료 효과가 있어서 아이들의 정서를 안정시키는 효과가 있습니다. 아이들은 원액보다는 코코넛 오일에 희석을 하여 사용하는 것이 좋습니다.

▪ 수면 명상

천장을 보고 바른 자세로 누워서 눈을 감고 명상을 합니다. 아이들이 누우면 명상 음악을 들려주거나 이야기를 들려주며 마음으로 떠나는 여행을 합니다. 이렇게 하면 스트레스가 해소되고, 그동안 쌓인 피로가 풀리게 됩니다. 수면 명상은 아이들이 매우 좋아하고, 어른들은 숙면을 하게 하고, 불면증에 효과적입니다.

▪ 자기 명상

타원형 모양의 자석을 활용한 명상입니다. 두 개의 자석이 만든 자기장을 활용해 에너지를 느끼는 명상입니다. 눈에 보이지 않는 자석의 에너지를 느끼면서 집중력을 길러주게 됩니다. 아이들은 자석으로 놀이를 하면서 재미있게 할 수 있는 명상입니다.

▪ 싱잉볼 명상

싱잉볼을 활용한 명상입니다. 싱잉볼은 명상을 할 때 사용하는 그릇 모양으로 생긴 청동 종을 말합니다. 눈을 감고 싱잉볼에서 울리는 소리를 듣고 명상을 합니다. 소리를 끝까지 들으면서 명상을 하면 생각이 사라지게 됩니다. 아이들이 좋아하는 다양한 종을 활용하면 좋습니다.

▪ 촛불 명상

촛불을 켜놓고 명상을 하는 것입니다. 조용한 장소에서 불을 끄고 촛불의 밝은 빛을 응시하고 명상을 합니다. 그리고 눈을 감고 명상을 합니다. 촛불 명상은 두 눈을 정화해서 시력을 좋게 해줍니다. 그리고 제 3의 눈이라는 지혜의 눈을 갖게 되고, 지혜의 눈으로 자신을 바라보게 됩니다.

▪ 긍정 확언하기

명상을 하면서 아이들에게 긍정적인 마인드를 심어줄 수 있는 말을 들려줍니다. 중요한 것은 긍정 확언을 통하여 아이들이 성장할 수 있다는 믿음을 갖게 해 주는 것입니다. 이러한 긍정적 감정은 창의적 사고를 하는데도 매우 효과적입니다.

■ 혼잣말하기

혼잣말은 자신과 대화를 하는 것을 말합니다. 우리는 무의식에서 내면 아이와 대화를 합니다. '나는 안돼.', '나는 할 수 없어.'와 같은 부정적인 생각이 떠오릅니다. 그것을 '나는 할 수 있어', '나는 반드시 한다.'와 같이 긍정적으로 자신과 대화를 합니다. 그러면 자신의 부정적인 감정과 느낌이 바로 긍정적으로 바뀌게 됩니다.

■ 감사 일기 쓰기

명상을 하고 나서 아이들이 매일 감사할 일을 찾아 쓰게 합니다. 처음에 감사 일기를 쓰는 것은 쉽지 않습니다. 그래서 구체적인 예를 먼저 제시합니다. 감사 일기를 쓰게 되면 지금까지 생각하지 못한 것도 찾아서 감사하는 마음을 갖게 합니다.

배움이 아니라 깨달음이다

고등학교 화학 선생님 이야기입니다. 선생님은 수업 시간에 오셔서 인사가 끝나자 마자 칠판에 글씨를 쓰십니다. 그리고 학생들을 쳐다보지도 않고 질문도 하지 않습니다. 학생들이 공부를 하든 말든 관심이 없습니다. 그저 한 시간 동안 칠판에 글씨를 쓰고 지우고 하는 것을 반복합니다. 그리고 종료 시간이 되면 인사를 하고 교실을 나가십니다. 그래서 화학 시간은 악몽의 시간이었습니다. 선생님은 어떤 설명도 없고, 학생은 어떤 질문을 할 수도 없습니다. 선생님은 무대에서 1인 연기를 하고, 학생들은 철저하게 관람객이 됩니다. 공부는 선생님이 하고, 학생들은 멍하니 쳐다보고 있습니다. 교사가 수업을 할 때 무엇을 중요하게 생각해야 하는지 성찰하게 하는 수업이었습니다.

미국 콜럼비아대 리사 손Lisa Son 교수는 개인적인 경험을 통하여 처음에는 친절하고 인기 많은 선생님이 되고자 수업에서 학생이 질문을 하면 즉각적으로 대답해주고, 최대한 친절하고 자세하게 가르쳐주었다고 합니다. 하지만 이러한 수업 방식이 결코 학생의 학습 능력 향상에 도움이 되지 않는다는 것을 깨닫게 되었습니다. 그래서 메타인지에 대한 연구를 하고 수업 방식을 바꾸었습니다. **핵심은 수업 방식을 학생들이 '편한 수업'에서 '불편한 수업'으로 바꾸었습니다.** 교사와 수업 내용과 대상은 모두 같고, 수업 방식만 다르게 하였습니다. 편한 수업에서는 학생들이 편하게 듣기만 하면 되도록 질문할 필요 없이 미리 설명해 주었습니다. **불편한 수업에서는 설명하는 과정을 줄이고, 학생이 스스로 문제를 해결하도록 하였습니다.**

연구 결과, 편한 수업에서 학생들은 모든 수업 내용을 잘 이해하고 있다고 착각을 하고, 수업이 끝난 후 스스로 공부를 하지 않았습니다. 하지만 불편한 수업에서 학생들은 자신이 부족한 것을 느끼고, 수업 후에 스스로 공부를 하였습니다. **평가 결과, 편한 수업보다 불편한 수업에서 학생들이 더 좋은 학습 결과를 보였습니다.** 왜냐하면 불편한 수업 자체가 시험 보는 상황과 같은 상황이어서 학생들이 시험에 잘 적응을 하였기 때문입니다. 반면에 편한 수업에서는 학생들이 이러한 시험에 적응을 잘 하지 못하였습니다.[4] 코로나 상황으로 인하여 새로운 사회가 다가오고 있습니다. 따라서 사회가 요구하는 교육을 하기 위해서는 새로운 교육이 필요합니다. 새로운 교육은 깨달음이 일어나는 교육을 할 필요가 있습니다. 그러면 깨달음 교육에 대하여 알아보겠습니다.

이전의 교육을 교사가 주도하는 '가르침' 중심의 교육이라고 하고, 새로운 교육 방식을 학생이 주도하는 '배움' 중심의 교육이라고 합니다. 이제는 배움 중심의 교육을 '깨달음' 중심의 교육으로 바꾸어야 합니다. **깨달음 중심의 교육은 교사와 학생이 서로 소통하고, 질문과 토론을 하고, 활동에 몰입하고, 학습한 내용을 설명하는 것입니다.** 그리고 이 과정에서 깨달음이 일어나는 것입니다.

그러면 먼저 깨달음이란 무엇인지 알아보겠습니다. 깨달음이란 꿈을 깨는 것과 같습니다. 악몽을 꾸면 고통스럽습니다. 그렇지만 꿈을 깨면 모든 고통이 사라집니다. **이렇게 깨달음은 순식간에 일어납니다. 학습에 있어서 깨달음은 순식간에 '원리'를 확연히 알아버리는 것입니다.** 깨달음이라는 것은 합리적이고 논리적인 과정입니다. 이치를 따져서 생각하고, 논리적으로 사고한 결과로 얻어지는 것입니다. 이런 측면에서 과학과 같은 성격을 갖고 있습니다. 깨달음은 양자 물리학의 양자 도약 현상을 말합니다. 순식간에 차원을 넘어서는 깨달음이 일어나는 것입니다. 또한 **깨달음은 '실상'을 아는 것입니다.** 현상이 아니라 본질을 아는 것입니다. 깨달음은 사물의 이치를 파악하고, 세상이 움직이는 원리를 이해하는 것입니다. 우리는 일상에서 작은 깨달음을 얻게 됩니다. 살아가면서 순간순간 깨달아 가게 됩니다. 그래서 하루 하루를 행복하게 살아갑니다.

하지만 여전히 교실에서 교사가 개념을 자세히 안내하고, 열심히 설명하는 방식으로 수업을 합니다. 학생들은 가만히 앉아서 설명을 듣고, 선생님은 열정적으로 수업을 합니다. 이런 수업 방식의 문제점은 실제로 공부를 하는 것은 학생이 아니라 교사라는 것입니다. 학생은 교사가 공부하는 것을 관람하는 참관자가 됩니다. 이러한 수업 방식으로는 절대로 학생들의 학업 능력을 향상시키기 어렵습니다. 학생들이 문제를 해결하기 위해서 머리를 짜매고 끙끙대며 과제에 몰입하게 해야 합니다. **여기에서 깨달음 교육의 핵심은 '생각하는 힘'을 기르는 것입니다.** 아이들이 주어진 과제를 해결하여 정답을 맞추는 것이 아니라 과제를 해결하는 과정에서 얼마나 '생각'하게 하느냐 하는 것입니다. 아이가 생각을 하도록 질문을 하고, 몰입을 하게 하고, 공부한 것을 설명하게 합니다.

이러한 과정에서 아이들은 어떤 문제가 제시되더라도 문제를 해결할 수 있는 능력을 갖게 됩니다. **더 중요한 것은 학생들이 이러한 과정에서 '공부의 맛'을 알게 된다는 것입니다.** 공부의 맛을 한번 경험한 학생들은 공부를 잘할 수밖에 없습니다. 현재 교육의 가장 큰 문제는 이렇게 학생들이 문제를 스스로 해결하면서 얻게 되는 성취감이나 '공부의 맛'을 빼앗아 간다는 것입니다. 학생들은 공부를 해야 하는 이유도 잘 모르고, 공부를 통해 얻게 되는 성취감을 경험하지 못합니다. 그래서 학생들에게 이러한 공부의 맛을 스스로 경험할 수 있도록 해야 합니다. 그러기 위해서는 학생들이 흥미를 가지고 적극적으로 참여할 수 있는 교육 환경을 만드는 것입니다.

그런데 문제는 '어떻게 학생이 스스로 공부하게 할 것인가?' 하는 점입니다. 이렇게 학생이 스스로 공부할 기회를 주게 되면 열심히 하지 않고 시간을 어영부영 보내는 학생들이 생기게 마련입니다. 그래서 이러한 문제를 해결하기 위해서 학생이 공부한 내용을 설명한다는 것을 사전에 안내합니다. 또한 수업 시간에 교사가 학생을 지명하여 공부한 내용을 설명하게 하는 것입니다. 그리고 학생들끼리 공부한 내용을 상대방에게 설명하게 하는 것입니다. 가정에서는 공부한 내용을 부모나 형제에게 설명하는 것입니다. 학생들이 공부한 내용을 설명하기 위해서는 정말 공부를 하지 않으면 안됩니다. 공부한 내용을 이해하는 것과 설명하는 것은 천지 차이입니다. 이렇게 공부한 내용을 설명하는 방식으로 학생은 배운 내용에 대하여 깊이 있게 공부를 하게 됩니다. 공부를 이해하는 것에서 배운 내용을 체득하는 것입니다. 이렇게 체득한 공부는 단기 기억에서 장기 기억으로 가게 되고, 공부한 내용을 자기 것으로 만들어 가게 됩니다.

깨달음 교육에서 주의할 점은 무엇일까요? 그것은 학생들의 흥미나 관심, 학습의 '수준'을 고려해야 합니다. 학생들은 흥미가 없는 과제에 적극적으로 참여하지 않습니다. 그래서 학생들이 흥미나 관심이 있는 과제를 스스로 '선택'하는 환경을 제공하는 것이 중요합니다. 그리고 학습자의 학습 수준을 고려하여 과제를 제시해야 합니다. i를 학생의 수준이라고 하였을 때, $i+1$을 제시하는 것입니다. 현재의 수준을 고려하여 너무 높은 수준의 과제를 제시하지 않는 것입니다. 왜냐하면 너무 높은 수준의 과제는 학생에게 깨달음이 일어나기 어렵고 학습의 효율성이 떨어지기 때문입니다.

그렇다면 깨달음 교육을 위한 교사의 역할은 무엇일까요? 중요한 것은 교사가 학생들과 '소통'을 하는 것입니다. 학생들과 소통을 하여 어떤 유형의 과제를 좋아하는지 파악하는 것입니다. 교사가 학생들의 의견을 반영하여 과제를 제시하면 학생들은 훨씬 더 적극적으로 수업 활동에 참여하고 학습에 대하여 책임감을 갖게 됩니다. 그래서 학습 결과면에서도 더 효과적이라고 할 수 있습니다. 학습에서 교사가 학생들과 소통하는 것은 매우 큰 효과가 있습니다. 단원 수업을 하기 전에 학생들과 어떤 내용을 공부하고 싶은지, 어떻게 공부하고 싶은지, 어디에서 공부하고 싶은지 등을 이야기하는 것입니다.

깨달음 교육을 위해서 교사가 할 일은 학생들에게 '선택'의 기회를 주는 것입니다. 학생에게 선택의 기회를 주는 것은 큰 의미가 있습니다. 학생들이 수업에서 자발성을 발휘하기 위해서는 학생이 스스로 선택할 수 있어야 합니다. 교사가 정해준 과제를 해결하는 수업은 학생에게 자발성을 기대할 수 없습니다. 따라서 학생들은 학습에 흥미가 떨어지고, 수업에 적극적으로 참여하지 않게 됩니다. 하지만 학생들이 선택할 수 있는 기회를 주면 학생들은 자신의 학습에 대하여 책임감을 가지고 학습에 임하게 됩니다. 이러한 수업은 학습의 과정 뿐만 아니라 학습의 결과면에서도 효과적입니다.

이러한 깨달음 교육은 학생이 스스로 공부를 하는 자기주도학습입니다. 학습 목표는 학생이 얼마나 많은 지식을 알고 있는가에 있는 것이 아니라, 학생이 얼마나 '깊이' 있는 깨달음을 얻었는가에 있습니다. 그래서 교사가 일방적으로 지식을 전달하는 것이 아니라, 학생이 스스로 생각하고 고민하여 깨달음을 얻을 수 있도록 수업을 합니다. **지금까지 이루어지고 있는 친절하고 자세히 안내하여 편안하게 하는 학습을, 불편하고 몰입해서 생각하게 하는 힘든 방법의 학습으로 바꾸는 것입니다.** 이러한 과정을 통하여 학생들은 학습 활동에 몰입하여 '생각하는 힘'을 기르고, '공부의 맛'을 느끼고, 어떤 문제든지 스스로 해결할 수 있는 능력을 기르게 됩니다.

깨달음 교육을 위한 방법

TV 프로그램 중에 〈진품명품〉 프로그램이 있습니다. 의뢰인이 물건을 가져오면 사람들이 물건을 직접 만지면서 관찰을 하고, 그 물건에 관련된 이야기를 하고, 물건에 대한 예상 가격을 적습니다. 그러면 전문가가 그 물건의 가격을 정하여 발표합니다. 그리고 그 물건에 대한 가치와 의미에 대하여 말을 합니다. 이와 같이 깨달음 교육을 전개할수 있습니다. 먼저 어떤 주제에 대하여 공부를 할 것인지 소통을 하게 됩니다. 그리고 어떤 주제물건이나 그림. 동영상에 대하여 학생들이 서로 질문과 토론을 합니다. 궁금한 것이 있을 경우에 선생님에게 질문도 하고, 인터넷 검색을 하여 자료를 찾아보기도 합니다. 그리고 모둠별로 토론한 내용을 친구들에게 설명을 합니다. 그러면 선생님은 학생들의 발표에 대하여 칭찬을 하고 핵심 내용을 정리합니다.

이러한 수업의 특징은 교사가 내용을 제시한 것이 아니라 학생들이 스스로 발견하고 깨달아가도록 한다는 것입니다. 이때 교사의 역할은 학생들이 학습할 주제에 관련된 흥미 있는 주제를 선정하고, 학생들의 질문에 답을 하고, 학생들의 활동에 대하여 칭찬을 하고, 공부한 내용을 정리합니다. 예를 들면, 미술 수업의 경우 학생들이 만든 미술 작품을 가지고 학생들이 품평회를 하는 것입니다. 학생들이 작품에 대하여 점수를 정하고, 그 이유를 말하는 것입니다. 수학 수업의 경우, 모둠별로 원기둥 모양의 물건을 선택하게 한 후, 학생들이 협의를 하여 원기둥의 성질을 정리하게 하는 교육을 할 수 있습니다.

그러면 깨달음의 교육을 좀 더 효율적으로 전개할 수 있는 방법에 대하여 알아보겠습니다. 먼저 깨달음 교육의 성패를 좌우하는 것은 어떻게 학생들에게 학습 동기를 유발하게 할 것인가의 문제입니다. TV 프로그램 중에 〈1박 2일〉 프로그램이 있습니다. 이 프로그램은 주로 게임으로 진행이 됩니다. 도전 과제를 제시하고 이긴 팀에게 보상을 주는 것입니다. 깨달음 교육도 도전 과제를 제시하고 팀별로 보상을 해 주는 것입니다. 그렇게 되면 학생들이 스스로 그 문제를 반드시 풀어야 한다는 동기를 유발하게 됩니다. 보상은 여러 가지를 생각할 수 있는데, 어떤 것을 원하는지 학생들과 소통을 하여 정합니다. 이런 수업을 통하여 학생들은 재미있게 수업을 하는 동안 주어진 과제를 해결하기 위하여 자신의 능력을 최대한으로 발휘하게 됩니다. 동시에 모든 팀원들이 함께 문제를 해결하여 학생들끼리 서로 가르치고 배우는 협력 학습이 자연스럽게 이루어지게 합니다. 이런 팀별 수업의 문제점은 우수한 학생이 주도하고 나머지 학생들은 소외된다는 것입니다. 이러한 문제를 해결하기 위하여 학습한 결과를 모든 학생들이 설명하게 합니다. 중요한 점은, 학생이 학습을 한 후에 반드시 설명을 한다는 것을 사전에 학생들에게 안내를 합니다. 그러면 모든 학생들이 수업에 적극적으로 참여하게 됩니다.

그렇다면 깨달음 교육은 어떻게 진행이 될까요? **깨달음 교육은 크게 세 단계로 '소통 – 질문과 토론, 몰입 – 설명'의 단계로 진행이 됩니다. 첫 번째는 소통 과정입니다.** 소통 과정은 학생들이 과제를 선택하는 과정에서 교사와 소통을 하게 됩니다. 교사는 학생의 흥미와 수준을 고려하여 학생이 과제를 선택하도록 안내합니다.

두 번째 과정은 질문과 토론, 몰입 과정입니다. 질문과 토론 과정은 학생들이 주어진 과제를 해결하기 위하여 서로 질문과 토론을 하는 것입니다. 질문과 토론은 모둠별로 이루어진 학습을 말한다. 또한 주어진 과제를 해결하기 위해서 몰입을 하게 됩니다. 몰입 과정은 학생이 스스로 공부를 하는 것을 말합니다. 학습의 형태는 모둠 학습이나 개별 학습 중에서 학생이 원하는 방식을 선택하게 합니다.

세 번째 과정은 설명 과정입니다. 설명 과정은 자신이 학습한 내용을 설명하는 것입니다. 자신이 어떻게 학습을 했는지 자신의 말로 설명을 하게 합니다. 모둠별로 서로 이야기를 하게 한 후, 전체 활동으로 지명을 하여 발표를 하게 합니다.

이러한 깨달음의 교육의 가장 큰 특징은 무엇일까요? 인도의 성자인 라마나 마하리쉬는 **깨달음의 특징을 '실재, 의식, 지복'이라고 하였습니다.** 첫째로 깨달음은 영원히 실재하는 것입니다. 둘째로 깨달음은 순수 의식만이 존재합니다. 셋째로 깨달음은 최고의 기쁨과 행복한 상태입니다. 그러면 깨달음 교육의 특징은 무엇일까요? **깨달음 교육의 특징은 '자발성, 몰입, 실재'입니다.** 먼저 학습에서 가장 중요한 것은 자발성입니다. **현재 학교 교육의 가장 큰 문제점은 자발성이 없다는 것입니다.** 학생들에게 자발성을 발휘할 기회를 주지 못하고 있습니다. 학생들은 교사들이 제시하는 활동을 수동적으로 할 뿐입니다. 자발성은 학생들이 스스로 선택을 했을 때 생기는 것입니다. 따라서 교사는 학생들과 소통을 반드시 해야 합니다. 그래서 학생들이 원하는 것을 선택하게 합니다. 그래야 학생들의 자발성을 이끌어 낼 수 있습니다. 또한 **자발성을 발휘하는 수업을 위해서는 학생들이 호기심을 갖게 합니다.** 학생이 배워야 할 내용에 대하여 호기심을 갖게 하는 것입니다. 이것은 당연하게 생각하는 것에 의문을 갖는 것입니다. 사과가 떨어지는 것을 당연하게 생각하는 것이 아니라, '왜 사과가 떨어질까?'라고 질문을 하는 것입니다. '왜 지구는 둥글까?', '왜 비가 올까?', '왜 비행기는 날아갈까?', '왜 무거운 배는 바다에 뜰까?' 이러한 질문을 하면 공부가 해야 할 일이 아니라 학습에 흥미가 생기게 됩니다.

또한 학생이 학습에 몰입을 하게 합니다. 아이들은 주어진 과제를 해결하기 위해서 스스로 활동에 몰입하게 됩니다. 그래서 공부 시간에 최대한 집중해서 제시된 문제를 해결하는 것입니다. 하교 후에 학생은 집에서 밥을 먹을 때나, 화장실에 갈 때나 잘 때, 그 문제에 대하여 생각하게 되는 것입니다. 이러한 과정이 몰입의 과정입니다. 또한 학생들이 질문과 토론 활동을 하게 됩니다. 질문과 토론을 통하여 학생들이 주제와 관련된 문제를 만들고 문제에 대한 답을 찾아가게 됩니다. 이러한 과정에서 선생님에게 질문을 하거나 인터넷으로 검색을 하여 자료를 활용하게 됩니다. 몰입은 주로 개별 학습으로 이루어지고, 질문과 토론은 모둠 학습으로 이루어집니다.

또 공부는 실재입니다. 공부는 입력이 아니라 출력입니다. 우리가 보통 공부를 한다고 하면 수업을 듣거나 인터넷 강의를 듣는 것을 말합니다. 하지만 이것은 현상입니다. 생겼다가 사라지는 것입니다. 하지만 공부는 본질입니다. 생겼다가 사라지는 것이 아니라 체화가 되어야 한다는 것입니다. 학생이 공부한 내용을 실제적으로 보여줄 수 있어야 합니다. 학생이 공부한 내용을 다른 사람에게 설명을 할 수 있을 때 제대로 공부를 했다고 할 수 있습니다. 다른 사람에게 설명을 할 수 없다는 것은 공부가 부족하다는 것입니다. 실제로 공부한 내용을 다른 사람에게 설명을 한다는 것은 매우 어려운 일입니다. 하지만 이러한 과정이 없이는 그 내용에 대하여 제대로 알고 있다고 말할 수 없습니다. 학습이라는 것은 배운 것을 익히는 것을 말합니다. 배운 것을 스스로 익히는 과정이 없이는 학습이 이루어졌다고 말할 수 없습니다. 설명하기와 같은 출력 활동은 배운 것을 얼마나 잘 익혔는지 판단할 수 있는 근거가 됩니다.

깨달음이 일어나게 하는 교육

현자의 깨달음에 관련된 이야기입니다. 어떤 사람이 현자에게 질문을 하였습니다. "어떤 사람들이 신성한 물에서 목욕을 하면 몸과 마음이 신선과 같이 된다고 하는데, 그것이 정말인가요?" 현자가 대답을 하였습니다. **"만약에 신성한 물에서 목욕을 하여 신선처럼 된다면, 그 물에 사는 물고기가 신선처럼 되겠네요."**라고 말하였습니다. 그러자 질문을 한 사람은 더 이상 질문을 하지 않고 하나도 의문이 없이 깨닫게 되었습니다. 그리고 "네, 잘 알겠습니다."라고 말하였습니다. 깨달음은 이처럼 하나의 의문이 없이 깨닫게 되는 것을 말합니다.[5]

그러면 반대로 깨달음이 아닌 다른 방법으로 현자가 대답을 하였다고 가정해 보면 이렇게 말을 할 수 있습니다.

"한 번 생각을 해봐라. 그렇게 쉽게 신선처럼 된다면 이 세상에 신선이 아닌 사람이 누구겠는가? 그게 말이 되느냐?"

이렇게 말을 하면 그 말을 한 사람과 적이 될 수 있고, 그래서 말을 한 사람이 현자를 부정적으로 생각할 것입니다. 그래서 현자가 곤란하게 될 수도 있습니다. 그런데 이렇게 그 사람의 말이 맞다면 이라고 말을 하면 말을 하는 그 사람을 인정하게 됩니다. 그래서 현자가 곤란하지 않게 됩니다. 이렇게 누구에게도 피해를 주지 않으면서 질문을 한 사람이 깨달을 수 있게 됩니다.

그렇다면 어떻게 아이에게 깨달음이 일어나는 교육을 할 수 있을까요? 그것은 **아이가 스스로 생각해서 깨달을 수 있도록 질문을 합니다.** 깨달음에 관련된 다른 이야기가 있습니다. 현자의 제자 중에 거만하고 다른 사람을 배려하지 못하는 사람이 있었습니다. 그 제자는 나이가 많으나 가장 경험이 적은 사람이었습니다. 그런데 제자들이 지켜야 할 규칙을 잘 지키지 않고 거만하게 행동을 하여 다른 제자들의 원성이 많았습니다. 그러자 현자가 나이가 많은 제자를 불러서 질문을 하였습니다. "네가 지켜야 할 규칙을 잘 지켰는가요?" 그러자 나이 든 제자는 "아니요."라고 대답하였습니다. 그 외에도 제자가 지켜야 할 규칙에 대하여 몇 가지 질문을 하였습니다. 그러자 나이 든 제자는 "아니요."라고 대답을 하였습니다. 이렇게 현자가 계속해서 질문을 하자, 나이 든 제자는 자신이 무엇을 잘못하였는지 스스로 깨닫게 되었습니다. 현자가 제자에게 질문을 한 것은 사실을 정확히 밝히는 것이었습니다. 그래서 제자가 사실을 스스로 알게 하려는 것이었습니다. 또한 현자는 다른 제자들에게도 나이 든 제자에 대하여 이해를 하도록 말하였습니다. 나이가 많아서 그 동안 만들어진 습관에 의하여 새로운 환경에서 적응하는 것이 어렵다는 것을 이해해 줄 것을 부탁하였습니다. 왜냐하면 이렇게 말을 하는 이유는 제자들이 나이 든 제자에 대하여 부정적인 생각을 하지 않도록 하기 위함이었습니다. 서로 부정적인 생각을 가지고 있으면 언젠가는 문제가 될 것이기 때문입니다. 제자들이 나이 든 제자에 대하여 이해를 하게 되면 부정적인 감정이 사라질 것이기 때문입니다.

깨달음이 일어나기 위해서는 아이가 스스로 판단할 수 있도록 기회를 주는 것입니다. 부모가 판단이나 결정을 하지 않는다는 것입니다. 부모의 역할은 아이가 스스로 올바른 판단을 하고 결정을 할 수 있도록 안내하는 것입니다. 핵심은 아이가 전혀 생각할 수 없는 질문을 하여 스스로 깨닫게 하는 것입니다. 부모가 먼저 판단을 하고 결정을 하게 되면 아이는 생각을 멈추게 됩니다. 그러면 아이는 깨달음이 일어나지 않게 됩니다. 깨달음의 핵심은 아이가 스스로 생각하도록 하는 것입니다. 그래서 아이가 사고할 수 있도록 길을 열어주고 방향을 안내합니다. 그리고 전혀 새로운 방식으로 사고할 수 있도록 하는 것입니다. 그것이 깨달음이 일어나게 하는 방법입니다.

또한 깨달음이 일어나기 위해서는 원인과 결과를 생각하게 하는 것입니다. 어떤 결과가 일어났다면 왜 그런 결과가 일어났는지 스스로 그 원인을 생각하게 하는 것입니다. 예를 들어 아이들끼리 싸움이 일어났다고 생각해 보세요. 그러면 왜 이러한 일이 일어났는지에 대하여 아이가 스스로 생각해 보게 하는 것입니다. 그래서 "왜 이런 일이 벌어졌다고 생각해?"라고 질문을 던지는 것입니다. 그러면 아이는 자연스럽게 왜 그런 일이 일어났는지 원인에 대하여 생각을 하게 하는 것입니다. 그러면 스스로 논리적으로 일이 일어난 과정을 생각하게 되고, 원인을 파악하게 됩니다. 그래서 다음부터는 그러한 원인을 제공하지 않아야 하겠다는 것을 스스로 깨닫게 됩니다.

아이가 깨달음을 일어나게 하기 위해서는 전체를 생각하도록 합니다. 깨달음이 일어나기 위해서는 전체를 볼 줄 알아야 합니다. 어떤 일에 대하여 전체를 보게 되면 깨달음이 일어나게 됩니다. 그런데 아이는 자신만을 생각하고 상대방을 보지 못합니다. 그래서 문제가 생기고 갈등이 일어나는 것입니다. 그런데 이러한 문제를 해결하기 위해서는 전체를 생각하도록 질문을 하는 것입니다. "네가 만일 동생 입장이라면, 너의 행동에 대하여 어떻게 생각해?"라고 질문을 하는 것입니다. 이렇게 질문을 하면 아이는 자신만을 생각하는 것에서 상대방의 입장을 생각하게 됩니다. 그래서 사물의 전체를 보게 되고, 그래서 깨달음이 일어나게 합니다.

또한 아이가 깨달음이 일어나게 하기 위해서는 학생의 수준을 고려해야 합니다. 학생이 이해할 수 있는 용어와 예를 들어주어야 한다는 것입니다. 그래야 깨달음이 자연스럽게 일어납니다. 만일 어려운 용어나 학생이 이해를 할 수 없는 예를 들어 주면 학생은 전혀 공감을 할 수가 없어서 깨달음이 일어날 수 없습니다. 학생의 입장에서 쉽게 이해할 수 있는 방법과 내용으로 학생이 스스로 깨달음을 얻을 수 있게 하는 것입니다.

피드백이 아이의 학습을 결정한다

긍정적인 생각이 실력향상에 미치는 효과를 알아보는 실험을 하였습니다. 평범한 여자에게 농구를 하게 하였습니다. 그리고 할 수 있다고 생각하면 할 수 있다고 말하였습니다. 먼저 사람들을 오게 하여 구경을 하게 합니다. 그리고 여자에게 안대를 쓰게 합니다. 그런 다음 여자에게 농구공을 골대에 넣으라고 합니다. 여자가 농구공을 던지자, 옆에 있던 사람들이 "와."하면서 환호를 해 주었습니다. 다시 한번 던지게 하고 구경하던 사람들이 또 환호를 해 주었습니다. 그리고 2개 모두 성공했다고 말해 주었습니다. 이번에는 안대를 벗고 농구공을 던지게 하였습니다. 그러자 그 여자가 10개 중에 4개를 골대에 넣었습니다. 그런데 사실은 처음에 농구공을 던질 때 두 번 모두 실패를 했습니다. 그런데 구경하던 사람들이 환호를 해 준것입니다. 옆에 있던 사람들이 긍정적인 피드백을 해 주자 그 여자는 긍정적인 강화가 이루어졌습니다. 그리고 긍정적인 강화가 결과적으로 실력을 향상시켰습니다. 우리는 자신이 할 수 있다고 믿는 만큼 현실을 창조하게 됩니다.[6]

미국 스탠퍼드대 심리학과 교수인 캐롤 드웩Carol Dweck은 그녀의 저서『성공의 새로운 심리학』이라는 책에서 성장 마인드와 고정 마인드의 개념을 제시하였습니다. 그녀는 피드백에 대한 실험을 하였습니다. 그녀는 학생들을 두 그룹으로 실험을 진행하였습니다. 학생들에게 문제를 주었는데, 1단계에서는 아주 쉬운 문제가 주어졌습니다. 2단계가 되면 문제가 좀 더 어려워지고 점점 난이도가 올라가서 나중에는 아주 어려운 6단계나 7단계까지 문제가 있었습니다. 두 그룹으로 나누어진 학생들은 문제를 푸는 동안 피드백을 받았습니다. 그룹 A는 다음과 같은 피드백을 받았습니다. "와, 이 문제를 풀다니 너 정말 똑똑하구나.", "넌 IQ가 높구나. 가장 높은 점수를 받을 수도 있겠다.". 그들은 문제를 풀 때마다 그들의 '지능과 결과'에 대한 피드백을 받았습니다. 그룹 B는 다른 피드백을 받았습니다. **"와, 이렇게 열심히 하다니 대단해. 너 정말 열심히 노력했구나.", "이렇게 어려운 문제를 도전하다니 정말 대단하구나."** 그들은 '노력과 과정'에 대한 피드백을 받았습니다.7

이 두 그룹은 결국에 더 이상 문제를 풀 수 없을 만큼 어려운 단계에까지 도달했습니다. 그런데 바로 여기에서 흥미로운 일이 일어났습니다. 지능과 결과에 대한 칭찬을 받았던 A그룹은 더 이상 풀 수 없는 어려운 문제의 단계에 도달했을 때 어려운 문제 풀기를 포기해 버리고 다시 쉬운 문제로 돌아가려고 했습니다. 그리고 그들은 말했습니다. "사실 내가 그렇게 똑똑하지는 않은가 봐." 이 그룹은 부정행위를 저지르고 결과를 속이려는 모습을 보였습니다. 하지만 과정과 노력에 칭찬을 받았던 그룹 B는 어려운 문제를 직면했을 때, 그 문제를 해결하고자 더 노력하였습니다. 더 어려운 문제를 받았을 때, "나는 더 할 수 있을 것 같아."라고 말했습니다. 6단계 문제를 풀지 못하지만 7단계 문제를 풀면 더 많이 배울 수 있을 것 같다고 생각합니다. 그리고 자신들의 경험들과 실수들에 대하여 말했습니다. 만약에 학생들이 노력과 과정에 가치를 두게 된다면 혹시 문제를 틀리더라도 나는 지금 배우는 중이고 배울 수 있다고 느끼게 됩니다.

이렇게 성장과 변화를 위해 효과적으로 피드백을 하는 방법에 대하여 알아보겠습니다. **첫 번째는 간단한 '질문'으로 시작합니다.** 작은 질문을 하여 피드백이 시작된다는 것을 알게 합니다. 이때 중요한 것은 상대방으로 하여금 피드백에 대한 자발성을 이끌어내는 것이 중요합니다. 그리고 질문은 간단한 질문으로 시작합니다.
"지난 번 시험 보고 나서 어땠어?"

둘째는 '사실'에 근거를 둔 피드백을 합니다. 듣거나 본 사실에 대해서 말하는 것입니다. 중요한 것은 목표와 관련된 것만을 말한다는 것입니다. 애매 모호한 말은 오히려 상대방으로 하여금 부정적인 결과를 가져옵니다.
"수학 성적이 많이 올랐던데."

셋째는 '영향력'에 대하여 피드백을 합니다. 그 사람의 행동으로 인하여 조직에 주는 의미나 영향력에 대하여 말합니다. 그러면 그 사람은 자신이 한 행동의 의미를 알게 되고 더 만족하게 됩니다. 이러한 영향력은 목표와 관련된 것이어야 합니다.
"네가 공부를 열심히 해서 엄마, 아빠는 기쁘다."

넷째는 상대방에게 '질문'으로 마무리를 합니다. 상대방이 한 일에 대한 방법을 질문으로 하는 것입니다. 그리고 이 때 상대방에 대한 적극적인 경청을 합니다. 그러면 상대방은 자신감을 가지고 자신이 한 일에 대하여 말을 하며 자신이 인정을 받는다고 느끼게 됩니다.

"수학 공부를 어떻게 했어? 그 비결이 무엇이야?"

이렇게 피드백은 상대방으로 하여금 자신에 대하여 긍정적인 사고를 하고 자신감과 성공감을 갖게 합니다. 그러면서 상대방에게 긍정의 힘과 높은 에너지를 주게 합니다. 그러면 상대방은 지금보다 훨씬 더 많은 성장과 변화를 하게 됩니다. 이것이 피드백이 가지고 있는 강력한 힘입니다. 주의할 점은 피드백에서 독백이 되어서는 안 되고, 소통이 되어야 한다는 것입니다. 그리고 상대방으로 하여금 심리적 압박감을 느끼게 하는 피드백이 아니라, 상대방의 자발성을 이끌어 낼 수 있는 피드백이어야 합니다.

이처럼 피드백은 기질이나 능력을 칭찬하는 것이 아니라, '전략'이나 '방법'에 대한 칭찬을 해야 한다는 것입니다. 머리가 좋다거나 능력이 뛰어난다고 하면 사람들은 어느 수준 이상이 되면 노력을 하지 않게 됩니다. 그 대신 전략이나 방법을 칭찬하게 되면 그 사람은 끊임 없이 그러한 방향으로 노력을 하게 됩니다. 그래서 자신이 가지고 있는 잠재적인 능력을 최대한 발휘하게 됩니다. 이것이 피드백이 중요한 이유입니다. 부모의 피드백이 아이의 인생을 결정합니다.

🧑 창의성은 능력이 아니라 질문이다

어느 선생님의 공개 수업을 참관하였습니다. 그 선생님은 4학년 사회과 수업을 하였습니다. 그리고 수업은 학생들이 문제를 만들고 그 문제를 해결하는 수업이었습니다. 교사는 학생들이 수업을 잘할 수 있도록 지원하였습니다. 그런데 수업을 한참 보던 중 선생님이 하는 질문에 곰곰이 생각을 하고 있는 자신을 발견하였습니다. 그만큼 수업에 깊이 빠져 있었습니다. 물론 학생들도 진지하게 문제를 만들고 해결하는 과정이 인상적이었습니다. 그러면서 수업에서 선생님들의 질문이 얼마나 중요한가를 깨닫는 좋은 수업이었습니다. 그러면 교사의 질문이 아이들의 창의성에 어떤 영향을 주는지에 대한 연구 결과를 소개하겠습니다.

아주대학교 김경일 교수님은 인지심리학 연구 중에서 가장 돋보이는 연구 사례를 소개하였습니다. 김경일 교수님에 의하면 **창의성은 능력이 아니라 '상황'이라고 합니다.** 상황은 교사가 질문을 하여 아이들을 어떻게 생각하게 하느냐 하는 것을 말합니다. 이 연구는 같은 능력을 가지고 있음에도 불구하고 교사의 질문에 따라 학생이 얼마나 창의적으로 변하는가를 보여주는 사례입니다. 평범한 초등학교 3학년 학생들을 대상으로 실험을 하였습니다. 3학년 1반부터 4반까지 총 4개 반에 30분씩 들어가서 똑같은 물체를 주고 똑같은 실험을 시행하였습니다. 연구 결과는 말의 간격과 시간과 순서를 어떻게 다르게 하느냐에 따라 학습 결과가 달라졌습니다. **교사가 질문을 어떻게 하느냐에 따라 학생들의 창의성이 달라진다는 것입니다.**

3학년 1반에 가서 여러 가지 물체 모양을 보여주고 이렇게 말합니다. **"너희들 여기에서 각자 마음에 드는 것을 다섯 개씩 골라서 새롭고 신기한 것을 만들어라."** 그러면 학생들은 특이한 모양을 고르지 않고 지극히 평범한 모양을 고릅니다. 그래서 거의 똑같은 물건을 만듭니다. 이 반에서는 학생들의 창의성이 발휘되지 않습니다.

2반에 가서는 여러 가지 물체 모양을 보여주고 이렇게 말합니다. **"너희들 여기에서 각자 마음에 드는 것을 5개 골라라."** 그러면 학생들은 서로 다른 모양을 선택합니다. 취향이 나오기 때문에 제각각 특이한 것을 선택합니다. 학생들이 선택한 후 **"네가 지금 고른 다섯 개로 새롭고 신기한 것을 만들어라."**라고 말합니다. 그러면 학생들은 창의성을 발휘하여 서로 다른 모양을 만듭니다.8

3반에 가서는 **"너희가 어떤 물건을 만들고 싶니?"**라고 질문을 하여 **먼저 상상을 하게 합니다.** 학생들은 자신이 만들고 싶은 물건을 자유롭게 말을 합니다. 그런 후에 학생들에게 물체의 모양을 보여줍니다. 그리고 "방금 전에 네가 말한 것을 여기에서 다섯 개를 골라 만들어라."라고 말합니다. 그러면 아이들은 창의성을 발휘하기 시작합니다.

4반 아이들은 **"너희가 어떤 물건을 만들고 싶니?"**라고 질문을 하여 **먼저 상상을 하게 합니다.** 학생들은 자신이 만들고 싶은 물건을 자유롭게 말을 합니다. 그런 후에 학생들에게 물체의 모양을 보여줍니다. 그리고 "방금 전에 네가 말한 것을 여기에서 다섯 개를 골라 옆 친구와 바꾸어라."라고 말합니다. 그러면 아이들은 자신들이 원하지 않는 도구를 가지고 더 높은 수준의 창의성을 발휘하게 됩니다.9

그런데 3반, 4반 아이들을 같은 초등학교 3학년 학생으로 세계 학생 창의력 올림피아드에서 국가 대표로 선발되어 금메달을 딴 아이들과 비교를 합니다. 이때 뛰어난 학생들을 평범한 1반 학생들처럼 물건을 만들게 합니다. 이렇게 만든 물건을 3, 4반 학생들이 만든 물건과 비교를 합니다. **실험 결과, 3, 4반 학생들의 창의, 혁신, 개성, 독창성이 올림픽 대회에 참가한 학생들과 비교하여 2배 정도 우수한 것으로 확인**

되었습니다. 능력은 올림피아드 대회에 참가한 학생들이 훨씬 더 뛰어나지만, 평범한 학생들이 더 뛰어난 창의성을 발휘한 것입니다.

그 이유는 무엇일까요? 1반에서는 교사가 도구, 방법, 목표를 한꺼번에 제시하였습니다. 도구, 방법, 목표를 한꺼번에 제시하면 학생들은 사고를 멈추게 됩니다. 2반에서는 도구, 방법, 목표를 따로 제시하였습니다. 학생들은 자신이 원하는 것을 스스로 선택할 수 있는 상황에서 창의성을 발휘하게 됩니다. 그리고 도구, 방법, 목표를 한 개씩 제시하여 학생들이 스스로 생각을 하게 됩니다. 3반에서는 목표, 도구, 방법으로 제시 순서를 바꾸었습니다. 따라서 학생들은 더 높은 수준의 창의성을 발휘하게 됩니다. 왜냐하면 학생들이 자유롭게 상상을 하기 때문입니다. 4반에서는 목표, 도구, 방법의 내용을 바꾸었습니다. 4반에서는 가장 높은 수준의 창의성을 발휘하게 됩니다. 먼저 학생들이 자유롭게 상상을 하고 주어진 도구를 창의적으로 활용하기 때문입니다.

이 실험에서 알 수 있는 것은 **교사의 질문이 아이들의 창의성을 결정한다는 것입니다.** 교사가 어떻게 질문을 하느냐, 어떤 순서로 질문을 하느냐, 어떻게 질문을 나누어서 하느냐가 아이들의 창의성을 결정한다는 것입니다. 실험에서 3학년 1반 학생들에게 질문으로 교사가 도구, 방법, 목표를 한꺼번에 제시를 하자, 학생들은 창의적인 사고를 하지 못했습니다. 하지만 3학년 2반 학생들은 질문으로 도구, 방법, 목표를 하나씩 제시를 하자, 학생들은 창의적인 사고를 발휘하게 되었습니다. 3반, 4반 학생들은 아예 발문의 순서를 바꾸어 먼저 상상력을 발휘하게 하고 도구를 제시하자, 획기적인 창의성을 발휘하게 되었습니다.

특히 **창의성을 발휘하게 하기 위해서는 아이들이 상상을 하게 해야 한**

다는 것입니다. 학교는 아이들이 마음껏 상상의 나래를 펼칠 수 있는 자유로운 공간이어야 합니다. 아이들이 상상력을 마음껏 펼칠 수 있는 학교는 아이들이 하고 싶은 활동을 마음껏 할 수 있는 다양한 활동 공간이 있어야 합니다. 예를 들어 만들기 공간, 실험 공간, 댄스 공간, 편안하게 누워서 독서할 수 있는 공간, 영화를 보는 공간에서 아이들은 실험하고 실패하고 상상하고 꿈을 꾸게 됩니다. 수업에서도 동기유발 단계에서 마음껏 상상을 하는 활동을 하게 하면 아이들은 창의성을 발휘하게 됩니다.

학생의 창의성 발휘는 학생이 어떤 시선으로 세상을 바라보느냐 하는 것입니다. 학생의 능력이 아니라는 것입니다. 우리가 흔히 공부를 잘하는 학생은 지능이 높다고 하고 머리가 좋다고 합니다. 하지만 공부를 잘하는 학생들은 머리가 좋은 것이 아닙니다. 학생이 세상을 바라보는 시선을 바꾸어 줄 때 아이는 높은 창의성을 발휘하게 됩니다. 아이들이 창의성을 발휘하기 위해서는 호기심이 있어야 합니다. 아이들이 호기심을 가지고 세상을 바라보면 아이들은 새로운 시선으로 세상을 바라보게 됩니다. 그러면 아이들은 기발한 창의성을 발휘하게 됩니다.

아이들이 **어마어마한 큰 꿈을 가질 때 아이들이 무한한 창의성을 발휘하게 됩니다.** 큰 꿈을 가진 아이들은 새로운 시선으로 세상을 바라보게 됩니다. 그래서 아이가 만나게 될 수 많은 정보와 도구들을 다른 아이들과 다른 시선으로 바라보게 됩니다. 그래서 획기적이고 창의적인 아이디어를 발휘하게 됩니다. 어린 코끼리를 줄에 묶어 놓으면 몸이 커서 힘이 센 어른 코끼리가 되어도 줄에 묶여 있다고 합니다. 마음공부를 통하여 아이들이 자신을 작은 몸을 가진 존재로 생각하는 것이 아니라 자신이 무한한 가능성을 가진 존재라는 것을 깨달을 때 무한한 창의성을 발휘하게 됩니다.

🏵 기초를 다지는 공부 방법

교사 연수 프로그램으로 캐나다에 1개월 동안 연수를 다녀왔습니다. 캐나다 온타리오주Province of Ontario의 초등학교 선생님과 홈스테이를 하고 학교에서 하루 종일 담임 선생님과 같이 생활을 하였습니다. 가장 인상적인 것은 학습부진아 지도 시스템이었습니다. 부진 요인을 아주 구체적으로 작게 정하였습니다. 그리고 그것을 해결할 때까지 일정 기간 동안 집중적으로 공부를 하였습니다. 수학의 경우 문장제를 이해하지 못하는 학생은 집중적으로 문장제만 지도하였습니다. 그리고 부진아 지도 카드를 제작하여 활용하였습니다. 부진 학생만을 전담으로 지도하는 선생님이 계셨고, 일과 시간 중 수학 시간에 개별적으로 공부를 하였습니다. 그리고 학생을 지도하는 교사는 물론 학부모, 학생도 구체적으로 무엇을 공부해야 하는지 정확하게 알고 있었습니다. 영역별로 어느 정도를 공부해야 하는지, 구체적인 목표와 내용을 교사, 학생, 학부모가 정확하게 알고 있어서 효율적인 교육이 이루어지고 있다는 것을 느꼈습니다.

일본 야마구치 초등학교는 10년 연속 1위로 졸업생 대다수가 명문 대학 진학이라는 기적을 이룬 학교입니다. 이러한 기적을 이루는 것은 '가게야마 학습법'의 주인공인 가게야마 히데오입니다. 그는 『초등 공부 습관의 힘』이라는 책을 통하여 기초 학습능력을 기르는 세 가지 공부법을 제안하였습니다. 가게야마 학습법의 핵심은 읽기, 쓰기, 계산하기의 철저한 반복 학습입니다. 그는 이렇게 읽기, 쓰기, 계산하기를 반복하는 것이 아이의 지능을 높이는 바탕이라고 말하고 있습니다. 실제로 도호쿠 대학의 미래과학기술 공동연구센터의 가와시마 류타 교수는 **"읽기, 쓰기, 계산하기를 반복하면 뇌가 활성화 된다."**는 연구 결과를 발표하였습니다.

그는 10년 연구 결과를 바탕으로 **"소리내어 읽기나 기초 계산을 반복하면 사고를 관장하는 뇌의 전두엽에 혈류가 증가하여 뇌 전체의 기능이 활성화된다."**라고 하였습니다. 전두엽은 사고하고, 행동을 억제하고, 의사소통을 원활하게 하고, 의사 결정을 하는 등 높은 차원의 뇌 기능을 맡고 있습니다. 그는 연구를 통하여 복잡한 문제를 푸는 것보다 단순한 계산 문제를 반복할 때 전두엽이 더 활성화된다는 것을 밝혀냈습니다. **자폐증, ADHD, 학습 장애 등 지적 장애를 가지고 있는 학생들도 효과적이라고 합니다.** 그러면 기초를 다지는 공부 방법에 대하여 알아보겠습니다.

▪ 소리 내어 읽기

글을 소리 내어 읽는 것은 글의 이해력과 암기력을 높여줍니다. 큰 소리로 소리내어 읽으면 뇌 전체가 활성화되어 아이들의 지능에 긍정적인 영향을 준다는 연구 결과가 있습니다. 이것은 모든 학생들이 기초 학습능력을 높이는 데 매우 효과적입니다. 실제로 수업을 잘 이해하지 못하는 대부분의 학생들은 글을 읽는 것을 어려워합니다. '독서백편의자현'이라는 말은 글을 백번 읽으면 그 뜻이 저절로 이해된다는 뜻입니다. 이렇게 학생들이 반복해서 글을 소리 내어 읽게 되면 자연스럽게 글의 의미를 이해하게 됩니다. **여기에서 중요한 것은 '같은' 글을 반복해서 읽는다는 것입니다.** '소리내어 읽기'를 할 때 주의할 점이 있습니다. 글을 정할 때는 학생이 선택하도록 하고, 최소한 1주 정도는 글을 바꾸지 않고 같은 글을 큰소리로 읽게 합니다. 그러면 학생은 처음보다 글을 잘 읽게 되고 자연스럽게 암기하게 됩니다. 이러한 과정에서 학생들은 자신감과 성취감을 갖게 됩니다.

소리 내어 읽기를 하면 어떤 점들이 좋을까요? 지금 기초 부진 학생들의 가장 큰 문제는 문해력입니다. **문해력을 높이는 가장 좋은 방법이 소리 내어 읽기입니다.** 소리 내어 읽기를 하면 읽기의 유창성과 정확성을 길러주어 독서 능력을 향상시켜 주게 됩니다. 또한 소리 내어 읽기는 두뇌를 활성화시켜 줍니다. 일본 도호쿠대학교 가와시마 류타 교수는 소리 내어 읽기를 할 때 생각하기, 글쓰기, 눈으로 읽기를 할 때보다 훨씬 더 많은 뇌 신경 세포가 반응했다는 연구 결과를 발표하였습니다. 이뿐만 아니라 소리 내어 읽기는 발표력을 향상시켜 줍니다. 소리 내어 읽기를 통하여 의미 중심으로 끊어 읽는 훈련을 하게 되면 목소리를 크게 하게 되고 발표를 할 때 자신감을 갖게 됩니다. 소리 내어 읽기의 방법으로 학생들이 좋아하는 시를 외워서 낭송하게 하는 것이 좋습니다. 문해력은 수학이나 과학 공부를 하는데도 바탕이 되는 공부입니다. 소리 내어 읽기는 이러한 문해력을 길러주는 가장 효과적인 방법입니다.

■ 계산하기

가게야마 학습법의 계산하기 학습은 '100칸 계산법'입니다. 가로 10칸, 세로 10칸으로 된 표에 아무 숫자를 쓰고, 맨 위쪽 첫 칸에 사칙연산 표시를 하여 더하기, 빼기, 곱하기, 나누기를 표시합니다. 계산하는 방법은 예를 들어 빼기의 경우, 가로의 수에서 세로의 수를 빼고 정답을 빈 칸에 쓰는 것입니다. 이러한 '100칸 계산법'을 할 때 주의할 점이 있습니다. **계산하기를 할 때는 숫자를 바꾸지 않고 '같은' 내용으로 반복한다는 것입니다.** 또 시간을 재고 걸린 시간을 기록합니다. 이렇게 반복을 하면 걸린 시간이 줄어들게 됩니다. 학생들은 다른 사람이 아닌

어제의 자신과 오늘의 자신을 비교하게 됩니다. 그리고 무엇보다 이러한 과정을 통하여 학생들이 자신감을 갖게 됩니다. 이러한 가게야마 학습법의 핵심은 학생들에게 기초 학습능력을 길러주어 더 어려운 학습 능력을 할 수 있는 능력을 갖게 한다는 것입니다.

목표시간: 2분 이내

3회분　월　일　（　분　초　）　이름

X	7	4	8	0	3	2	5	1	6	9
6										
1										
7										
3										
2										
4										
8										
0										
5										
9										

4회분　월　일　（　분　초　）　이름

X	8	1	5	2	3	0	9	7	4	6
5										
2										
1										
8										
6										
0										
7										
3										
9										
4										

▶ 100칸 곱셈 학습지

■ 글쓰기

글쓰기는 아이들의 사고력을 길러주는 가장 효과적인 방법입니다. 하지만 글쓰기는 학생들이 가장 어려워하는 활동이고 하기 싫어합니다. **글쓰기를 효과적으로 지도하는 방법은 학생이 하고 싶은 말을 하게 하고, 말한 내용을 글로 쓰게 하는 것입니다.** 그러면 학생들은 자신이 말한 내용이기 때문에 좀 더 쉽게 글로 쓸 수 있습니다. 이 때 학생이 문장 단위로 말을 하게 합니다. 그리고 그 문장을 익힌 후 문장을 쓰게 합니다. 이것은 학생이 이미 알고 있는 사전 지식을 활용하기 때문에 학생이 쉽다고 생각을 하게 됩니다. 가장 좋은 방법으로 감사 일기를 쓰게 하는 것입니다. 감사 일기는 학생들이 긍정적인 생각을 하게 하는 가장 효과적인 방법입니다. 처음에는 문장의 수를 3문장, 5문장을 쓰게 하고, 점점 문장을 늘려갑니다.

어느 교장 선생님 이야기입니다. 그 학교는 다문화 학생들이 많았습니다. 다문화 학생들이 가장 어려워하는 것은 한글 공부입니다. 대부분의 학생들이 한국어로 말하고 읽고 쓰는 것을 못합니다. 그래서 교실에서 수업하는 내용을 전혀 알아듣지 못합니다. 문제는 중·고등학교에 가게 되면 대부분 학생들이 학업을 중단하게 된다는 것입니다. 가장 큰 원인이 한국어를 못하기 때문입니다. 그 교장 선생님은 다문화 학생을 대상으로 한글을 지도하셨습니다. 교장실로 학생을 오게 하여 한글을 지도하셨습니다. 먼저 학생이 한국어로 말을 하게 합니다. 그래도 한글을 읽고 쓰는 것보다는 말하기가 쉽기 때문입니다. 자신이 하고 싶은 말을 간단한 문장으로 만들었습니다. 그 문장을 낱말 카드로 만들었습니다. 그런 다음 학생이 낱말 카드로 한글을 읽고 쓰는 것을 익히게 하였습니다. 자신이 하고 싶은 말을 문장으로 쓰게 하였습니다. 이러한 쓰기 지도 방법이 효과적인 것은 먼저 학생이 하고 싶은 말을 한글로 쓰게 한 것입니다. 이렇게 하면 학생이 자신이 이미 알고 있는 것을 표현하기 때문에 흥미를 가지고 참여합니다. 한글을 지도할 때 우리나라 아이들도 쓰기를 어려워합니다. 그런 경우 학생이 하고 싶은 말을 하게 하고, 그 말을 쓰게 하면 글쓰기를 보다 효과적으로 할 수 있습니다.

그러면 실제로 수업을 전개하는 방법에 대하여 알아보겠습니다. 담임 선생님이 수업을 하기 전 **아침 독서 시간을 활용하여 반 전체 학생들을 대상으로 매일 10분에서 20분 정도 활동을 합니다. 가장 먼저 명상을 합니다.** 학생들이 자리에 앉아서 눈을 감고 3분 명상을 합니다. **그리고 소리 내어 읽기를 합니다. 학생들은 각자가 정한 글을 큰 소리로 소리내어 읽습니다. 그 다음에는 계산하기 활동을 합니다. 마지막으로 친구들과 말을 하고 말한 내용을 글쓰기로 합니다.** 선생님이 주신 학습지를 활용하여 활동을 하고 걸린 시간을 기록합니다. 이때 선생님은 학생들이 볼 수 있도록 디지털 시계를 칠판에 게시합니다. 이와 같이 학생들이 매일 읽고, 쓰고, 셈하기를 반복하게 되면 학생들은 기초 학습능력을 기르게 됩니다.

역량을 기르는 수업 방법

한 아이가 있었습니다. 드디어 초등학교 1학년에 입학을 하였습니다. 그래서 조금 두려웠지만 즐거웠습니다. 미술 시간이 되어 그리기를 하였습니다. 아이는 자기가 그리고 싶은 공룡을 그리고 싶었습니다. 그런데 선생님은 꽃 그림을 그려야 한다고 하였습니다. 그래서 학생은 선생님과 똑같은 꽃 그림을 그렸습니다. 다음 시간에 찰흙으로 만드는 시간이었습니다. 그래서 아이는 공룡을 만들고 싶었습니다. 그런데 선생님은 꽃을 만들게 하였습니다. 그래서 아이는 선생님과 같은 꽃을 만들었습니다. 이후에 아이가 새로운 학교에 전학을 가게 되었습니다. 드디어 미술 시간이 되었습니다. 다른 아이들은 자기가 그리고 싶은 것을 마음껏 그렸습니다. 그 아이는 어떻게 해야 할지 잘 몰랐습니다. 아이는 드디어 생각이 났습니다. 지난 학교에서 그린 꽃 그림을 그렸습니다. 다음 시간에 찰흙으로 만드는 시간이 왔습니다. 다른 아이들은 재미있게 자신이 만들고 싶은 것을 만들었습니다. 아이는 어떻게 할지 몰라 고민하였습니다. 그리고 지난 학교에서 만든 꽃을 만들었습니다. 이 이야기를 통해서 아이들에게 어떻게 역량을 가르쳐야 할 것인가에 대해서 생각하게 됩니다. 그러면 역량을 기르는 수업 방법에 대하여 알아보겠습니다.

그렇다면 어떻게 역량을 기르는 수업을 할 수 있을까요? 가장 먼저 생각할 것이 역량을 길러주는 수업을 위해서는 가장 먼저 교사의 수업 방식을 바꾸어야 합니다. 교사 중심의 수업에서 학생 중심의 수업으로 바꾸어야 합니다. 그래서 교사가 수업 시간에 칠판 앞에서 지식만을 가르치는 것이 아니라 교사가 개별 학생을 코칭, 멘토 역할을 하고 영감을 주어야 합니다. 또한 **학생들이 역량을 기르기 위해서는 학생이 원하는 학습 활동에 스스로 참여할 수 있는 기회가 주어져야 합니다.** 학생들은 자신들이 하고 싶은 것을 '선택'하는 것을 좋아합니다. 그래서 학생들이 선택을 할 수 있는 교실로 만드는 것입니다. **학생들은 선택** Choice**을 통하여 협력**Cooperation**, 의사소통**Communication**, 비판적 사고력** Critical thinking**, 창의성**Creativity**을 기르게 됩니다.** 이러한 것들은 학교에서 학생들에게 반드시 가르쳐야 할 역량입니다.

여기에서 '선택'은 중요한 의미를 가지고 있습니다. 학생들은 자신이 좋아하는 학습 방식에 의하여 학습을 하는 것을 좋아합니다. 학생들이 자신이 원하는 다양한 방식으로 학습을 할 수 있도록 다양한 활동을 제시하는 것입니다. 이러한 활동들은 학생들의 다양한 학습 방식을 고려하여 제시하게 됩니다. 이 활동들은 학생들이 교육과정에서 도달해야 할 성취 기준을 바탕으로 제시합니다. 이러한 수업을 위해서 교사가 먼저 해야 할 일은 단원 공부를 시작할 때 학생들과 소통을 하는 것입니다. 어떤 내용에 더 관심이 있고, 어떤 방식으로 공부를 원하는지, 어떤 내용을 이미 알고 있는지에 대하여 학생들과 소통을 합니다. 이러한 소통의 과정을 통하여 학생들의 관심과 흥미, 필요와 요구를 파악하는 것입니다. 그리고 교사는 학생들과 소통한 결과를 바탕으로 교육과정 성취 기준을 달성하기 위한 다양한 활동과 과제를 준비합니다.

그렇다면 좀 더 구체적으로 역량을 기르기 위한 수업을 어떻게 준비하는지에 대하여 알아보겠습니다. 활동을 만드는 방법은 다양한 학습 방법을 고려하여 만들 수 있습니다. 과학 수업의 경우, 동영상 시청, 동영상 제작, 학습지, 보드 게임, 스마트폰 게임, 시뮬레이션컴퓨터, 실험, 설명하기, 쓰기, 평가하기, 모형 만들기, 독서, 견학, 야외 활동 등입니다. 또한 수학과 같은 경우 차시별 목표를 고려하여 활동을 제시할 수 있습니다. 기본 개념 익히기, 실생활 적용하기, 문제 만들기, 계산하기, 문장제 풀기, 게임하기, 영상으로 공부하기, 설명하기, 도전 과제 수행하기수학적 사고력 향상을 위한 과제를 제시함, 퀴즈, 퍼즐 등 다양한 활동으로 제시할 수 있습니다. 또한 학습 방법과 학습 내용을 함께 넣어서 활동을 제시할 수 있습니다. 영어와 국어 수업 같은 경우 단원의 읽기, 쓰기, 말하기, 듣기, 게임, 어휘, 역할놀이, 드라마, 유튜브 영상, 팝송 등으로 활동을 만듭니다. 이러한 활동은 학생들과 소통을 하여 학생들이 원하는 활동으로 제시합니다.

이렇게 활동을 만들 때 가장 유의할 점이 있습니다. **그것은 학습 목표와 함께 학생들의 실태와 수준을 고려하는 것입니다.** 예를 들면 학생들의 수준이 낮을 경우 최소한으로 목표를 정하는 것입니다. 그래서 최소한의 목표를 다양한 방법과 활동으로 제시하는 것입니다. 이렇게 하면 학생들이 활동에 참여하면서 학습에 대한 흥미와 참여도를 높일 수 있습니다. 예를 들면 영어 수업의 경우, 제시하는 어휘를 5개로 제한하고, 수학 수업의 경우 기본 개념을 중심으로 수업을 하는 것입니다. 국어 수업은 읽기 내용을 최소한으로 제시하는 것입니다. 과학 수업의 경우도 기본 개념을 중심으로 수업을 하는 것입니다. 핵심은 학생이 그 기본 개념을 확실히 이해하게 하는 것입니다. 그리고 익힌 기본 개념을 다양한 활동을 통하여 적용하게 합니다.

그러면 실제로 수업을 어떻게 하는지 알아보겠습니다. 학생들은 다양한 활동 중에서 자신이 원하는 활동을 선택하여 참여합니다. 수업 시간에 학생들은 컴퓨터나 스마트 패드를 활용하여 개별 학습을 합니다. 주로 단원의 주요 내용을 학습하는 것입니다. 수업 시간에 어떤 학생들은 동영상을 보면서 학습을 합니다. 동영상을 시청한 후 제시된 문제에 대한 정답을 써서 교사에게 제출합니다. 제시된 문제는 동영상을 보면서 배운 기본 개념을 확인하는 것입니다. 또 어떤 학생들은 직접 실험을 합니다. 또 어떤 학생들은 시뮬레이션으로 학습을 합니다. 어떤 학생들은 단원과 관련된 보드 게임을 합니다. 또 어떤 학생들은 학습지를 활용하여 공부한 내용을 정리합니다. 이어서 단원이 끝나면 학생들은 평가를 합니다. 그리고 자신이 학습한 과정에 대한 자기 평가 및 상호 평가를 합니다. 교사는 이러한 자기 평가 및 상호 평가 결과를 활용하여 학생 통지표를 작성합니다.

단원이 끝나면 개인이 준비한 프로젝트 결과를 발표합니다. 이러한 프로젝트는 학생들이 집에서나 단원을 공부하는 중에 개인이나 모둠별로 진행하는 프로젝트입니다. 프로젝트 내용은 단원의 목표를 생활에 적용하는 것으로 합니다. 이러한 과정을 통하여 학생들은 배운 것을 생활에 적용할 수 있게 됩니다. 그리고 단원이 끝나고 친구들 앞에서 자신이 진행한 프로젝트 결과를 발표합니다. 만들기, 노래, 연기, 마임, 모델, 시 등 학생들이 원하는 다양한 방식으로 할 수 있습니다. 이러한 선택의 과정을 통하여 학생들은 창의성을 발휘하게 됩니다. 창의성은 자신이 원하는 것을 스스로 선택했을 때 발휘됩니다. 또한 이러한 활동은 개인이나 모둠별로 이루어지므로 학생들은 주어진 과제를 해결하는 과정에서 협력과 소통 능력을 기르게 됩니다. 주어진 과제를 해결하기 위해서는 자연스럽게 협력하고 소통을 하게 됩니다. 또한 학생들은 다른 모둠을 평가하는 과정에서 비판적 사고 능력을 기르게 됩니다.

그렇다면 학생 중심수업에서 교사의 역할은 무엇일까요? **미래핵심 역량을 기르는 학생중심의 수업이 이루어지기 위해서는 교사가 단원의**

목표와 학생들의 실태관심과 흥미, 필요와 요구**를 고려한 다양한 과제**활동**를 사전에 준비합니다.** 이러한 과정에서 교육과정의 성취 기준을 어떻게 달성할 것인가에 대한 연구가 이루어져야 합니다. 그리고 학생들의 실태를 반영하여 학생들이 선호하는 방식의 활동을 고안하게 됩니다. 수업 시간에는 교사는 전체 학생을 대상으로 하는 활동보다는 주로 개별 학생들을 대상으로 개별 지도를 하게 됩니다. 이때 교사는 학생들이 생각하는 것을 주로 듣고 학생들이 말하게 합니다. 교사가 일방적으로 가르치는 것이 아니라 학생들이 질문한 내용을 중심으로 배움이 일어나게 합니다. 그리고 학생들이 어떤 어려움이 있고 어떻게 해결하면 좋을지 조언을 해줍니다. 이러한 과정에서 교사는 학생들을 더 잘 이해할 수 있는 좋은 기회가 됩니다. 또한 교사는 수업 시간에 학생들의 수행 정도를 관찰하여 과정 평가를 하고 기록을 합니다.

무엇보다도 **이러한 역량을 기르는 수업으로 교사는 가르치는 것이 즐거운 일이 되고, 학생들을 진정으로 가르치게 됩니다. 가장 중요한 것은 학생들을 마음으로 가르치는 것입니다. 이렇게 학생들을 마음으로 가르치는 것은 어떤 교수법보다도 더 효과적이고, 강력하고, 영감을 주는 방법입니다. 교사가 해야 할 가장 중요한 일은 학생들의 학습 동기를 유발하고, 영감을 주고, 학생들의 말을 경청하고, 공감하고, 질문을 하고, 학생 한 명을 진정으로 관심을 갖고 배려해 주는 것입니다.**

엘버트 아인슈타인Albert Einstein은 **"교육이란 사실을 배우는 것이 아니라 생각하도록 마음을 훈련하는 것이다. 최고의 교수법은 배움의 기쁨을 일깨워주는 것이다."**라고 하였습니다.

교사와 학부모가 소통하는 방법

ADHD 증세를 보이고 매우 폭력적인 학교 부적응 학생이 있었습니다. 그런데 이 학생으로 해서 학년말이 되면 학부모님들이 학교에 와서 민원을 제기하였습니다. 그 아이가 자기 아이와 같은 반이 되지 않게 해달라는 것이었습니다. 그러던 중 학기말에 그 아이가 다른 아이를 연필로 등을 찌르는 일이 생겼습니다. 그러자 학부모님들이 학교에 와서 당장 그 학생을 전학시킬 것을 학교에 요구하였습니다. 학부모님께 학교에서 최선을 다하겠으니 시간을 주시라고 했습니다. 그 동안 학생의 부모와 학생에게 상담 프로그램을 지원하는 등 최선을 다했습니다. 그리고 다시 학부모님들과 대화를 하였습니다. 그런데 이번에는 학부모님들의 태도가 180도 변하였습니다. 학부모님이 그 학생과 학부모의 어려움을 이해하고 공감하였습니다. 그 과정에서 학부모회 도움이 컸습니다. 그래서 선생님들은 학부모님들로부터 많은 감동을 받았습니다. 이것으로 아무리 어려운 학부모 민원도 학부모와 적극적으로 소통을 하면 문제를 해결할 수 있다는 것을 알게 되었습니다.

학부모와 소통하는 문제는 교사들에게 가장 어려운 과제입니다. 교사가 학교에서 학생을 지도하면서 가장 어려워하는 문제가 학부모와 관계입니다. 대부분의 경우 학부모와 소통의 문제가 생기면 교사들은 좌절을 하고 포기를 합니다. 먼저 자신감을 잃어버리고 학생들을 심리적으로 포기하게 됩니다. 한 마디로 열정을 잃어버리게 됩니다. 정말 안타까운 일입니다. 이것은 교사에게 불행한 일이지만 학생들에게도 불행한 일입니다. 그래서 이러한 일이 일어나지 않도록 해야 합니다. 그만큼 교사와 학부모 관계는 학생을 지도하는 데 있어서 중요한 일입니다.

학생을 생활지도할 때 최악의 경우는 학교에서 교사는 최선을 다해서 학생을 지도하지만 학부모가 전혀 협조를 하지 않는 경우입니다. 이런 경우 학생에게 변화가 일어나지 않습니다. 그리고 교사는 많은 스트레스를 받게 됩니다. '내가 능력이 부족한가보다….'라고 생각하고 실망을 하게 됩니다. 또 다른 경우는 학부모와 소통을 잘하여 좋은 관계를 만드는 것입니다. 그렇게 되면 교사가 조금만 노력하여도 학생이 성장하고 변화하게 됩니다. 교사가 학교에서 최선을 다해서 지도하고 가정에서 학부모가 적극적으로 협조하여 학생은 바람직하게 성장하게 됩니다. 따라서 교사가 학부모와 긴밀한 협조 관계를 갖는 것은 학생의 성장을 위해서도 매우 중요한 문제입니다.

그렇다면 어떻게 학부모와 소통을 잘 할 수 있을까요? **먼저 학년 초에 학부모와 긍정적이고 협조적인 관계를 만드는 것이 중요합니다.** 학년 초에 학부모와 첫 관계를 잘 형성하게 되면 나중에 문제가 발생하더라도 큰 문제가 되지 않습니다. 오히려 교사 입장을 충분히 이해하고 협조하게 됩니다. 특히 학급 경영을 할 때 일관성을 가지고 학생들과 소통하는 것이 무엇보다도 중요합니다. 이것을 통하여 교사가 학부모에게 학급 운영과 학생 지도에 대한 신뢰를 주어야 합니다.

학부모와 소통을 할 때 중심을 학부모에 두는 것이 중요합니다. 대화를 할 때 중심을 상대방에게 준다는 것은 상대가 자신이 하고 싶은 말을 자유롭게 하게 한다는 것입니다. 이것은 상대방을 인정하고 공감하고자 하는 강한 의지를 표현하는 것입니다. 상대방을 존중하는 태도는 소통의 기본입니다. 상대자가 자신이 존중을 받지 않는다고 생각하면 절대로 소통이 이루어지지 않게 됩니다.

소통의 핵심은 듣는 것입니다. 대화를 할 때 상대방을 중심에 둔다는 의미는 상대방이 하는 말을 잘 듣는다는 것입니다. 이렇게 교사가 학부모의 말에 경청을 하게 되면 학부모는 교사가 자신의 이야기를 잘 들어준다는 느낌을 갖게 됩니다. 그러면 자신이 교사로부터 존중을 받는다고 생각을 하게 됩니다. 그리고 학부모가 교사와 소통이 된다는 느낌을 줍니다. 따라서 혹시 문제가 해결되지 않더라도 학부모는 교사와 소통한 결과에 대하여 심리적으로 만족감을 갖게 됩니다.

무엇보다도 대화를 할 때 가장 핵심적인 것은 학부모의 요구를 파악하는 것입니다. 대화를 할 때는 항상 상대방이 어떤 생각을 하고 있는지 파악하는 것이 중요합니다. 그래서 어떤 요구를 가지고 있는지 재빨리 파악하는 것입니다. 그러면 학부모가 느낄 때, '내가 하고 싶은 말을 정확히 이해하고 있구나.'라는 생각을 갖게 됩니다. 이렇게 학부모는 교사와 소통에서 자신이 요구하는 것을 잘 전달했다는 것만으로도 만족감을 갖게 됩니다. 항상 학부모와 대화를 할 때 문제가 무엇이고, 그래서 학부모가 무엇을 요구하는지 파악하는 것이 중요합니다.

대화의 종료 단계에서는 학부모가 원하는 것을 교사가 적극적으로 표현하는 것이 좋습니다. 대부분의 경우 학부모가 교사에게 바라는 것은 학생에 대하여 좀 더 관심을 가지고 지도를 해 주라는 것입니다. 이것을 학부모가 말하는 것이 아니라 교사가 학부모가 하고 싶은 말을 대신해서 표현해 주는 것입니다. 이렇게 학부모가 하고 싶은 말을 교사가 적극적으로 표현하게 되면 학부모는 자신의 문제가 해결되었다고 생각합니다.

그리고 **더 중요한 점은 이러한 과정에서 학부모가 학교에 대하여 신**

뢰감을 갖게 됩니다. 그래서 상담 후에 학교에 대한 만족감과 함께 담임 교사에 대한 무한한 신뢰를 갖게 됩니다. 그래서 학부모와 소통 문제가 오히려 담임 교사와 관계가 더 좋아지는 기회가 됩니다. 그래서 이후에 어떤 문제가 생겼을 경우 담임 교사의 입장에서 이해를 하게 되고 적극적으로 협조를 하게 됩니다.

교사에게 학부모 관계는 정말 어려운 문제이기도 하고 교직 생활에서 가장 힘든 일입니다. 하지만 학부모와 소통하는 방법을 제대로 알게 되면 오히려 학부모가 담임 교사를 적극적으로 지원하고 협조하는 관계로 만들 수 있습니다. 그래서 결과적으로 학생들이 모든 면에서 많은 변화와 성장을 하게 됩니다. 핵심은 교사가 학부모와 적극적으로 소통하고자 하는 의지의 문제입니다.

🙍 수능에서 고득점을 위한 성공 전략

아들에게!

네가 재수라는 어려운 길을 가게 되었구나. 누구보다도 가장 힘든 사람이 너라는 것을 아빠는 잘 안다. 그렇게 힘든 시간을 그 동안 잘 견뎌주어 고맙다. 지금까지 항상 바르게 자라주어 아빠로서 너무 감사하다. 그리고 항상 매사에 최선을 다하는 모습을 보여주어 네가 정말 자랑스럽다. 비록 결과가 만족스럽지 못했지만 아빠는 항상 네가 모든 것을 잘하리라는 확실한 믿음을 가지고 있다. 네가 어려운 공부를 다시 시작하게 되어 아빠가 너에게 어떤 도움을 주어야 할까 생각을 하고, 이렇게 몇 가지를 정리해 적어 보았다. 1년 동안 공부를 하면서 실천해 보았으면 한다. 이것은 네가 지금 공부를 할 때도 도움이 되지만 앞으로 네가 인생을 살아가는데도 많은 도움이 될 것이라고 생각한다.

■ 첫째는 아침에 찬물로 샤워를 해라

아침에 찬물로 샤워를 하면 하루 종일 개운한 느낌으로 생활할 수 있고, 덜 피곤하고 정신이 맑아진다. 찬물로 샤워를 하면 혈액 순환이 잘되고 면역력이 높아져서 바이러스나 감기에 잘 걸리지 않는다. 몸도 마음도 건강해지고, 정신적으로 강한 의지력을 기르게 된다. 그래서 힘든 공부를 할 때도 많은 도움이 된다. 아침에 찬물로 샤워를 하게 되면 뇌를 자극하고 깨우는데 효과가 있다. 몸의 긴장을 완화해 스트레스를 줄여주고 뇌를 자극해서 인지능력과 기억력, 집중력을 향상시켜 준다. 왜냐하면 몸의 각성제 역할을 하는 노르아드레날린noradrenaline이라는 호르몬 분비를 촉진하기 때문이다. 아침에 찬물로 샤워를 하면 몸에 에너지가 높아져서 자신감이 생기고 의욕적으로 생활을 할 수 있다. 찬물로 샤워를 하면 혈액 순환이 잘 되기 때문에 에너지가 몸 전체로 퍼져 생동감이 넘치는 생활을 할 수 있다. 이것은 비타민을 복용하는 것보다 더 좋은 효과가 있다.

아침에 샤워를 하는 방법은 처음에는 어려울 수 있으니 온수로 샤워를 하고 마지막에 찬물로 샤워를 하다가 적응이 되면 처음부터 찬물로 하면 된다. 그리고 찬물로 할 때는 차가우니 한 곳에 오래 있지 말고 몸의 여기저기로 옮기면서 샤워를 하면 나중에는 어렵지 않게 찬물로 샤워를 하게 된다.

▪ 둘째는 아침 저녁으로 명상을 해라

공부를 하다 보면 정신적으로 스트레스를 많이 받게 된다. 그럴 때 명상을 하게 되면 마음이 흔들리지 않고 심리적인 안정감을 갖게 된다. 그래서 공부를 할 수 있는 의지력을 기르게 된다. 명상을 하게 되면 가장 좋은 점이 자신의 감정을 조절할 수 있게 된다는 것이다. 공부를 하다 보면 생각대로 되지 않아 화가 나거나 우울해지는 때가 있다. 그리고 혼자 있는 시간이 많다 보면 가슴이 답답해질 때가 있다. 명상을 하게 되면 이러한 불안한 감정을 조절할 수 있게 된다. 그리고 명상을 하게 되면 공부를 하는 데 필요한 에너지를 얻게 된다. 공부를 오래하고 심신이 지치게 되면 우리 몸은 고철처럼 에너지가 없어진다. 그러나 명상으로 호흡을 하게 되면 다시 우리의 몸에 에너지가 흐르게 된다. 그래서 자석과 같은 강력한 에너지를 갖게 된다.

저녁에 명상을 할 때는 하루 동안 공부한 내용을 다시 한번 복습하고 정리를 할 수 있다. 그래서 내일 무슨 공부를 할 지 생각한다. 아침에 명상을 할 때는 내가 바라는 나의 미래 모습을 생각한다. 공부가 아무리 힘들어도 내가 원하는 대학에 가서 즐겁게 생활하고 있는 자신을 상상하면 많은 에너지를 받게 된다. 또한 명상을 하게 되면 마음이 차분해지고 집중력을 기를 수 있다. 공부를 하는 데 가장 중요한 것이 집중력이다. 명상을 할 때 다른 생각을 하지 않도록 하기 위해서 호흡에 집중하는 것이다. 이렇게 호흡에 집중을 하게 되면 자연스럽게 집중력을 기르게 된다. 무엇보다 명상의 좋은 점은 자신의 내면을 바라보는 것이다. 모든 문제의 원인이 외부에 있는 것이 아니라 자신의 내면에 있다는 것을 확인한다. 이렇게 생각하면 모든 것을 인정하고 수용하여 긍정적으로 생각하게 된다. 그래서 내가 스스로 문제를 해결할 수 있는 힘을 갖게 된다.

명상을 하는 방법은 심호흡을 하는 것이다. 하루에 1분이나 3분, 5분 정도로 해도 좋다. 아침에 일어나서 하고, 저녁에 자기 전에 하는 것이 좋다. 명상을 할 때 중요한 것이 호흡을 하는 것인데, 숨을 들이마시고 내쉬는 것을 반복적으로 한다. 예를 들면 4-7-9 명상 방법이 있다. 넷을 세면서 숨을 들이마시고, 7을 세면서 숨을 멈추고, 9를 세면서 숨을 내쉬는 것이다. 꼭 이렇게 하지 않더라도 자연스럽게 숨을 쉬면서 편안하게 할 수도 있다. 바닥에 앉아서 허리를 세우고, 손을 앞에 놓고 할 수도 있고, 누워서 할 수도 있고, 의자에 앉아서 할 수도 있다.

▪ 셋째는 한 장 정리를 해라

한 장 정리는 복습법을 말한다. 공부는 입력이 아니라 출력이다. 얼마나 배웠는지가 중요한 것이 아니라 배운 결과를 내가 얼마나 설명할 수 있느냐가 중요하다. 아무리 열심히 공부를 했더라도 배운 내용을 내가 자신있게 설명할 수 없다면 그것은 공부가 부족한 것이다. 그러면 다시 한번 공부한 것을 복습해야 한다. 또한 공부에서 중요한 것은 복습이다. 아무리 공부를 열심히 해도 시간이 지나면 대부분의 내용을 기억하지 못하게 된다. '나는 머리가 나쁜가. 내가 공부한 것이 하나도 기억이 나지 않네.'라고 생각할 수 있다. 그런데 이것은 너무나도 당연한 일이다. 왜냐하면 만일 어떤 사람이 일어난 일을 모두 기억을 한다면 그 사람은 머리가 터져버릴 것이다. 그리고 머릿속을 비워야 새로운 내용을 공부해야 하는데 머릿속이 꽉차 있으면 새로운 공부를 할 수 없게 된다. 그래서 이전에 공부한 것을 잊어버리는 것이 너무나도 당연한 일이다.

그런데 시험을 잘 보기 위해서는 공부한 내용을 기억해야 한다. 그래서 중요한 것이 복습이다. 공부한 내용을 주기적으로 복습을 해야 한다. 그것이 '한 장 정리 복습법'이다. 이것은 하루에 공부한 내용을 공책 한 장에 정리한다는 것이다. 가장 핵심적인 내용이나 잘 이해가 되지 않은 점들을 정리하는 것이다. 그래서 핵심적인 내용을 복습을 하고 잘 이해되지 않은 것들을 다시 한번 공부를 하는 것이다. 이때 노트는 스프링으로 된 종이를 사용하면 좋다. 그래야 한 장씩 넣었다 뺐다 할 수 있어서 편리하다. 문제를 풀다가 보면 새로 추가되는 내용이 있으면 한 장 정리에 색깔을 달리해서 추가로 기록을 한다. 여기에서 핵심은 복습 주기이다. 하루에 정리한 것은 그날 저녁에 잠들기 전에 한번 매일 복습을 한다. 그리고 주말에는 일주일 동안 공부한 것을 매주 복습한다. 한 달이 지나면 매달 공부한 것을 복습한다. 이렇게 복습을 하다보면 이미 여러 번 복습을 했기 때문에 빠른 속도로 복습을 할 수 있다. 수능이나 시험이 있는 경우에는 한 장 정리한 것을 다시 한번 핵심적인 내용을 중심으로 정리를 해서 과목당 한 장 정도로 내용을 최소화한다. 그러면 전 과목의 핵심 내용을 시험 당일 날에 빠르게 복습을 할 수 있다.

▪ 넷째는 백지 쓰기를 해라

공부는 얼마나 공부를 많이 했냐가 중요한 것이 아니라 공부를 해서 내가 얼마나 말이나 글로 설명할 수 있느냐이다. 하루 종일 공부를 했지만 무엇을 공부했는지 허무하게 생각되는 경우가 있다. 이럴 때는 공부한 것을 말이나 글로 설명을 해보는 것이다. 공부한 내용을 말이나 글로 설명을 하게 되면 반드시 잘 모르는 부분이 나오게 된다. 그러면 내가 모르는 부분이 어떤 것인지 알게 되고, 그 부분을 다시 공부를 하고 다시 설명을 한다. 이렇게 반복적으로 하게 되면 내가 하루동안 무엇을 공부를 했는지 알게 되어 매일 실력이 향상되어 간다는 느낌을 갖게 된다.

백지 쓰기 방법은 먼저 주제를 쓰고 아무것도 모르는 어린 아이에게 설명을 한다고 생각하고 자세히 설명을 한다. 설명을 하지 못하는 부분이 생기면 다시 공부를 하고 설명을 한다. 설명을 하고 나서는 좀 더 간단하게 요약하고 정리를 한다. 마지막 단계는 한 문장이나 비유적으로 표현을 한다. 모든 내용을 이렇게 할 수는 없고 중요한 개념이나 내용을 중심으로 한다. 공부를 하면서 중요한 내용을 공책에 메모를 하여 한 장 정리 한 것을 중심으로 한다. 또 정리한 노트는 공부가 집중이 안 될 때 걸으면서 반복적으로 외운다. 이렇게 외운 내용을 중심으로 백지 쓰기를 한다. 요약하면 공부한 내용에서 중요한 내용만 노트에 메모를 한다. 메모한 것을 반복적으로 외운다. 외운 내용을 백지 쓰기를 한다. 주의할 점은 노트에 메모한 내용은 교과의 전체 내용을 생각하면서 공부를 해야 한다는 것이다.

앞으로 대학이나 사회에 나가서 만나는 어려움을 생각하면 지금하고 있는 공부는 새 발의 피다. 물론 공부가 쉬운 일은 아니지만 그것에 비교할 바가 아니라는 것이다. '내가 지금 이러한 어려움도 견뎌내지 못한다면 앞으로 사회에서 어떻게 살아갈 수 있을까?'라는 생각을 가진다면 지금의 어려움을 잘 견뎌낼 수 있을 것이라고 생각한다. '**무엇이든 할 수 있다고 생각한 사람만이 모든 일을 해내는 법이다. 그리고 긍정적인 생각은 모든 것을 가능하게 한다.**' 행운을 빈다.

항상 너를 응원하는 아빠가.

"무슨 일이든 할 수 있다고 생각하는 사람이 해내는 법이다. 의심하면 의심하는 만큼 밖에 못하고, 할 수 없다고 생각하면 할 수 없는 것이다."

정주영 현대그룹 전 회장이 한 말이다. 우리가 모든 것은 가능하다고 생각하면 이 세상의 모든 문제는 해결된다는 것이 그의 생각이다. 정주영 회장은 우리나라 경제 발전에 엄청난 영향을 끼친 분이다. 그분이 그렇게 어려운 일을 할 수 있었던 비결은 바로 긍정의 힘이다. 이렇듯 긍정의 힘은 엄청난 힘을 발휘한다. 정주영 회장은 아침에 일어나면 흥분이 된다고 한다. 오늘도 새로운 일을 할 수 있기 때문이다. 또 문제가 있다고 하면 그 문제를 해결할 수 있기 때문이다. 문제가 해결하기 더 힘든 문제일수록 더 강한 도전 의욕이 생긴다고 한다. 그래서 그렇게 어려운 문제를 해결했을 때는 더 큰 성취감을 느끼게 되기 때문이다.

가장 유명한 이야기는 울산 현대 조선소 건립에 관한 일이다. 1971년 정주영 회장은 미포만 해변 사진 한 장과 외국 조선소에서 빌린 유조선 설계도 하나를 들고 차관을 받기 위해 일본과 미국, 유럽을 돌아다녔다. 마침내 영국 정부에서 대출 조건을 제시하였다. 그것은 배를 구입하겠다는 확인서가 있어야 한다는 것이었다. 그래서 그는 그리스 선주인 오나시스Aristotle Sokrates Onasis의 처남 리바노스George Livanos와 독대를 하여 수주를 따내고 계약을 성사시켰다.

"우리 배를 사겠다고 서명해주면 그 계약서를 들고 가 영국 은행에서 조선소를 지을 돈을 빌려 조선소를 만들어서 배를 만들어 주겠다."는 말도 안되는 일을 한 것이다.10

그러면 어떻게 하면 긍정적인 태도로 살아갈 수 있을까? **가장 중요한 것은 우리가 생각하는 모든 부정적인 생각을 긍정적인 생각으로 바꾸는 것이다.** 올림픽 육상 선수인 로저 배니스터Roger Bannister는 1마일의 4분대 벽을 깬 것으로 유명하다. 1마일은 모든 사람들이 4분대 벽을 깨는 것이 불가능하다고 생각하였다. **모든 사람들이 '할 수 없다. 할 수 없다.'라고 생각하였다. 하지만 로저 배니스터는 '할 수 있다. 할 수 있다.'라고 생각하였다.** 그 결과 결국 3분 59초 4로 4분 벽을 깨고 신기록을 만들었다.

그런데 그 이후에 더 놀라운 일이 일어났다. 그의 기록 이후 그해 27명의 선수들이 그 기록을 돌파했고, 일 년이 지나자 215명의 선수들이 신기록을 달성한 것이다. 결국 할 수 있다는 긍정의 힘이 만든 기적이다. 할 수 없다는 '부정'을 할 수 있다는 '긍정'으로 생각을 바꾸자, 기적이 일어난 것이다. 인간의 한계를 만든 것은 결국 우리가 그렇게 생각하기 때문이다.[11]

사생아로 태어나 할머니 손에 자란 한 소녀가 있었다. 삼촌의 성폭행으로 14살의 나이에 미혼모가 되었고, 마약과 알콜에 빠져 청소년기를 보냈다. 세상에서 가장 영향력이 있는 사람 중의 한 사람으로 토크쇼의 여왕이라고 하는 오프라 윈프리이다. 그녀가 이렇게 절망적인 시간을 희망으로 바꾼 것은 감사 일기를 쓰는 것이었다. 오프라 윈프리는 말하였다. **"당신이 가진 것에 감사하세요. 결국 더 많이 갖게 될 것입니다. 감사하는 것이야말로 당신의 일상을 바꿀 수 있는 가장 빠르고 쉬우며 강력한 방법입니다."**

UCSD 공중 보건학 및 가정의학과 교수 폴 밀스Paul Mills는 "감사 일기를 쓰는 것은 우리가 부정적인 감정으로부터 멀어지도록 도와준다. 시간이 지날수록 작은 것에서 시작한 감사의 마음이 커지면서 이전에는 감사하다고 여기지 않았던 일조차 감사할 수 있게 된다. 심지어 화나는 일조차 감사할 수 있게 되어 감사를 통해 마음 자체가 변하게 된다."고 하였다. 긍정적인 생각을 갖게 하기 위해서는 부정적인 생각을 하지 않게 해야 한다. **부정적인 생각을 갖지 않게 하는 가장 효과적인 방법은 감사 일기를 쓰는 것이다.**[12]

자라나는 어린 학생들에게 반드시 길러주어야 하는 것이 긍정적인 태도를 갖게 하는 것이다. 감사 일기를 쓰게 하고 행복한 사람으로 길러야 한다. 그리고 자신의 마음을 다스릴 줄 아는 사람으로 길러야 한다. 그 비결은 마음공부이다.

　태도는 어디에서 오는가? 태도는 생각에서 온다. 긍정적인 생각을 하는 사람은 긍정적인 태도를 보이고, 부정적인 생각을 하는 사람은 부정적인 태도를 보인다. 적극적인 사고를 하는 사람은 적극적인 태도를 보이고, 소극적인 사고를 하는 사람은 소극적인 태도를 보인다. 특히 태도는 신념으로부터 나온다. 태도는 지속적인 자세를 말하며, 신념은 굳게 믿는 마음이다. 자신이 가지고 있는 생각은 신념을 만들고, 신념은 태도를 만든다. 태도는 자신의 삶을 바꾼다. 인생은 순전히 어떤 태도를 가지고 있느냐에 달려 있다.

　그렇다면 태도의 힘을 발휘하기 위해서는 어떻게 생활해야 할까? **첫째는 "미안하다.", "고맙다."는 말을 한다.** 작은 실수라도 "죄송합니다."라고 말을 한다. 상대방의 작은 호의를 보여주면 "감사합니다."라고 말을 한다. 이렇게 작은 일에 감사하고 미안한 말을 하게 되면 상대방에 호감을 주게 된다.

　둘째는 단순하게 살아간다. 살아가면서 너무 많은 생각으로 스트레스를 받지 않고 단순하게 생각한다. 해결해야 할 문제도 너무 복잡하게 생각하지 않고 단순하게 생각한다. 집안에 있는 물건도 가급적 채우지 않고 단순하게 살아간다. 대인 관계도 너무 많은 사람들과 얽히지 않고 중요한 사람들 위주로 단순하게 관계를 한다. 생각을 단순하게 하고 행동을 단순하게 한다.

　셋째는 감탄을 생활화한다. 새로운 사람을 만날 경우에 상대방이 하는 말을 경청하면서 감탄한다. 어린 아이들을 만났을 때 아이들이 하는 말을 들으면서 감탄을 한다. 자연 풍경이 좋은 곳에 가서 자연을 보고 감탄을 한다. 예쁜 꽃을 보고 감탄을 한다. 열심히 일을 하는 사람을 보고 감탄을 한다. 이렇게 감탄을 생활화하게 되면 상대방이 그 사람을 좋아하게 된다. 왜냐하면 상대방이 감탄을 해주면 자신의 기분이 좋아지기 때문이다. 이렇게 감탄은 상대방을 행복하게 하고, 결국에는 자신을 행복하게 하는 마약과도 같은 것이다.

넷째는 부드럽게 살아간다. 사람들은 강한 것을 싫어한다. 강한 어투와 거칠고 강한 행동은 상대방에게 위협을 주어 싫어한다. 하지만 항상 미소를 하고 부드럽게 대하는 사람을 누구나 좋아한다. 같은 말과 행동을 하더라도 말을 부드럽게 하고, 행농을 부드럽게 한다. 그러면 상대방도 마찬가지로 말과 행동을 부드럽게 하게 된다. 부드러움은 강함을 이긴다. 태풍에서 풀은 꺾어지지 않지만 고목나무는 꺾어져 죽는다. 인생을 살아가는 지혜는 부드럽게 사는 것이다.

다섯째는 웃으면서 살아간다. 웃는 사람에게 침을 뱉는 사람은 없다. 아무리 못 생긴 사람이라고 하더라도 웃는 사람은 모든 사람들이 좋아하게 된다. 적재적소에 하는 유머는 상황을 반전시키고 분위기를 금방 좋게 한다. 그래서 유머는 사람간의 관계를 좋게 하는 힘을 가지고 있다. 유머를 하기 위해서는 마음의 여유가 있어야 한다. 또 유머를 하게 되면 마음의 여유를 갖게 된다. 그래서 인생에서 꼭 필요한 것이 웃음이다.

"이 시대의 가장 위대한 발견은 인간이 자신의 태도를 바꿈으로써 자신의 인생을 바꿀 수 있다는 것이다."라고 윌리엄 제임스William

James는 말하였다. 현재 자신의 인생을 바꾸고 싶다면 자신의 태도를 바꾸어 보면 어떨까요?

Acknowledgment 감사의 글

　길바닥에 아무렇게 버려지고 삐쭉삐죽 못생긴 돌맹이와 같은 저의 졸고를 빛나는 보석으로 만들어 주신 박영사 대표님께 진심으로 감사드립니다. 처음부터 꼼꼼하게 저의 원고를 검토해 주시고, 예쁜 책으로 멋지게 편집을 해 주신 김윤정 선생님께 감사드립니다. 또한 이 책을 출판할 수 있도록 많은 대화를 통해 실제적인 영감을 주신 나옥주 교장 선생님께 감사드립니다. 원고 수정 과정에서 세심하게 검토를 하고 좋은 문장으로 수정해 준 고미소 선생님께 감사드립니다. 부모님과 아내 박인수, 아들 김양환과 딸 김서안에게 마음을 담아 이 책을 드립니다.

1장 왜 우리는 마음공부를 해야 하는가

1 "907일간 도주…희대의 탈옥수 신창원 근황", 〈서울신문〉, 2021.07.03.

2 "Teddy Stoddard and his teacher Mrs Thompson", 〈Youtube〉, 2020.11.15. Lanre Dahunsi, https://www.youtube.com/watch?v=tzTG2Mah2Ow

3 "보잘 것 없는 누에 취미 격려…나를 번데기서 나비로 만들었죠", 〈문화일보〉, 2016.06.23.

4 "윤정선생의 사람사는 이야기(자신감을 심어준 선생님/감동적인 글)", 〈블로그〉, 2020.09.28., 평생학습장, https://blog.naver.com/dream2284/222101786304

5 "끔찍한 존속 살해의 진실, 몰입감 떨어진 이유", 〈오마이뉴스〉, 2021.07.23.

6 "수능을 앞둔 고3 수험생의 모친 살해사건", 〈조선일보〉, 2012.01.05.

7 Alvin Powell, 2018, "Researchers study how it seems to change the brain in depressed patients", The Harvard Gazette, https://news.harvard.edu/gazette/story/2018/04/harvard-researchers-study-how-mindfulness-may-change-the-brain-in-depressed-patients/

8 Gabrieli, Hermann, 2019, "Two studies reveal benefits of mindfulness for middle school students", MIT News, Anne Trafton, https://news.mit.edu/2019/mindfulness-mental-health-benefits-students-0826

9 Eric Lopez-Maya, Richard Olmstead, Michael R. Irwin, 2019, "Mindfulness meditation and improvement in depressive symptoms among Spanish- and English speaking adults: A randomized, controlled, comparative efficacy trial", https://journals.plos.org/plosone/article?id=10.1371/journal.pone.0219425

10 "우리는 왜 '주의깊음'을 가르치지 않는가", 〈유튜브〉, 2015.05.22., TED Talks, https://www.youtube.com/watch?v=-yJPcdiLEkI

11 "[역사속 오늘] 콜럼바인 고교 총기난사 사건", 〈아시아타임즈〉, 2021.04.30.

12 "10년 전 '대구 중학생 유서', 다시 주목받는 까닭은", 〈한국일보〉, 2021.02. 24.

13 Alia Crum and Ellen Langer, 2007, "Mind-set Matters: Exercise and the Placebo Effect", Psychological Science 18, no.1:165-171, Harvard Library, https://dash.harvard.edu/handle/1/3196007

14 "Pygmalion Effect Definition", BoyceWire, 2020.10.25., Paul Boyce, https://boycewire.com/pygmalion-effect-definition/

15 "KBS 생로병사의 비밀(긍정의 힘, 감사의 마음)", 〈유튜브〉, 2017.03.11., 김규성, https://www.youtube.com/watch?v=VJgQdS8TbJg

2장 마음의 원리를 알면 세상이 달라진다

1 "선물과 모욕", 〈경향신문〉, 2015.08.10.

2 "우파니샤드 인기 비결은 스토리텔링", 〈매일경제〉, 2013.08.12.

3 "The Hundredth Monkey Effect(Times of India)", 〈Blog〉, 2021.06.23., Jawahar Lalla, https://timesofindia.indiatimes.com/readersblog/jblblogs/the-hundredth-monkey-effect-34128/

4 Scientists "We Have Never Seen Anything Like This", 〈Youtube〉, 2019. 12.16., Gregg Braden, https://www.youtube.com/watch?v=zy6mVAb-UjU

5 "Power of Visualization by Swami Mukundananda", 〈Youtube〉, 2020.04.04., Swami Mukundananda, https://www.youtube.com/watch?v=rLTFWCFz-kw

6 "Norman Cousins, Still Laughing", 〈The Washington Post〉, 1986.10.21., https://www.washingtonpost.com/archive/lifestyle/wellness/1986/10/21/norman-cousins-still-laughing/e17f23cb-3e8c-4f58-b907-2dcd00326e22/

7 "KBS 스페셜 "마음"-2편 생각하는대로 이루어진다.", 〈유튜브〉, 2006.01.22. KBS 다큐, https://www.youtube.com/watch?v=iMg_M4uvMns

8 "상상의 힘", 〈블로그〉, 2020.07.11., 요마드, https://blog.naver.com/yoroii/222027216246

3장 마음으로 살아가면 마음이 치유된다

1 "How to Be Happy Every Day: It Will Change the World", 〈Youtube〉, 2017.04.05., Jacqueline Way, https://www.youtube.com/watch?v=78nsxRxbf4w

2 "예기 중용 스물 세 번째 장", 〈유튜브〉, 2015.10.05., 박창준, https://www.youtube.com/watch?v=alwbAs5VMF4

3 "현대인이 가장 필요한 정신건강 정신이 건강하려면 어떤 조건들이 필요할까?", 〈유튜브〉, 2020.03.25., 한국불교대표방송BTN, https://www.youtube.com/watch?v=Nnpdb9M7ois

4 "[백성호의 현문우답] 심청전에 숨어 있는 비밀 코드들", 〈중앙일보〉, 2019.11.03.

5 "명상, 기치료 강의(1)-명상과 기치료 누구든지 할 수 있다 [15분의 기적 김종철]", 〈유튜브〉, 2018.05.17., cheee, https://www.youtube.com/watch?v=56IdQ8rUYy8

4장 마음으로 가르치면 깨달음이 일어난다

1 "훈계보다는 깨달음 주는 질문을 하자", 〈한겨레신문〉, 2008.10.19.

2 "How to Be Happy Every Day: It Will Change the World", 〈Youtube〉, 2017.04.05., Jacqueline Way, https://www.youtube.com/watch?v=78nsxRxbf4w

3 "Try something new for 30 days - Matt Cutts", 〈Youtube〉, 2013.04.06., TED-ED, https://www.youtube.com/watch?v=UNP03fDSj1U

4 "0.1%의 비밀 - 불편한 학습이 필요하다.", 〈유튜브〉, 2020.03.10., EBS 교양, https://www.youtube.com/watch?v=ofWuIs9C5Qg

5 "[법륜스님의 부처님 이야기]2 깨달음은 스스로 알아차리는 것", 〈유튜브〉, 2018.3.21. 법륜스님의 희망세상 만들기, https://www.youtube.com/watch?v=Y-LMu1B5wP4

6 "긍정적인 생각이 실력이 미치는 효과실험", 〈유튜브〉, 2019.03.24., 드림코칭, https://www.youtube.com/watch?v=gKWSsdksr4Q

7 "학교, 기적 같은 일이 생기는 곳", 〈유튜브〉, 2019.3.20., 세바시 강연, https://www.youtube.com/watch?v=5Ai29-H_vHU

8 "아이디어 탄생의 비밀을 알려드립니다.#1", 〈유튜브〉, 2019.01.25., 소확성,
   https://www.youtube.com/watch?v=MLKrd2Sl4hI

9 "아이디어 탄생의 비밀을 알려드립니다.#2", 〈유튜브〉, 2019.01.25., 소확성,
   https://www.youtube.com/watch?v=tnUwj0Gw67U

10 "아산 정주영, Chung Juyung - 강연 및 대담 모음", 〈유튜브〉, 2015.05.20.,
   https://www.youtube.com/watch?v=6t3ic_qElrw

11 "You Are What You Believe - THE POWER OF BELIEFS", 〈Youtube〉,
   2017.11.06., Swami Mukundananda, https://www.youtube.com/watch?v=
   CP1KqQ5stZo

12 "KBS 생로병사의 비밀 - 긍정의 힘, 감사의 마음", 〈유튜브〉, 2017.07.30., 와
   보라, https://www.youtube.com/watch?v=m295rGbr9WQ

저자 소개

서울교육대학교와 서울교육대학교 대학원 초등영어교육과를 졸업하였습니다. 초등영어교사로서 20년간 초등영어를 지도하고 초등영어교과서 집필 및 초등영어연수 강의를 하였습니다. 한국초등영어교육학회 총무이사와 편집이사를 역임하였고, 현재까지 초등영어연구회 활동을 하며 초등영어교육을 위하여 노력하고 있습니다.

2010년부터 5년간 국제가상학교(IVECA) 국제교류 프로그램으로 미국의 여러 초등학교와 국제공통교육과정을 운영하고 프로젝트 수업을 진행하였습니다. 실시간 화상수업을 통하여 미국의 교사와 협동 수업을 하고, 우리 문화를 미국에 알리고, 학생들이 국제적인 마인드를 갖게 하였습니다. 또한 일반 학교에 국제가상학교 프로그램을 일반화하고자 노력하였습니다.

2016년에 C program에서 추진한 '배움의 공간 프로젝트'에 참여하여 학생이 주도하는 학교 공간을 추진하였습니다. '삶의 주인으로 성장하는 학교 공간'이라는 주제로 전국의 교육연수원, 학교, 교육청에 약 150여 회 학교 공간 강의를 하였습니다. 그리고 EBS「미래교육 플러스(2회)」등 방송에 출연하여 학교 공간에 대한 마인드를 학교 현장에 일반화하고자 노력하였습니다.

2019년에 '교육은 마음이다'라는 생각을 하여 마음공부에 대한 관심을 갖고 공부를 하여 글을 쓰기 시작하였습니다. 그리고 학교 현장에서 마음공부를 적용하기 위하여 학생과 교사를 위한 명상 프로그램을 운영하였습니다. 마음 공부를 하면서 마음공부는 '본질을 가르치는 교육'으로 '절대로 실패하지 않는 교육'이라는 생각을 하게 되었습니다. 그리고 부모나 교사가 아이에게 마음공부를 가르치게 되면 현재의 교육보다 100% 더 나은 새로운 교육을 할 수 있겠다는 확신을 갖게 되었습니다.

저서로는 『초등영어 교과서 및 교사용 지도서(교육부)(공저)』를 집필하였고, 『학습방법의 학습(교육과학사)(공저)』와 『왜 학교 공간인가(북트리)(공저)』가 있습니다. 현재「교육은마음」유튜브와「교육은마음」블로그를 운영하고 있습니다.

왜 아이에게 마음공부를 가르치지 않는가

초판발행   2022년 1월 10일

지은이   김복현
펴낸이   노 현

편 집   김윤정
기획/마케팅   조정빈
표지디자인   박현정
제 작   고철민 · 조영환

펴낸곳   ㈜ 피와이메이트
                서울특별시 금천구 가산디지털2로 53 한라시그마밸리 210호(가산동)
                등록 2014. 2. 12. 제2018-000080호
전 화   02)733-6771
f a x   02)736-4818
e-mail   pys@pybook.co.kr
homepage   www.pybook.co.kr
ISBN   979-11-6519-206-8   03180

정 가   14,000원

박영스토리는 박영사와 함께하는 브랜드입니다.